U0832502

权威·前沿·原创

皮书系列为
“十二五”“十三五”国家重点图书出版规划项目

中国社会科学院创新工程学术出版项目

甘肃蓝皮书

BLUE BOOK OF GANSU

甘肃舆情分析与预测（2018）

ANALYSIS AND FORECAST ON PUBLIC OPINION OF GANSU (2018)

主　编／王俊莲　张谦元

社会科学文献出版社
SOCIAL SCIENCES ACADEMIC PRESS (CHINA)

图书在版编目(CIP)数据

甘肃舆情分析与预测. 2018 / 王俊莲，张谦元主编. --北京：社会科学文献出版社，2018. 1
（甘肃蓝皮书）
ISBN 978-7-5201-1915-3

Ⅰ. ①甘… Ⅱ. ①王… ②张… Ⅲ. ①社会分析-甘肃-2018②社会预测-甘肃-2018 Ⅳ. ①D668

中国版本图书馆 CIP 数据核字（2017）第 297664 号

甘肃蓝皮书
甘肃舆情分析与预测（2018）

主　　编 / 王俊莲　张谦元

出 版 人 / 谢寿光
项目统筹 / 邓泳红　吴　敏
责任编辑 / 张　媛

出　　版 / 社会科学文献出版社 · 皮书出版分社（010）59367127
地址：北京市北三环中路甲 29 号院华龙大厦　邮编：100029
网址：www. ssap. com. cn
发　　行 / 市场营销中心（010）59367081　59367018
印　　装 / 北京季蜂印刷有限公司

规　　格 / 开 本：787mm × 1092mm　1/16
印 张：18　字 数：270 千字
版　　次 / 2018 年 1 月第 1 版　2018 年 1 月第 1 次印刷
书　　号 / ISBN 978-7-5201-1915-3
定　　价 / 99.00 元

皮书序列号 / PSN B-2013-315-4/6

《甘肃舆情分析与预测（2018）》
编辑委员会

主要编撰者简介

王俊莲　甘肃省社会科学院党委委员、副院长，研究员，甘肃省领军人才，甘肃省公共文化服务体系建设专家委员会主任委员。主要研究领域为政府文化治理、中国传统文化的现代价值等，主要研究成果有：《甘肃乡镇综合文化站资源利用调研报告》《以创新理念探索基层公共文化服务治理新模式》《现代政府管理视域下的公共文化服务体系构建》《文化资源有效转化产业发展优势的对策研究——以甘肃为例》《甘肃省构建公共文化服务体系的困难与对策》《浅论公共文化服务体系构建与政府职能定位》等论著。

张谦元　甘肃省社会科学院研究员。主要研究方向为地方法治建设和政治社会学。主持国家社会科学基金项目3项，国家部委项目、甘肃省社科规划办项目、甘肃省软科学项目及省直部门委托项目多项。在国家级刊物和省级刊物发表论文论著100余篇（部）。其代表作有：《县乡人大代表直接选举的监督研究》（主编，中国社会科学出版社出版）、《甘肃法治建设报告》（主编，中国民主法制出版社出版）、《甘肃民族地区法治建设报告》（主编，甘肃民族出版社出版）、《城乡二元户籍制度改革研究》（合著，中国社会科学出版社出版）。曾任2006年和2007年甘肃舆情蓝皮书副主编、2009年甘肃舆情蓝皮书主编之一。

总　序

“甘肃蓝皮书”从诞生至今，已走过了十二个春秋，从最初的《甘肃经济社会发展分析与预测》和《甘肃舆情分析与预测》两本，发展壮大到现在基本涵盖哲学社会科学门类、能全面反映甘肃经济社会发展的系列蓝皮书，其社会影响也由最初的甘肃省社科院的科研平台发展成为如今的甘肃省内智库的第一品牌。“甘肃蓝皮书”的诞生与发展，充分展现了传统社会科学研究机构向现代特色智库、高端智库、智能智库转型的创新历程。

“甘肃蓝皮书”是我院在“十一五”开局之年的2006年，为了贯彻落实中央下发的《关于进一步繁荣发展哲学社会科学的意见》（中发〔2004〕3号）以及甘肃省委下发的《关于繁荣发展哲学社会科学的实施意见》（省委发〔2004〕33号），探索服务甘肃经济社会发展的可行路径，倾力打造发挥智库功能为甘肃省委、省政府决策服务的战略平台。《甘肃经济社会发展分析与预测》和《甘肃舆情分析与预测》出版后，引起了社会各界的热烈反响，标志着“甘肃蓝皮书”的正式诞生。截至“十一五”末，“甘肃蓝皮书”规模已由原来的2种增加到5种，覆盖了经济、政治、社会、文化、县域等研究领域，成为甘肃省委、省政府及有关部门的参考资料和决策依据，成为省内各级人大代表、政协委员、专家学者和社会各界非常重视的进行民主决策、参政议政、科学研究和认识省情的重要参考书。

“十二五”期间，省社科院又确定了“拓展合作领域、扩展编研规模、壮大编研队伍、提升编研水平、加强成果转化”的蓝皮书编研思路。我院首倡西北五省区社科院联合编研出版“西北蓝皮书”，这一倡议得到了陕西、宁夏、青海、新疆等省区社科院的一致赞同，2011年首部《中国西北发展报告》诞生。“西北蓝皮书”的编研和出版发行，使我院系列蓝皮书的研究拓展到了“丝绸之路经济带”的国内主要区域。

从2014年起，我院持续发挥“甘肃蓝皮书”品牌效应，拓展与省上重要部门和市州的合作。在原有的经济、社会、文化、舆情、县域5本蓝皮书的基础上，与省住房和城乡建设厅、省民族事务委员会、酒泉市政府、省商务厅先后合作，编研出版了《甘肃住房和城乡建设发展分析与预测》《甘肃民族地区发展分析与预测》《甘肃酒泉经济社会发展报告》《甘肃商贸流通发展分析与预测》，加上参编“西北蓝皮书”，形成了“5+4+1”的蓝皮书编研格局，为我院陇原特色新型智库建设起到了很好的作用。2016年，我院计划建立5个县级蓝皮书数据观测点，目前已建立并启用4个，这使得“甘肃蓝皮书”的原始数据收集有了自己的渠道，进一步提升了“甘肃蓝皮书”的自主性、原创性与权威性。“甘肃蓝皮书”已经成为服务党委政府决策和全省经济社会发展的甘肃智库的第一品牌、甘肃社会科学界的学术品牌、甘肃文化领域的标志品牌、甘肃一些重要行业及市州工作的展示品牌。

目前，“甘肃蓝皮书”形成了稳定规模、稳定机制，提升质量、提升影响的“双稳定、双提升”编研理念。“甘肃蓝皮书”始终坚持基本编研理念和运行机制。一是始终坚持原创，注重学术观点和科研方法的创新。坚持研究在先，编写在后，在继承中创新，注重连续性；从源头上抓质量，注重可靠性；在深入研究上下功夫，注重科学性；在服务上抓效果，注重影响力。二是始终坚持追踪前沿，注重选题创新。追踪前沿就是让专家学者更多地参与社会实践，发现问题、研究问题、解决问题，最终通过蓝皮书为人们提供正确的指导，显示社科专家服务社会的能力和实力，提高蓝皮书的知名度和美誉度。三是始终坚持打造品牌，创新编研体制机制。十二年来，我们始终把蓝皮书的质量看作蓝皮书的生命线，组织有研究能力的专家开展深入研究，向社会提供事实根据充分、分析深入准确、结论科学可靠、对策具体可行的权威信息与权威性的研究成果。

党的十九大报告指出“加强中国特色新型智库建设”，进一步明确了哲学社会科学“认识世界、传承文明、创新理论、咨政育人、服务社会”的职能定位和重要作用。作为地方社会科学研究机构，应主要围绕本地区经济社会发展实际，开展应用对策研究，发挥好决策咨询、咨政建言、服务地方经济社会发展的作用。目前，我院正全力实施和深化打造特色新型智库的“33971”工程，积极构建发挥甘肃省委、省政府智库服务甘肃经济社会发展作用的长效机制。“甘肃蓝皮书”作为我院打造陇原特色新型智库的核心载体，也将开启服务甘肃省委、省政府决策，为甘肃经济社会发展提供智力支撑的新航程。

在“甘肃蓝皮书”的成长历程中，凝聚着甘肃省委、省政府的重视与关心，饱含着与我们真诚合作的省住房和城乡建设厅、省民族事务委员会、酒泉市政府、省商务厅、省统计局的鼎力支持和帮助，浸润着读者出版集团、社会科学文献出版社和新闻媒体等同仁们的辛劳、奉献和智慧。相信在各方共同努力下，“甘肃蓝皮书”将继续提升品牌影响力，成为更有价值的服务党委政府决策的参考书，成为更多读者喜欢的科辅读物，成为让编研者有更多获得感的科研成果。

此为序。

王福生

2017 年 12 月 8 日

摘　要

《甘肃舆情分析与预测（2018）》，是为国家和社会各类智库、科研院校的理论工作者，以及支持和关注甘肃经济政治社会发展的各界人士提供的具有区域性特点的年度舆情调研报告。该报告由甘肃省社会科学院马克思主义研究所、公共政策研究所、西北历史与丝绸之路研究所和科研处的 10 多位专家学者组成的“甘肃省舆情调研组”承担完成。

本书由总报告和 13 个分报告组合而成，分为“总报告”“社会热点篇”“群众认知篇”“专题篇”四个部分。“总报告”以 13 个专题调研报告为基础，从 11 个方面概述了 2017 年甘肃舆情调研的基本情况和热点特点，分析并预测了 2018 年甘肃舆情的变化和态势。“社会热点篇”重点调查了甘肃民众对民生改革措施落地的评价及获得感，民众对反腐肃纪制度建设的评价和认可，民众对网络信息安全的感受和建议，民众对健康甘肃建设及医疗服务的感受和评价，以及民众关注的社会热点及网络涉甘舆情。“群众认知篇”主要就农民群体对精准扶贫及扶贫方式的评价和建议，民营企业、个体工商户对政府“放管服”改革的感受和评价，党政干部对纪检监察体制改革的评价与建议，专业技术人员对创业创新及就业环境的感受和建议四个问题，对四个不同阶层做了舆情调研和分析。“专题篇”则围绕供给侧改革背景下企业政治思想工作的现状及存在的问题，民众对发展现代职业教育的认识和建议，贫困地区农村攀比风及彩礼问题，兰州市道路交通拥堵及管理问题四个专题，做了专门调研和深度分析，并提出了针对性较强的对策建议。

《甘肃舆情分析与预测（2018）》表明，2017 年甘肃民众关注度排在前 10 位的社会热点问题从高到低依次是：食品安全、医疗、生态环境、养老与社会保障、住房、反腐败和干部作风、就业、物价、教育、农村土地。对比 2016 年甘肃民众关注的社会热点问题，2017 年排在前 10 位的问题有所变化，其中“社会安全和稳定问题”跌出前 10 位排在第 15 位，“农村土地问题”从 2016 年的第 16 位升至第 10 位。其余问题排序基本变化不大。民生问题仍然是民众重点关注的社会热点问题。

预测 2018 年甘肃舆情态势平稳向上，健康发展。党的十九大高举中国特色社会主义伟大旗帜，以马克思主义、毛泽东思想、邓小平理论、“三个代表”重要思想、科学发展观为指导，贯彻习近平总书记系列重要讲话精神和党中央治国理政新理念、新思想、新战略，部署了今后五年的工作，明确提出了全党的奋斗目标。甘肃各地认真贯彻落实十九大精神，着力推进“四个全面”战略布局，坚持“创新、协调、绿色、开放、共享”的发展理念，实施“一带一路”倡议，加大基层反腐败力度，党风政风持续好转，扶贫攻坚、全面建设小康社会进程加快。社会将更加稳定和谐，舆情态势总体平稳、积极、健康、向上。

Abstract

Analysis and Forecast on Public Opinion of Gansu (2018) was an annual public opinion survey report jointly completed by more than 10 scientific researchers frominstitute of Marxism, institute of decision-making consultation, institute of northwest history and the Silk Road, office of academic research of Gansu Academy of Social Science. Which provide a reference for social managers, various social think tanks, theoretical workers from scientific research institutions, as well as people in all circles focusing on economic and political development of Gansu.

This book consists of the general reports of public opinion research and 13 sub-reports, which was divided into four parts including "general report", "hot social topics", "mass cognition" and "special subjects" . Based on 13 special research reports, "general report" comprehensively summarized the basic situation as well as popular issues and characteristic of Gansu public opinion in 2017 from 11 aspects, predicted the changes and the situation of public opinion in 2018. "Hot social topics" focused on the investigation and evaluation on reform measures to implement of people's livelihood, investigation on people's evaluation and recognition for construction of anti-corruption system, people's feelings and suggestions for network information security, investigation on people's feelings and evaluation for construction of healthy Gansu and medical service, the social hot issues concerned by the public in Gansu. The investigation shows that 88. 60% of the respondents satisfied with the implementation of the reform measures concerning "Enriching the spiritual and cultural life of the people", 87. 23% of the respondents agreed with the implementation of the reform measures concerning "regulating the distribution order and giving full play to the regulating role of Taxation in income distribution", 84. 59% of the respondents approved the implementation of the reform measures concerning "arranging the production and life of the difficult masses". "Mass Cognition" mainly on farmers' evaluation and suggestions for targeted poverty alleviation and related ways, private enterprises and individual businesses' feelings and evaluation for reforms to delegate power, streamline administration and optimize government services, government officials' evaluation and suggestions for the reform of discipline inspection and supervision system, professionals' feelings and suggestions for entrepreneurial innovation and employment environment, made a thorough public opinion investigation and analysis for four different ranks. "Special subjects" around the investigation on the present situation and problems of political and ideological work in enterprises under the background of the supply-side reform, people's cognitions and suggestions for developing modern vocational education, investigation on the problem of rural comparison and betrothal gifts in poor areas, investigation on the problem of traffic congestion and management in Lanzhou, made special investigation and depth analysis, proposed some pointed suggestions.

Analysis and Forecast on Public Opinion of Gansu (2018) shows that in 2017 the public attention of the top 10 hot social topics in descending order are: food security, health, environment, pension and social security, housing, anti-corruption and cadres style, prices, education, rural land. In contrast with 2016, the top 10 problems in the ranking slightly changed, in which the order of "pension and social security issues" dropped to 15 from 10, the order of "rural land" rose to the top 10 from 16 in 2016, and other problems changed little in sorting. People's livelihood is still the focus of hot issues concerned by public.

We predict that the overall situation of Gansu public opinion in 2018 will relatively stable and upward trend. The 19th National Congress of the CPC holding high the great banner of socialism with Chinese characteristics, guided by Marxism, Mao Zedong Thought, Deng Xiaoping Theory, the important thinking of the "Three Represents" and the scientific concept of development, carrying out the spirit of the important speeches of General Secretary Xi Jinping and the new strategy of the new thinking of the Party Central Committee, deploy the work for the next five years, clearly put forward the goal of the whole Party. The local government of Gansu conscientiously implement the nineteen spirit, put forth effort to promote the "four comprehensive" strategy, adhere to the development concept of innovation, harmonization, green, openness and sharing, carry out "One Belt, One Road" strategy, strengthen grass-roots anti-corruption and the party's work style continues to improve, promote poverty alleviation to speed up the process of building moderately prosperous society. We think that the society will be more stable and harmonious, public opinion situation will be generally stable, positive and healthy upward.

目　录

Ⅰ　总报告

B.1　2017～2018年甘肃舆情分析与预测 ………………………… 张谦元 / 001

一　着力民生领域建设，深化改革措施落地 ………………… / 003

二　深化医疗体制改革，推动健康甘肃建设 ………………… / 004

三　从严治党反腐肃纪，制度建设深入推进 ………………… / 006

四　开展监察体制改革，提升国家治理能力 ………………… / 007

五　推进“放管服”改革，不断释放改革红利 ……………… / 009

六　鼓励创业创新，营造良好就业环境 ……………………… / 010

七　加强网络安全监管，筑牢网络安全屏障 ………………… / 012

八　树立精准扶贫意识，创新扶贫方式思路 ………………… / 013

九　发展现代职业教育，提高劳动者素质 …………………… / 014

十　加强企业思想工作，增进企业职工凝聚力 ……………… / 016

十一　2017 年热点特点，2018 年舆情预测 ………………… / 017

Ⅱ　社会热点篇

B.2　甘肃民众关注的社会热点及网络涉甘舆情调查………… 梁海燕 / 024

B.3　民众对民生改革措施落地的评价及获得感调查…………　魏学宏 / 047
B.4　民众对反腐肃纪制度建设的评价和认可度调查…………　王　瑾 / 066
B.5　民众对网络信息安全的感受和建议……………………　汉　宇 / 084
B.6　民众对健康甘肃建设及医疗服务的感受和评价…………　段翠清 / 101

Ⅲ　群众认知篇

B.7　农民群体对精准扶贫及扶贫方式的评价和建议…………　侯万锋 / 121
B.8　民营企业、个体工商户对政府“放管服”改革的
感受和评价………………………………………………　惠继飞 / 140
B.9　党政干部对纪检监察体制改革的评价与建议……………　王　瑾 / 157
B.10　专业技术人员对创业创新及就业环境的感受和建议……　王　荟 / 174

Ⅳ　专题篇

B.11　供给侧改革背景下企业政治思想工作的调查…………　魏　静 / 190
B.12　民众对发展现代职业教育的认识和建议………………　李巧玲 / 210
B.13　贫困地区农村攀比风及彩礼问题调查…………………　邓慧君 / 229
B.14　兰州市道路交通拥堵及管理问题调查…………………　张　拓 / 247

皮书数据库阅读**使用指南**

CONTENTS

I General Report

B.1 Analysis and Forecast of Public Opinion of Gansu Province in 2017-2018 *Zhang Qianyuan* / 001

1. Put forth Effort to the Construction of the People's Livelihood Field, and Promoting the Implementation of Reform Measures / 003

2. Deepening the Reform of Medical System and Promoting the Construction of Healthy Gansu / 004

3. Strengthen Party Self-discipline and Anti-corruption Discipline, and Deepening the Construction of the System / 006

4. Carrying out the Reform of Discipline Inspection and Supervision System, to Improve National Governance Capacity / 007

5. Promoting the Reform to Delegate Power, Streamline Administration and Optimize Government Services, and Constantly Releasing the Reform Bonus / 009

6. Encouraging Entrepreneurial Innovation and Creating a Favorable Employment Environment / 010

7. Increasing Network Security Supervision, to Build a Strong Network Security Barrier / 012

8. Establishing the Consciousness of Targeted Poverty Alleviation and Innovating the Ways of Poverty Alleviation / 013

9. Developing Modern Vocational Education and Improving the Quality of Workers / 014
10. Strengthen the Ideological Work of Enterprises, to Promote the Cohesion of Enterprise Staff / 016
11. Hot Spots and Features in 2017, Prediction of Public Opinion in 2018 / 017

Ⅱ Hot Social Topics

B.2 Investigation on the Social Hot Issues Concerned by the Public in Gansu and Network Public Opinion Survey Involved Gansu Province *Liang Haiyan* / 024
B.3 Investigation and Evaluation on Reform Measures to Implement of People's Livelihood *Wei Xuehong* / 047
B.4 Investigation on People's Evaluation and Recognition for Construction of Anti-corruption System *Wang Jin* / 066
B.5 People's Feelings and Suggestions for Network Information Security *Han Yu* / 084
B.6 Investigation on People's Feelings and Evaluation for Construction of Healthy Gansu and Medical Service *Duan Cuiqing* / 101

Ⅲ Mass Cognition

B.7 Farmers' Evaluation and Suggestions for Targeted Poverty Alleviation and Related Ways *Hou Wanfeng* / 121
B.8 Private Enterprises and Individual Businesses' Feelings and Evaluation for Reforms to Delegate Power, Streamline Administration and Optimize Government Services *Hui Jifei* / 140
B.9 Government Officials' Evaluation and Suggestions for the Reform of Discipline Inspection and Supervision System *Wang Jin* / 157

B.10 Professionals' Feelings and Suggestions for Entrepreneurial Innovation and Employment Environment *Wang Hui* / 174

Ⅳ Special Subjects

B.11 Investigation on Political and Ideological Work in Enterprises under the Background of the Supply-side Reform *Wei Jing* / 190

B.12 People's Cognitions and Suggestions for Developing Modern Vocational Education *Li Qiaoling* / 210

B.13 Investigation on the Problem of Rural Comparison and Betrothal Gifts in Poor Areas *Deng Huijun* / 229

B.14 Investigation on the Problem of Traffic Congestion and Management in Lanzhou *Zhang Tuo* / 247

总 报 告

General Report

B.1

2017～2018年甘肃舆情分析与预测

张谦元*

摘　要： 2017年6～8月，甘肃省社会科学院舆情调研组，深入甘肃省14个市州进行了问卷抽样调查和个别访谈，完成了13篇专题调研报告。本报告以专题调研报告为基础，具体分析了甘肃民众对民生改革措施落地的评价及获得感，对反腐肃纪加强制度建设的评价和认可，对健康甘肃建设及医疗服务的感受和评价，对网络信息安全的感受和建议，对精准扶贫及扶贫方式的评价和建议，对政府"放管服"改革的感受和评价，对推进纪检和国家监察体制改革的评价及建议，对创业创新及就业环境的感受和建议，对发展现代职业教育的认识和建议，以及供给侧改革背景下企业政治思想工作的现状及

* 张谦元，甘肃省社会科学院研究员，主要研究方向为地方法治建设和政治社会学。

存在的问题，贫困地区农村攀比风及彩礼问题等方面的调研成果。同时，对甘肃民众关注的社会热点问题做了分析，提炼和总结了2017年甘肃舆情的发展变化，预测了2018年甘肃舆情的基本态势。

关键词： 甘肃　舆情分析　舆情预测

2017年是我国全面建成小康社会决胜阶段的关键一年，以习近平同志为核心的党中央，带领全党全国人民全面推进各项改革和建设，社会稳定，生机盎然。中国共产党第十九次全国代表大会10月18日在北京召开。党的十九大是在全面建成小康社会决胜阶段、中国特色社会主义发展关键时期召开的一次十分重要的大会。大会高举中国特色社会主义伟大旗帜，以马克思主义、毛泽东思想、邓小平理论、“三个代表”重要思想、科学发展观为指导，贯彻习近平总书记系列重要讲话精神和党中央治国理政新理念、新思想、新战略，认真总结了过去5年的工作，部署了今后5年的工作，明确提出了全党的奋斗目标。

在过去的一年，甘肃省委、省政府领导全省深入学习贯彻习近平总书记系列重要讲话精神，全面落实习近平总书记视察甘肃的重要讲话和“八个着力”重要指示精神，聚焦重点领域和薄弱环节深化改革，坚持“两学一做”，不忘初心、继续前进，撸起袖子加油干，党风政风和社会风气持续好转，社会各项事业稳定发展，社会和谐进步。

在这样一个社会大背景下，甘肃的舆情状况如何？又有怎样的发展变化和新的情况及特点？由此，2017年6~8月，甘肃省社会科学院舆情调研组深入甘肃省的兰州、白银、定西、天水、武威、甘南、平凉、庆阳、陇南、临夏、酒泉、张掖、嘉峪关等市州做了问卷调查和访谈。舆情调查继续往年的做法，通过社会阶层和抽验方法进行。坚持运用我国社会学家陆学艺先生将社会结构划分为国家与社会管理者、经理人员、私营企业主、专业技术人员、办事人员、个体工商户、商业服务业人员、产业工人、农业劳动者、无业失业人员十大阶层的理论，按社会阶层的人口比例分层安排问卷数量和访谈人数。同时，兼顾其地域环境、经济和社会发展状况以及性别、年龄、民族、文化程度、城乡等社会学统计要素。本次调查共设计13个专题300多个问题，共发放问卷3331份，收回有效问卷3161份，并使用SPSS软件处理分析数据，个别访谈数百人次。下面就总的调查情况做一概括论述。

一 着力民生领域建设，深化改革措施落地

习近平总书记指出："增进民生福祉是坚持立党为公、执政为民的本质要求"，"不断改善民生是推动发展的根本目的"。党的十八大以来，党中央国务院在民生领域从人民群众最关心、最期盼的住房、医疗、教育、养老、就业和扶贫等方面强化改革，相继推出了一系列改革举措，使广大民众得到了诸多实惠和便利。为反映和了解这方面的情况，课题组以民众对民生改革措施落地的评估及获得感为题做了专题调查，共发放问卷650份，收回有效问卷627份。

（一）八成以上的被访者对民生领域的主要改革措施落地情况表示了满意

调查显示，有88.60%的被访者对"丰富人民群众的精神文化生活"的改革措施落地情况表示了赞同；有87.23%的被访者对"规范分配秩序，充分发挥税收对收入分配的调节作用"的改革措施落地情况表示了满意；有84.59%的被访者对"安排好困难群众的生产生活"的改革措施落地情况表示了满意；有82.61%的被访者对"维护人民群众的合法权益"的改革措施落地情况表示了满意；有82.33%的被访者对"改善城乡居民居住环境"的改革措施落地情况表示了满意；有80.92%的被访者对"关注农村儿童的健康成长，建立健全农村儿童娱乐场所"的改革措施落地情况表示了满意。

（二）九成以上的被访者对改革措施落地，提升民众的获得感充满信心

调查显示，问及“您对甘肃落实改革措施，提升民众获得感信心如何”时，有16.99%的被访者表示“很有信心”，有40.03%的被访者表示“较有信心”，有36.60%的被访者表示“信心一般”，有6.38%的被访者表示“没有信心”。其中93.62%的被访者不同程度地表示了信心，这说明民生领域改革措施的落地会增进民众对未来美好生活的信心，提升他们的获得感。

（三）被访者对获得感的认识因个体需求而表现出不同的侧重或看法

获得感是一种实实在在的得到，被访者因个体需求不同对获得感的认识或侧重也不同。调查显示，当问及“您认为您心目中的获得感”（多选题）时，被访者的选择比例从高到低依次是：“看病不再难，看得起病”（62.60%），排第1位；“社会保障加强，养老有保障”（61.46%），排第2位；“喝上洁净的饮水，呼吸新鲜的空气，吃上放心的食品”（55.45%），排第3位；“教育公平，能接受优质教育”（53.01%），排第4位；“收入分配公平，收入不断增加”（49.27%），排第5位；“房价不再涨高，住房条件改善”（46.99%），排第6位；“让权力在阳光下运行，提高办事效率”（44.88%），排第7位；“稳定就业，报酬提高”（40.65%），排第8位；“人活得更有尊严，更体面”（37.40%），排第9位。调查说明，有一半以上的被访者已认识到内心最有分量的获得感，也真切体会到社会发展的变化及对未来发展的期待。

二　深化医疗体制改革，推动健康甘肃建设

健康与医疗涉及民众切身利益，健康是促进人的全面发展的要求，

医疗服务是保证人民健康的基础条件。随着健康中国的建设，2015 年甘肃省也出台了关于健康促进模式改革的指导意见，以进一步推动健康甘肃建设。为反映这方面的情况，课题组以民众对健康甘肃建设及医疗服务的感受和评价为题做了专题调研。共发放问卷 650 份，收回有效问卷 621 份。

（一）有近九成的被访者参加了新农合和医疗保险，有86.47%的被访者对目前的健康医疗服务表示满意

调查显示，当问及“您是否参加了新农合或城镇医疗保险”时，被访者中有 89.05% 表示“参加了新农合或城镇医疗保险”，有 10.95% 的被访者表示“没有参加新农合或城镇医疗保险”。这说明基层医疗保险体系已基本建立。

当问及“您对当前的公共健康医疗是否满意”时，被访者中有 9.66% 表示“非常满意”，有 45.09% 表示“基本满意”，有 31.72% 表示“一般满意”，有 10.95% 表示“不满意”，有 2.58% 表示“非常不满意”。其中有 86.47% 的被访者不同程度地表示了满意。同时，还有 13.53% 的被访者表示了不满意，说明基层健康医疗尚需进一步加强。

（二）有88.73%的被访者对健康甘肃建设做出了积极评价

调查显示，当问及“您认为健康甘肃建设进展如何”时，被访者中有 8.05% 认为“进展快”，有 25.60% 认为“进展较快”，有 55.08% 认为“进展一般”，有 9.66% 认为“进展较慢”，有 1.61% 认为“进展很慢”。其中有 88.73% 的被访者对健康甘肃建设不同程度做出了积极评价。

在问及“您认为当前健康教育宣传的效果如何”时，被访者中有 6.28% 表示“非常满意”，有 32.69% 表示“基本满意”，有 48.63% 表示“一般满意”，有 10.31% 表示“不满意”，有 2.09% 表示“很不满意”。其中有 87.60% 的被访者对健康教育宣传不同程度地表示了满意。这说明健康教育宣传工作已取得一定进度，有明显效果。

三　从严治党反腐肃纪，制度建设深入推进

党的十八大以来，党中央着力推进党风廉政建设和反腐败斗争，构建不敢腐、不能腐、不想腐的体制机制，全面从严治党，反腐肃纪，加强制度体系建设，党风廉政建设和反腐败斗争取得明显成效。为反映这方面的情况，课题组以民众对反腐肃纪制度建设的评价和认可为题做了调查。共发放问卷650份，收回有效问卷627份。

（一）有85.27%的被访者对反腐肃纪制度建设有不同程度的了解

调查显示，当问及“您对反腐肃纪制度建设的了解情况”时，被访者中选择“非常了解”的占14.72%，选择“比较了解”的占44.17%，选择“了解一般”的占26.38%，选择“了解很少”的占11.97%，选择“不了解”的占2.76%。其中，85.27%的被访者对反腐肃纪制度建设有不同程度的了解。当问及“您对反腐肃纪印象最深刻的举措”（多选题）时，被访者的选择排在第1位的是“‘老虎’‘苍蝇’一起打，严惩腐败分子”（78.48%）；排在第2位的是“狠抓作风建设，严肃党内政治生活，强化党内监督，全面加强纪律建设”（61.00%）；排在第3位的是“强化责任担当，加大问责力度”（50.81%）；排在第4位的是“强化纪委负责监督作用”（38.03%）。这说明大多数被访者对反腐肃纪举措有一定的认识。

（二）贪污受贿是干部廉洁自律和腐败现象中最突出的问题

调查显示，在问及“您认为干部廉洁自律和腐败现象最突出的问题有哪些”时，在列举的11个选项中，被访者选择“贪污受贿”（57.26%），排第1位；选择“领导干部利用职权为配偶、子女牟私利”（49.92%），排第2位；选择“干部人事任免中的不正之风”（42.09%），排第3位；选择“作风不实，习惯懒政庸政”（40.78%），排第4位；选择“严重官僚主义，

失职渎职”（35.07%），排第5位；选择“司法人员徇私枉法”（32.63%），排第6位；选择“买官卖官”（29.36%），排第7位；选择“侵犯群众利益，与民争利”（27.90%），排第8位；选择“生活作风腐化堕落”（26.26%），排第9位；选择“利用婚丧嫁娶收钱敛财”（11.26%），排第10位；选择“其他”（3.26%），排第11位。调查说明，贪污受贿，利用职权牟取私利仍然是当前干部廉洁自律和腐败现象中的突出问题。

（三）惩治贪污腐败等最有效的措施是完善法律，加强制度纪律建设

调查显示，在问及“您认为今后如何强化惩治腐败的措施”（多选题）时，在列举的9个选项中，被访者选择“加强党的纪律建设，做到违纪必究”（70.73%）的，排第1位；“加大查办腐败案件力度”（61.30%），排第2位；“完善法律和制度”（55.12%），排第3位；“加强对一把手的监督”（49.43%），排第4位；“发挥舆论监督的威力”（47.80%），排第5位；“保持反腐的高压态势”（46.34%），排第6位；“加强思想道德建设”（33.66%），排第7位；“提高官员待遇”（19.51%），排第8位；“其他”（3.25%），排第9位。调查说明，惩治腐败、从严治党必须进一步完善法律法规，严明纪律，细化制度，做到违法必究。

四　开展监察体制改革，提升国家治理能力

国家监察体制改革是一项事关全局的重大政治体制改革，有利于完善党和国家的自我监督，推进国家治理体系和治理能力现代化。为了反映这方面的情况，课题组以党政干部对纪检监察体制改革的评价与建议为题做了专题调研。共发放问卷189份，收回有效问卷186份。

（一）有98.38%的被访者认为纪检监察体制改革重要，有95.11%的被访者支持纪检监察体制改革

调查显示，在问及“您认为纪检监察体制改革的重要性如何”时，被

访者中选择“非常重要”的占51.89%，选择“比较重要”的占46.49%，选择“一般”的占1.62%，其他选项为零。其中，98.38%的被访者选择了重要，这说明党政干部对纪检监察体制改革的重要性有明确的认识。

调查还显示，当问及“您对纪检监察体制改革的态度如何”时，被访者中59.78%选择了“非常支持”，35.33%选择了“比较支持”，4.89%选择了“不支持也不反对”，其他选项为零。其中，95.11%的被访者选择了支持，这说明纪检监察体制改革符合民心民意。

（二）七成以上的被访者认同纪委和监察委员会合署办公的积极效果

调查显示，在问及“您认为纪委与监察委合署办公的效果如何”（多选题）时，在列举的5个选项中，被访者中选择“党纪检查、廉洁调查和反腐侦查相互独立、相互衔接和相互配合”（79.57%），排第1位；选择“优化纪检监察体制机制，提高反腐力度和效果”（76.92%），排第2位；选择“整合职能，集中反腐败资源力量”（71.98%），排第3位；选择“党纪检查、廉政调查和反腐侦查虽然独立但工作内容交叉，会影响反腐效果”（18.13%），排第4位；选择“其他”（2.75%），排第5位。其中，七成以上的被访者认同纪委和监察委员会合署办公，并对此项改革的效果持肯定态度。

（三）改革难点不少，需做好多个方面的工作

调查显示，当问及“您认为纪检监察体制改革的难点有哪些”（多选题）时，在列举的7个选项中，被访者选择比例从高到低依次是：“双重领导体制的落实和效果问题”（75.82%），排第1位；“监察委侦查权落实和防止滥用问题”（70.33%），排第2位；“纪法协调衔接机制问题”（61.54%），排第3位；“国家监察与巡视监督、派驻监督有效结合问题”（60.44%），排第4位；“如何监督监察委问题”（58.24%），排第5位；“纪律审查和执法调查措施使用问题”（49.45%），排第6位；“其他”

(1.10%)，排第7位。从被访者选择情况看，选择“双重领导体制的落实和效果问题”的达75.82%，选择“监察委侦查权落实和防止滥用问题”的达70.33%。这说明纪检监察体制改革尚有不少难点问题需要解决。

调查还显示，在问及“您认为推进纪检监察体制改革要做好哪些工作”（多选题）时，在列举的7个选项中，被访者选择比例从高到低依次是：“要做好纪检监察体制与国家法律法规衔接”(88.52%)，排第1位；“明确和完善监察程序”(86.89%)，排第2位；“纪检监察干部要提高业务能力”(75.96%)，排第3位；“树立党员干部信任不能代替监督的理念”(74.86%)，排第4位；“完成自身监督机制建设，把国家监察权关在法律的笼子里”(65.57%)，排第5位；“进一步强化人大监督权”(62.30%)，排第6位；“其他”(5.46%)，排第7位。从选择结果看，推进纪检监察体制改革需要做多方面的工作，尤其要重视法律法规的完善和程序合法问题。

五 推进“放管服”改革，不断释放改革红利

近年来，从中央到地方政府大力推进简政放权、放管结合、优化服务改革，不断释放改革红利，极大地激发了市场活力，方便了公民和法人办事，给群众带来了实惠和便利。为反映这方面的情况，课题组以民营企业、个体工商户对政府“放管服”改革的感受和评价为题做了专题调研。共发放问卷160份，收回有效问卷154份。

（一）有72.74%的被访者认为“放管服”改革提高了办事效率，有71.72%的被访者认为办事更加便捷和有所改善

调查显示，问及“您认为政府‘放管服’改革以来办事效率如何”时，被访者中认为“大大提高”的有10.40%，认为“有所提高”的有62.34%，认为“没变化”的有18.83%，认为“有所降低”的有5.20%，认为“大大降低”的有3.23%。其中，被访者认为提高了办事效率的占到72.74%。当问及“您对‘放管服’改革以来政府便民服务的评价”时，被

访者中选择“更加便捷”的有4.61%，选择“有所改善”的有67.11%，选择“没有变化”的有20.39%，选择“更加麻烦”的有7.89%。其中，有71.72%的被访者认为便民服务有所改善和便捷。调查说明，政府“放管服”改革提高了办事效率，效能政府建设已初见成效。

（二）有72.91%的被访者认为政府“放管服”改革激发了市场活力，改善了营商环境

调查显示，问及“您对政府‘放管服’改革激励市场作用的评价”时，被访者中有8.39%认为“作用很大”，有64.52%认为“有作用”，有20.00%认为“作用不大”，有7.09%认为“没作用”。其中，72.91%的被访者认为政府“放管服”改革对激发市场活力有作用。这也说明，政府“放管服”改革已取得明显成效，改革激发了市场活力和社会创造力，动能活力不断增强。

六　鼓励创业创新，营造良好就业环境

近年来，国家鼓励创业创新，出台了一系列政策和改革措施，甘肃省也先后出台多项鼓励创新创业、促进就业的政策，并取得了一定社会效果。为了反映这方面的情况，课题组以专业技术人员对创业创新及就业环境的感受和建议为题做了专题调研。共发放问卷192份，收回有效问卷180份。

（一）七成多的被访者比较关注离职创业的“后路”和各项优惠政策

调查显示，当问及“您认为哪些推动创业政策较好或比较关注”（多选题）时，在列举的10个选项中，被访者中有80.56%选择“鼓励事业单位人员创业，离职创业保留三年待遇”，排第1位；有73.19%选择“放宽自主创业人员工商注册条件”，排第2位；有72.22%选择“培训扶持各类就业困难人员自主创业”，排第3位；有69.44%选择“减免对创业人员的行

政性收费”，排第4位；有67.22%选择“加强对初始创业人员培训”，排第5位；有66.11%选择“做好自主创业人员人事社会保障代理服务”，排第6位；有60.56%选择“重点扶持城镇未就业人员通过自主创业实现就业、带动就业”，排第7位；有56.67%选择“简化创办企业经营场所证明手续”，排第8位；有48.33%选择“平等对待各类创业主体”，排第9位；有48.33%选择“降低创办企业注册资金门槛”，并列第9位。选择比例较高的前3项是：“鼓励事业单位人员创业，离职创业保留三年待遇”“放宽自主创业人员工商注册条件”“培训扶持各类就业困难人员自主创业”。这说明，被访者比较关注离职后创业的“后路”和各项优惠政策。

（二）八成以上的被访者认为创业创新热情需要更大力度的政策支持

调查显示，问及“您认为下列哪些促进创新的政策较好”（多选题）时，在列举的7个选项中，被访者中有88.33%选择“科技人员离岗创业保留3年待遇”，排第1位；有84.44%选择“以股份或出资比例等形式奖励科技人员暂不征个税”，排第2位；有80.56%选择“突出贡献科技人员可获股权奖励”，排第3位；有79.44%选择“在兰州新区设立国家级工程技术研究中心，政府奖励500万元”，排第4位；有58.33%选择“5年内争取筹资20亿～50亿元发展高新技术产业”，排第5位；有52.22%选择“营业税企业所得税采取先征后奖”，排第6位；有39.44%选择“引进国内外公益机构将免费用地”，排第7位。从排在前3位的选项看，被访者创业创新更看重政策支持，这也说明政策环境营造在当前仍非常重要。

（三）资金问题是影响被访者创业创新的主要原因

调查显示，当问及“影响您创业或跳槽的主要原因”时，被访者中有48.89%选择了“资金问题”，有14.44%选择了“政策问题”，有21.67%选择了“市场风险问题”，有8.89%选择了“劳动力问题”，有6.11%选择了“个人原因”。从被访者的选择看，资金问题仍然是影响创业创新的重要因素，这也说明营造创业创新环境，政府方面应设立项目启动资金或发挥风险投资机构的作用。

七 加强网络安全监管，筑牢网络安全屏障

随着信息化步伐的加快，互联网迅速发展，互联网在带来巨大便利的同时，也出现了许多让人担忧的问题，如虚假信息、利用网络诈骗等。为了了解和反映这方面的问题，课题组以民众对网络信息安全的感受和建议为题做了调查。共发放问卷650份，收回有效问卷627份。

（一）近八成的被访者认为虚假信息太多是网络信息安全的主要问题

调查显示，问及“您认为目前网络信息安全方面主要的问题有哪些”（多选题）时，在列举的10个选项中，被访者选择“虚假信息太多”（79.87%），排第1位；选择“欺诈网站多，容易上当受骗”（61.04%），排第2位；选择“个人信息容易被窃取”（55.84%），排第3位；选择“黄色信息太多”（33.12%），排第4位；选择“病毒木马侵袭”（30.36%），排第5位；选择“电脑或者手机感染病毒遭恶意破坏”（27.60%），排第6位；选择“网上支付或转账风险大”（27.44%），排第7位；选择“电脑或者手机上的资料容易被窃取、泄露或篡改”（25.81%），排第8位；选择“账号密码被盗”（23.86%），排第9位；选择“其他”（17.53%），排第10位。从被访者选择比例较高的前3项看，“虚假信息太多”“欺诈网站多，容易上当受骗”“个人信息容易被窃取”成为网络信息安全的主要问题。

（二）八成多的被访者认为网络信息安全对整个国家安全会产生影响

调查显示，在问及“随着互联网的发展，您认为网络信息安全对整个

国家安全的影响如何”时，被访者中有82.92%认为会“越来越大”，有9.36%认为“没变化”，有7.72%认为“越来越小”。调查说明，八成多的被访者认为网络信息安全对整个国家安全会产生影响，这也要求我们应采取行之有效的措施，来确保网络信息安全，同时要重视全社会的防范意识教育。

八　树立精准扶贫意识，创新扶贫方式思路

全面建设小康社会，脱贫攻坚是关键。甘肃贫困面大、贫困程度深、脱贫难度大，精准扶贫、精准脱贫是近年来各级政府工作的重点，更是甘肃的一号工程。为了反映这方面的情况，课题组以农民群体对精准扶贫及扶贫方式的评价和建议为题做了专题调查。共发放问卷210份，收回有效问卷204份。

（一）有97.55%的被访者认为甘肃重视精准扶贫，有95.10%的被访者认为甘肃精准扶贫成效明显

调查显示，问及“您认为甘肃对精准扶贫重视程度如何”时，被访者中选择“非常重视”的占29.90%，选择“比较重视”的占46.08%，选择“还可以”的占21.57%，选择“不重视”的占1.96%，选择“很不重视”的占0.49%。其中，有97.55%的被访者不同程度地认为甘肃重视精准扶贫，总体上对精准扶贫工作评价较高。

当问及“您觉得党的十八大以来甘肃精准扶贫的成效如何”时，被访者中选择“成效显著”的占17.16%，选择“成效较好”的占53.43%，选择“有一定成效”的占24.51%，选择“没有成效”的占3.92%，选择“不好说”的占0.98%。其中，有95.10%的被访者认为十八大以来甘肃精准扶贫成效明显，这说明甘肃精准扶贫整体效果已被绝大多数被访者认可。

（二）九成以上的被访者认同就业扶贫、技能培训、教育投入等扶贫方式

调查显示，问及“您认为开展就业扶贫对改变农村贫困面貌的成效如何”时，被访者中选择“成效显著”的占6.37%，选择“成效较好”的占37.75%，选择“有一定成效”的占50.98%，选择“没有成效”的占1.47%，选择“不好说”的占3.43%。其中，有95.10%的被访者不同程度地认可就业扶贫。

问及“您认为加强劳动技能培训对改变农村贫困面貌的成效如何”时，被访者中选择“成效显著”的占14.22%，选择“成效较好”的占32.35%，选择“有一定成效”的占47.06%，选择“没有成效”的占3.92%，选择“不好说”的占2.45%。其中，有93.63%的被访者不同程度地对加强劳动技能培训的扶贫方式表示了认可。

问及“您认为加大教育投入对改变农村贫困面貌的成效如何”时，被访者中选择“成效显著”的占16.67%，选择“成效较好”的占34.80%，选择“有一定成效”的占41.18%，选择“没有成效”的占3.92%，选择“不好说”的占3.43%。其中，有92.65%的被访者对教育投入扶贫方式不同程度地表示了认可。调查说明，扶贫攻坚期就业扶贫、技能扶贫、教育扶贫越来越重要，是解决贫困问题的重要方式或途径。

九　发展现代职业教育，提高劳动者素质

发展现代职业教育，是提高劳动者素质，推动经济社会发展和促进就业的重要途径和举措。2014年，国务院颁布了《关于加快发展现代职业教育的决定》，各地现代职业教育发展步伐进一步加快，甘肃和全国一样，现代职业教育已有较快发展。为反映这方面的情况，课题组以民众对发展现代职业教育的认识和建议为题做了专题调研。共发放问卷650份，收回有效问卷627份。

（一）七成以上的被访者对发展现代职业教育持肯定态度，八成多的被访者对发展现代职业教育充满信心

调查显示，当问及“您认为现代职业教育在整体教育体系中的地位”时，被访者中有33.76%认为“非常重要”，有40.55%认为“比较重要”，有19.07%认为“一般”，有5.17%认为“不太重要”，有1.45%认为“不重要”。其中，有74.31%的被访者对发展现代职业教育持肯定态度。

在问及“您对到2020年，我国建成适应发展需求、产教深度融合、中职高职衔接、职业教育与普通教育相互沟通的现代职业教育体系的信心如何”时，被访者中有18.92%认为“非常有信心”，有41.27%认为“比较有信心”，有24.31%认为“信心一般”，有5.06%认为“没有信心”，有10.44%选择了“不好说”。其中，有84.50%的被访者不同程度地对发展现代职业教育表示有信心，这也说明，现代职业教育已成为我国教育体系的重要组成部分。

（二）近六成的被访者认为建立普教与职教的相互沟通机制势在必行

调查显示，问及“您认为推动和加快本地职业教育的发展，需要做好哪几个方面的工作”（多选题）时，在列举的7个选项中，被访者的选择比例从高到低依次是：“全面打通升学渠道，为高等院校输送专业人才”（55.72%），排第1位；“推进产学结合，实现专业、技能、教学的特色发展”（55.72%），并列第1位；“加强对职业教育的宣传”（52.45%），排第3位；“调整分配方式，提升技术技能劳动者的工资收入”（49.18%），排第4位；“注重培养高质量毕业生，扩大职教品牌和代言的影响力”（48.86%），排第5位；“贯彻《职业教育法》和《民办教育促进法》”（39.38%），排第6位；“落实省级统筹权和职业院校办学自主权”（36.60%），排第7位。调查说明，近六成的被访者认为建立普教与职教的相互沟通机制势在必行。调查还显示，近七成的被访者希望子女在读完职业院校后还有继续升学的机会。

十　加强企业思想工作，增进企业职工凝聚力

甘肃是一个资源和能源大省，在供给侧改革背景下，部分企业出现利润下滑、产能过剩、企业职工收入下降等问题。在此背景下，企业政治思想工作的现状如何？课题组以供给侧改革背景下企业政治思想工作的现状及存在的问题为题做了专题调查。共发放问卷200份，收回有效问卷194份。

（一）有73.21%的被访者认为当前企业职工思想状况总体平稳，有85.30%的被访者认为政治思想工作对企业发展有用

调查显示，在问及“您认为当前企业职工总体的思想状况如何”时，被访者中有22.07%认为“稳定”，有51.14%认为“比较稳定”，有13.65%认为“不稳定”，有13.14%认为“很不稳定”。其中，有73.21%的被访者不同程度地认为当前企业职工思想状况总体稳定，但是被访者中认为总体不稳定的有26.79%。

当问及“您认为政治思想工作对企业发展有用吗”时，被访者中有60.83%认为“有用”，有24.47%认为“有一些用”，有10.43%认为“没用”，有4.27%选择了“不清楚”。其中，有85.30%的被访者不同程度地认为企业政治思想工作有用，这说明，在供给侧改革背景下企业的政治思想工作依然发挥着重要作用。

（二）近七成的被访者认为做好企业政治思想工作，应加强党、团和工会组织建设，关爱职工、及时了解企业职工的思想动态

调查显示，当问及“您认为企业如何做好政治思想工作”（多选题）时，在列举的6个选项中，被访者选择“加强党、团、工会组织建设”（70.06%），排第1位；选择“关爱职工、及时了解职工的思想动态”（67.77%），排第2位；选择“企业精神和企业文化的宣传教育”（38.02%），排第3位；选择“充分发挥职代会的职能和作用”（20.45%），

排第 4 位；选择“重新定位企业政治思想工作的重心”（14.96%），排第 5 位；选择“规范和加强职工的职业道德”（12.33%），排第 6 位。从排在前两位的选项来看，七成左右的被访者认为做好企业政治思想工作，应加强党、团和工会组织建设，关爱职工、及时了解企业职工的思想动态。

（三）有75.71%的被访者认为增强企业凝聚力要增加职工收入实现人企共赢，另有60.39%的被访者认为应体现以人为本的管理理念

调查显示，在问及“您认为如何增强企业凝聚力”（多选题）时，在列举的 4 个选项中，被访者有 75.71% 选择“增加职工收入实现人企共赢”，有 60.39% 选择“体现以人为本的管理理念”，有 52.37% 选择“创新企业文化”，有 46.09% 选择“提高职工业务素质”。其中，“增加职工收入实现人企共赢”“体现以人为本的管理理念”排在了前两位。这实际上也说明了，企业的改革发展必须要与职工的利益挂钩，体现以人为本，只有这样才能凝心聚力，促进企业发展。

十一　2017年热点特点，2018年舆情预测

社会热点问题是舆情的重要组成部分，反映着民情民意，省情区情则决定或影响着民众对于社会热点问题的关注度和认知，以及与全国其他地区相比存在的差异，同时会影响未来舆情热点的生成和演变。

（一）2017年民众关注的社会热点问题

1. 民众关注的社会热点问题排行

2017 年甘肃社会热点问题的调查中，课题组在参照往年社会热点问题调查的基础上，充分考虑了近一年来全国及地方经济社会发展的变化，对 2016 年的社会热点问题调查做了适度调整，删除了“户籍制度改革”“供给侧改革”“二孩全面开放问题”，新增了“党的十九大召开”“国企改革”“政府放管服改革”等选项，问题总量仍保持 29 个，要求被访者从中选出

最关注的10个问题。此项调查共发放问卷650份，收回有效问卷627份。

问卷调查显示，2017年被访者最为关注的10个热点问题是："食品安全问题""医疗问题""生态环境问题""养老与社会保障问题""住房问题""反腐败和干部作风问题""就业问题""物价问题""教育问题""农村土地问题"。这10个问题选择频次居前10位（见表1）。

表1　2017年甘肃民众对社会热点问题的关注度统计

单位：次，%

关注度排名	关注的问题	选择频次	个案百分比
1	食品安全问题	454	72.41
2	医疗问题	445	70.97
3	生态环境问题	444	70.81
4	养老与社会保障问题	410	65.39
5	住房问题	399	63.64
6	反腐败和干部作风问题	354	56.46
6	就业问题	354	56.46
8	物价问题	348	55.50
9	教育问题	330	52.63
10	农村土地问题	237	37.80

对比2016年甘肃民众关注的热点问题，排在前10位的问题发生了一些变化，如"社会安全和稳定问题"跌出前10排在第15位，"农村土地问题"从上年第16名的排位一跃进入第10位，其余问题排序基本变化不大（见表2）。

表2　2016年、2017年甘肃民众关注热点问题前10位变化情况

关注问题	2016年排序	2017年排序
食品安全问题	1	1
医疗问题	3	2
生态环境问题	2	3
养老与社会保障问题	4	4
住房问题	5	5

续表

关注问题	2016 年排序	2017 年排序
反腐败和干部作风问题	7	6
就业问题	6	6
物价问题	8	8
教育问题	9	9
农村土地问题	16	10

从2017年民众关注的社会热点问题排名前10位来看，“食品安全问题”关注度最高，排在第1位，被访者选择比例达72.41%。值得说明的是，“食品安全问题”在2015年、2016年和2017年的调查中，连续3年排在热点问题第1位。这也提醒我们，食品安全问题具有普遍性、频发性和治理过程的复杂性。同时说明，民众的食品安全意识在增强。“医疗问题”关注度稳中有升，排在第2位，被访者选择比例达70.97%。医疗问题关注度高，与民众的经济生活改善、健康意识增强直接相关。当然，这也与一些地方民众存在“看病难”“看病贵”等问题有关。“生态环境问题”排在第3位，被访者选择比例达70.81%。甘肃生态环境问题是一个重大问题，也是一个需要长期治理的问题，它直接影响到生存发展，民众关注度高也很自然。“养老与社会保障问题”排在第4位，被访者选择比例达65.39%。养老与社会保障是最基本的民生问题。随着社会的发展，不断完善养老与社会保障制度也是民众的期盼。“住房问题”排在第5位，被访者选择比例达63.64%。住房问题是重要的民生问题。2017年各地政府加大对住房市场的调控力度，减缓房价过快上涨，民众关注住房问题也很自然。“反腐败和干部作风问题”排在第6位，被访者选择比例达56.46%。2017年反腐败进一步深入推进，甘肃多名高官落马，群众反应强烈，关注度高。“就业问题”并列排在第6位，被访者选择比例达56.46%。就业问题是甘肃民众多年关注的一个重要问题，这也是经济落后地区需要长期重视并解决的一个问题。“物价问题”排在第8位，被访者选择比例达55.50%。甘肃由于经济落后，民众收入较低，因而对物价问题也非常关注。“教育问题”排在第9位，被

访者选择比例达 52.63%。教育问题也是重要的民生问题，民众关注教育说明对教育重要性的认识在提高。“农村土地问题”排在第 10 位，被访者选择比例达 37.80%。与上年相比，农村土地问题关注度大幅上升，这说明民众对农村土地制度改革的关注。

2. 2017年网络新闻关注甘肃问题的情况

课题组依托微博、微信、论坛、新闻等，对网络涉甘事件进行了梳理，将检索时间限定在 2016 年 10 月至 2017 年 9 月。通过检索，主要的网络涉甘事件有：“甘肃武都居民楼坍塌事故已致 2 死 3 伤”“兰州动物园熊猫‘蜀兰’遭虐待”“兰州 6 名单位负责人因开会迟到会场吃早餐被免职”“保安缓刑期内残杀 14 岁女孩仅判死缓家属愤怒”“甘肃原省委常委、副省长虞海燕严重违纪被双开”“宝兰高铁开通运营大西北融入全国高铁大家庭”“甘肃原省委书记王三运涉嫌严重违纪接受组织审查”“祁连山局部生态破坏严重，甘肃 3 名副省级官员被问责”“甘肃残疾考生魏祥惊动清华大学校长”“甘肃陇南强降雨引发泥石流已致 8 死 1 失联”“甘肃省派医疗救援队赶赴地震灾区消防救援人员成功将伤员救出”。其中，“兰州 6 名单位负责人因开会迟到会场吃早餐被免职”（2016 年 12 月 21 日）、“保安缓刑期内残杀 14 岁女孩仅判死缓家属愤怒”（2017 年 1 月 16 日）、“甘肃省派医疗救援队赶赴地震灾区消防救援人员成功将伤员救出”（2017 年 8 月 10 日）进入新华网“今日热点舆情”传播前 5 位。

由于筛选样本的有限性、网络基础设施建设的不平衡、网民规模及参与热情度等因素影响，上述网络涉甘事件并不能全面反映甘肃网络舆情的状况，但一定程度上折射出甘肃网络舆情的特点、走向。

（二）民众关注的社会热点问题的特点分析

1. 民生问题仍然是民众关注的焦点

从 2017 年甘肃舆情社会热点问题调查结果看，排在前 10 位的食品安全、医疗、养老与社会保障、住房、就业、物价、教育等问题，都是关乎民生的重要问题，成为社会各阶层关注的焦点问题。民生问题多年来之所以被民众重点关注，从甘肃地方实际看，一是历史欠账多。甘肃在民生保障方面，尤其是社会保障、教育、医疗卫生等方面还处在较低层次和水平。人们在生活温饱问题基本解决后，会对教育、医疗、社会保障等提出进一步的要求。二是甘肃城乡居民的收入水平整体较低。据有关统计，目前甘肃居民人均收入处全国各省份的末位。据2015年全国部分省份居民人均收入对比统计，2015年甘肃城镇居民人均可支配收入为23000元，农村居民人均纯收入为6900元。由于各地发展不平衡，居民收入水平和生活消费之间存在较大矛盾。收入水平低对民生问题的关注程度必然要高，因为低收入背景下改善民生的要求更加迫切。三是群众对生活的期待不断提升，需求进一步多层次、多样化。当前民众的生活需求更加多样化，需求不仅包括吃穿住行，而且已扩展到教育、医疗、卫生、就业、养老、社会保障等多方面多领域。这也暴露出甘肃还存在民生保障制度不完善以及政策落实不到位等方面的问题。

2. 经济、社会、政治发展环境影响社会舆情的生成变化

经济基础决定上层建筑。一个地方的经济发展水平，一定程度上影响民众的社会心态及行为选择，影响社会舆情的生成演变。课题组相关问卷调查也表明，有76.44%的被访者认为“经济问题”是影响或困扰当地社会发展的主要问题。由于经济发展滞后，民众对民生问题也就更为关注。生态环境问题是影响甘肃发展的一个重大问题。2017年中央对甘肃祁连山生态环境破坏问题做了严肃处理，甘肃民众表示支持。反腐败和干部作风问题也是近年来民众关注度较高的一个重大问题。2017年甘肃多名高官落马，震动甘肃政治生态，反腐败取得压倒性态势。但是腐败问题的清除是一个长期复杂的过程，需要常抓不懈，坚持到底。

3. 网络涉甘舆情总体向好，政府治理能力仍待提升

网络舆情是政府了解民情、传递政策、汇集民意的有效途径。总体上，甘肃网络舆情态势平稳有序、积极向好，网络正能量更加充沛，民众多从正面参与讨论和促进事件解决，政府网络舆情处置也更加主动有力，舆情应对能力不断提升。从网络涉甘事件来看，网络已经成为民众表达意愿、参政议

政的重要平台，网民高度关注医疗、就业、教育、反腐败等问题，个别重大舆情事件关注度空前高涨，折射出各阶层对“获得感”、对公平正义的诉求日益强烈，也暴露出相关建设机制滞后的问题，对政府网络舆情治理能力提出新要求、新挑战。在媒介环境、舆论生态发生变化的背景下，如何克服舆情素养缺失、应对水平和治理能力欠缺等问题，让互联网释放最强正能量，是网络时代社会治理面临的重大课题。

（三）2018年舆情变化预测

1. 民生问题仍将是2018年民众重点关注的社会热点问题

民生问题的解决是一个长期、复杂的过程。纵观近几年甘肃舆情热点问题调查，民生问题始终是民众重点关注的社会热点。其问题主要集中在食品安全、社会保障、住房、教育、医疗、物价等方面，这就要求各级政府应当重视民众的诉求，急民众之所急，想民众之所想，像李克强总理讲的那样把老百姓日常感受变成政策的起点与终点。以民为本，办好群众想办的事，办好群众认可的事。不忘初心，心中有民，努力改善民生，不断推动社会管理和公共服务体系建设，把民生问题切切实实地解决好，让发展成果更多更公平惠及全体人民。只有把民生问题解决好，才会使这一领域的民众关注度慢慢降下来。

2. 舆情态势总体平稳，发展形势积极健康向上

随着党的十九大召开，以习近平总书记为核心的党中央推进“四个全面”战略布局，坚持“创新、协调、绿色、开放、共享”的发展理念，坚持从严治党，严明党纪国法，深入推进反腐败，推进“一带一路”建设，扶贫攻坚，全面建设小康社会。当前，甘肃经济社会稳定发展，党风、政风和社会风气明显好转，民众关注的民生问题不断得到解决，社会和谐，群众的幸福感进一步提升。在这样一个大的社会背景下，预测 2018 年舆情态势总体向好，形势积极健康向上。

3. 民生问题及相关矛盾的解决要加强舆论引导

民生问题及相关社会问题的解决必须坚持正确的舆论引导，要引导全社

会认识到相关民生问题是社会改革发展过程中不可避免的，认识到各级政府在解决民生问题方面所做的努力。民生问题的解决不可能一蹴而就。基层政府不仅要拿出解决民生问题的时间表和施工图，而且还要将时间表、施工图和任务书向社会公开。同时，还应通过多方面征求群众意见把问题和困难摆出来，得到群众的理解和支持，要把党和政府民生政策的宣传和落地生根、群众参与有机结合，“得其大者可以兼其小”，要通过正面引导把群众的正当民生诉求变成全社会真抓实干的共识和动力。

社会热点篇

Hot Social Topics

B.2
甘肃民众关注的社会热点及网络涉甘舆情调查

梁海燕*

摘　要： 社会舆情是一个重大的社会问题，也是复杂的社会治理问题。当前，正处于社会转型时期，民众利益诉求更加多元，各类矛盾问题集中凸显，舆情热点大多指向社会生活中的重点、难点、敏感问题和关键环节，并呈现现实问题与网络舆情相互交织、相互影响的态势。调查结果显示，民生问题仍是甘肃广大民众关注的焦点，如食品安全、生态环境、住房、养老、医疗等，关注度排前，相关问题社会影响大、与个人利益有联系是影响民众关注度的重要因

* 梁海燕，法学硕士，甘肃省社会科学院马克思主义研究所助理研究员，主要研究方向为地方法治及法社会学。

素。对此，需要各级政府部门主动作为，不断健全社会热点及网络舆情的收集、研判、处置和回应机制，提升社会治理水平，着力解决社会热点问题产生的深层次矛盾。

关键词： 社会热点 民生问题 网络涉甘事件 舆情调查

社会舆情是一个重大的社会问题，也是复杂的社会治理问题。当前，正处于社会转型时期，各类矛盾问题集中凸显，舆情热点大多指向社会生活中的重点、难点、敏感问题和关键环节，一些关系国计民生的重大问题如食品安全、生态环境、反腐、住房、养老、医疗等牵动民众深入关切，是民众思想意识、利益诉求和价值观念的集中表现。并且，在“人人都有麦克风”的时代，网络成为民众表达意见和发表言论的重要场所，社会舆情在生成、发展、变化等方面都呈现新的特点。以互联网为主力平台的社会舆论的兴盛，促使政府及时回应民意关切问题，政府、社会团体与公众的沟通更为顺畅，提升了民众的社会动员能力和行动能力，但同时也兼具舆情风险，如传播负面舆论影响民心与社会稳定。这些新特点、新趋势进一步挑战政府治理能力。

就甘肃民众关注的社会热点问题及网络舆情来看，其形成、表现和变化都有着特定的生成背景和地域背景，凝聚着民众诉求，反映着省情地情。甘肃地处西部地区，经济社会发展落后，生态环境十分脆弱，非公有制经济发展滞后，教育水平偏低，民众对于物价、医疗、养老与社会保障、资源环境、教育等问题更为关注，而且这些问题在网络上很容易引起共鸣和放大，是当前网络舆情的高敏领域，并与现实问题相互影响。因此，开展社会热点问题及网络涉甘舆情调查，对于政府部门掌握社情民意，及时回应民众关切问题，推动政府治理能力的提升和治理科学化具有重要的现实意义。

一　当前民众关注的社会热点问题

（一）问卷调查基本情况

2017 年 6 ~7 月，调研组在甘肃全省范围内开展了“甘肃民众关注的社会热点问题”问卷调查。本次调查共发放问卷650 份，收回问卷632 份，有效问卷 627 份，问卷有效回收率为 96.46%。调查选取了定西市、庆阳市、武威市和临夏回族自治州作为调查地点，其中有效问卷数量分布为：定西市 178 份，庆阳市 174 份，武威市 178 份，临夏回族自治州 97 份。十个职业阶层样本分布为：国家与社会管理者占 9.47%，经理人员占 5.14%，私营企业主占 7.70%，专业技术人员占 12.04%，办事人员占 13.48%，个体工商户占 9.31%，商业服务业员工占 5.62%，产业工人占 10.91%，农业劳动者占 21.67%，失业人员占 4.66%。被访者文化程度结构为：不识字占 0.80%，小学占 5.29%，初中占 17.15%，高中（职中）占 22.60%，大专占 24.68%，大学本科占 28.36%，研究生及以上占 1.12%。问卷调查还兼采了性别、年龄、党派等统计学要素。

（二）民众关注的社会热点问题

就 2017 年甘肃省社会热点问题的设计，课题组根据近一年来全国以及甘肃省经济社会形势变化，对调查问卷做了调整，删除了“户籍制度改革”“供给侧改革”“二孩全面放开问题”，新增了“党的十九大召开”“国企改革”“‘放管服’改革”，问题仍然保持 29 个不变，要求被访者从中选出最关注的 10 个问题。问卷统计结果显示，被访者最为关注的十个热点问题为：“食品安全问题”“医疗问题”“生态环境问题”“养老与社会保障问题”“住房问题”“反腐败和干部作风问题”“就业问题”“物价问题”“教育问题”“农村土地问题”，选择频次居前十位（见表 1）。

表 1　2017 年甘肃民众对社会热点问题的关注度统计

单位：次，%

关注度排名	关注的问题	选择频次	个案百分比
1	食品安全问题	454	72.41
2	医疗问题	445	70.97
3	生态环境问题	444	70.81
4	养老与社会保障问题	410	65.39
5	住房问题	399	63.64
6	反腐败和干部作风问题	354	56.46
6	就业问题	354	56.46
8	物价问题	348	55.50
9	教育问题	330	52.63
10	农村土地问题	237	37.80
11	扶贫与小康社会建设	221	35.25
12	新型城镇化建设	220	35.09
13	收入差距和分配制度改革	212	33.81
14	党的十九大召开	209	33.33
15	社会安全和稳定问题	208	33.17
16	道路交通问题	207	33.01
16	社会诚信问题	207	33.01
18	创新、协调、绿色、开放、共享发展	148	23.60
19	依法治国和严格执法问题	124	19.78
20	“一带一路”倡议和甘肃建设发展问题	119	18.98
21	创业创新环境问题	76	12.12
22	政治体制改革问题	66	10.53
23	“放管服”改革	57	9.09
24	南海局势	49	7.81
25	甘肃“华夏文明传承创新区”建设	48	7.66
25	中日关系问题	48	7.66
27	国企改革	38	6.06
28	兰州新区建设	23	3.67
29	朝鲜半岛局势	22	3.51

对比 2016 年甘肃民众关注的热点问题，排在前十位的问题发生变化，如“社会安全和稳定问题”跌出前十，排在第 15 位，“农村土地问题”

从上年第16位的排位一跃进入第十位，其余问题排序基本变化不大（见表2）。

表2　2016年、2017年甘肃民众关注热点问题前十位变化情况

关注问题	2016年排序	2017年排序
食品安全问题	1	1
医疗问题	3	2
生态环境问题	2	3
养老与社会保障问题	4	4
住房问题	5	5
反腐败和干部作风问题	7	6
就业问题	6	6
物价问题	8	8
教育问题	9	9
农村土地问题	16	10

结合问卷调查结果，并对比往年民众关注热点问题的情况，对2017年甘肃民众关注的社会热点问题做如下分析。

1. 食品安全问题关注度最高，连年位居榜首

民以食为天，食以安为先。食品安全关系百姓健康，近年来从中央到地方，对食品安全实行了严格的监管措施，但“舌尖上的安全”仍然是民众关注的焦点，连续四年居甘肃民众关注热点问题首位。问卷调查结果显示，有454名被访者选择该项，选择比例高达72.41%。也有被访者指出，现在农药、激素用得太多，目前政府对这些问题缺乏重视。从十个社会阶层被访者的选择看，私营企业主、专业技术人员、办事人员、个体工商户、失业人员被访者选择“食品安全问题”的居阶层选择首位（见表3）。

2. 医疗问题关注度稳中有升，居第2位

医疗问题是基本的民生问题。近年来，甘肃省以建立覆盖城乡居民的公共卫生服务体系为目标，深化医疗卫生事业改革，健全基本医疗卫生体系，加快医疗卫生事业发展，全省人民健康水平显著提高。如人均期望寿命由

表3　十大阶层对于“食品安全问题”的选择

单位：次，%

阶层	频次	比例	同阶层中排序
国家与社会管理者	41	69.49	3
经理人员	23	71.88	3
私营企业主	37	77.08	1
专业技术人员	60	80.00	1
办事人员	68	80.95	1
个体工商户	44	75.86	1
商业服务业员工	25	71.43	3
产业工人	47	69.12	3
农业劳动者	94	69.63	6
失业人员	26	89.66	1

2010年的72.22岁提高到2015年的73.25岁，与全国差距进一步缩小。① 同时，医疗问题仍是民众最为关注的热点问题，如医疗资源分配不均、药价太高、基层医疗卫生条件差、医疗人才缺乏等引发民众广泛关注。调查结果显示，有70.97%的被访者（445人）关注“医疗问题”，居第2位，与上年相比上升1个位次。从十个社会阶层的选择看，各个阶层对这一问题的选择都比较排前，其中，经理人员、产业工人和农业劳动者的关注度最高，“医疗问题”居其阶层选择第1位（见表4）。

表4　十大阶层对于“医疗问题”的选择

单位：次，%

阶层	频次	比例	同阶层中排序
国家与社会管理者	36	61.02	5
经理人员	24	75.00	1
私营企业主	34	70.83	3
专业技术人员	53	70.67	3
办事人员	60	71.43	2
个体工商户	43	74.14	2

① 宜秀萍：《让人人享有公平可及的健康服务》，《甘肃日报》2017年3月3日，第1版。

续表

阶层	频次	比例	同阶层中排序
商业服务业员工	26	74.29	2
产业工人	49	72.06	1
农业劳动者	97	71.85	1
失业人员	21	72.41	4

3. 生态环境问题关注度持续，居第3位

“生态环境没有替代品，用之不觉，失之难存”，“绿水青山就是金山银山”。甘肃省生态环境脆弱，保护生态环境就是保护生产力，保护甘肃未来的发展。近年来，伴随甘肃省生态环境治理力度的加大以及生态安全屏障综合试验区建设的推进，民众对生态环境的关注度持续，特别是2017年中央通报祁连山保护区生态环境问题的事件发生后，引发民众的高度关注。问卷调查显示，70.81%的被访者（444人）关注“生态环境问题”，居第3位，与2016年相比虽下降了1个位次，但仍排位居前。从各个阶层的选择看，国家与社会管理者、私营企业主、产业工人被访者选择“生态环境问题”的居其阶层选择第1位，专业技术人员、农业劳动者、失业人员被访者的选择在同阶层中居第2位，商业服务业员工的关注度略低，居第6位（见表5）。

表5　十大阶层对于“生态环境问题”的选择

单位：次，%

阶层	频次	比例	同阶层中排序
国家与社会管理者	49	83.05	1
经理人员	20	62.50	5
私营企业主	37	77.08	1
专业技术人员	57	76.00	2
办事人员	54	64.29	5
个体工商户	35	60.34	4
商业服务业员工	22	62.86	6
产业工人	49	72.06	1
农业劳动者	94	69.63	2
失业人员	24	82.76	2

4. 养老与社会保障、住房问题关注度未减，保持在第4、第5位

随着我国步入老龄化社会，民众对于养老与社会保障问题的关注度较高。问卷调查显示，65.39%的被访者（410人）选择“养老与社会保障问题”，排序与2016年相同，居第4位。分阶层看，各阶层被访者对于养老与社会保障问题的关注度都较高，特别是经理人员中该项居其阶层选择第2位，农业劳动者和失业人员中该项居其阶层选择第3位（见表6）。反映出民众对于养老与社会保障的诉求较为强烈，对于建立更完善的社会保障体系具有较高期待。

表6　十大阶层对于“养老与社会保障问题”的选择

单位：次，%

阶层	频次	比例	同阶层中排序
国家与社会管理者	39	66.10	4
经理人员	23	71.88	2
私营企业主	29	60.42	6
专业技术人员	53	70.67	5
办事人员	52	61.90	6
个体工商户	34	58.62	6
商业服务业员工	23	65.71	4
产业工人	42	61.76	5
农业劳动者	89	65.93	3
失业人员	23	79.31	3

民众对于住房问题的关注也热度未减。问卷调查显示，63.64%的被访者（399人）选择“住房问题”，排序与2016年相同，居第5位。分阶层看，各阶层被访者对于住房问题的关注度普遍较高，但略有差异。比如，商业服务业员工被访者的关注度最高，该项居其阶层选择首位，失业人员被访者的关注度最低，该项居其阶层选择第7位（见表7）。

5. 反腐败和干部作风问题关注度略有上升，居第6位

近年来，反腐败与干部作风问题一直是民众关注的热点，尤其是2017年以来，甘肃省多名官员落马，更是引发民众对这一问题的高度关注。问卷

表7　十大阶层对于“住房问题”的选择

单位：次，%

阶层	频次	比例	同阶层中排序
国家与社会管理者	35	59.32	6
经理人员	20	62.50	5
私营企业主	30	62.50	5
专业技术人员	53	70.67	3
办事人员	57	67.86	3
个体工商户	37	63.79	3
商业服务业员工	27	77.14	1
产业工人	42	61.76	5
农业劳动者	80	59.26	5
失业人员	17	58.62	7

调查显示，56.46%的被访者（354人）选择“反腐败和干部作风问题”，排序与上年相比上升了1个位次，居第6位。十大社会阶层中，经理人员被访者的关注度最高，该项居其阶层选择第2位，个体工商户被访者的关注度次之，在其阶层选择中居第4位，产业工人被访者的关注度最低，在其阶层选择中居第9位（见表8）。

表8　十大阶层对于“反腐败和干部作风问题”的选择

单位：次，%

阶层	频次	比例	同阶层中排序
国家与社会管理者	35	59.32	6
经理人员	23	71.88	2
私营企业主	26	54.17	8
专业技术人员	49	65.33	6
办事人员	48	57.14	7
个体工商户	35	60.34	4
商业服务业员工	21	60.00	7
产业工人	32	47.06	9
农业劳动者	68	50.37	8
失业人员	16	55.17	8

6. 就业问题、物价问题、教育问题的关注度与上年相同，分别居第6位、第8位、第9位

就业问题、物价问题、教育问题都是关系民生的基本问题，牵动着百姓的极大关注。调查显示，有 56.46% 的被访者（354 人）关注“就业问题”，居第 6 位；有 55.50% 的被访者（348 人）关注“物价问题”，居第 8 位；有 52.63% 的被访者（330 人）关注“教育问题”，居第 9 位，关注度排名均与上年相同。分阶层看，不同阶层被访者的关注度差异较大，如对于“就业问题”，国家与社会管理者的关注度最高，在其同阶层中排序第 2 位，个体工商户的关注度最低，在其同阶层中排序第 13 位；对于“物价问题”，办事人员的关注度最高，在其同阶层中排序第 3 位，农业劳动者的关注度最低，在其同阶层中排序第 11 位；对于“教育问题”，私营企业主的关注度最高，在其同阶层中排序第 4 位，经理人员和失业人员的关注度次之，其余阶层被访者的关注度基本保持在第7 ~9 位（见表 9）。

表 9　十大阶层对于“就业问题”“物价问题”“教育问题”的关注情况

单位：%

阶层	就业问题		物价问题		教育问题	
	比例	排序	比例	排序	比例	排序
国家与社会管理者	77.97	2	44.07	9	52.54	8
经理人员	50.00	8	50.00	8	62.50	5
私营企业主	64.58	4	60.42	6	64.58	4
专业技术人员	53.33	8	58.67	7	52.00	9
办事人员	53.57	8	67.86	3	53.57	9
个体工商户	37.93	13	56.90	7	50.00	8
商业服务业员工	65.71	4	54.29	8	48.57	9
产业工人	58.82	7	66.18	4	55.88	8
农业劳动者	53.33	7	46.67	11	50.37	7
失业人员	62.07	5	48.28	9	62.07	5

7. 农村土地问题关注度大幅提升，居第10位

近年来，农村土地问题，尤其是农村土地使用权的流转问题，一直备受

民众关注。调查显示，有 37.80% 的被访者（237 人）关注“农村土地问题”，排名第 10 位，与上年第 16 位的排名相比，民众关注度有了大幅提升。特别是与土地关系最为密切的农业劳动者阶层，对“农村土地问题”的关注度持续上升，有 62.96% 的被访者关注，居其阶层选择第 4 位，与 2016 年相比上升了 2 个位次，与 2015 年相比上升了 4 个位次。相比之下，其余阶层被访者对这一问题的关注度略低（见图 1）。

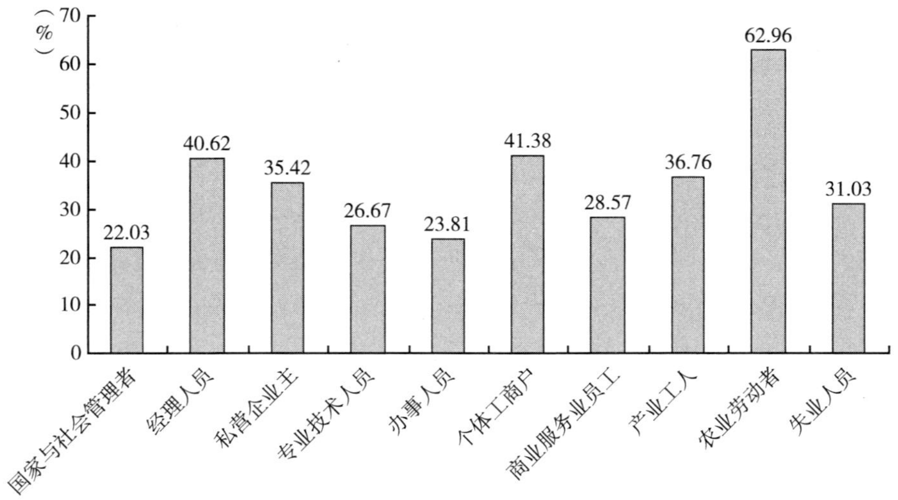

图 1　十大阶层对于“农村土地问题”的关注情况

8. 扶贫与小康社会建设、新型城镇化建设、收入差距与分配制度改革问题关注度趋稳，居第11、第12、第13位

近年来，伴随国家及甘肃省扶贫力度的加大，扶贫问题成为全社会广泛关注的话题，民众对于脱贫致富与小康社会建设充满期待。问卷调查显示，甘肃民众对于扶贫问题的关注度仍然较高，有 35.25% 的被访者（221 人）关注“扶贫与小康社会建设”问题，在 29 个问题中居第 11 位，排名与 2016 年相同。从不同阶层被访者的选择看，农业劳动者阶层的关注度最高，有 50.37% 的被访者选择，居其阶层选择第 7 位，专业技术人员阶层的关注度最低，有 22.67% 的被访者选择，居其阶层选择第 18 位。值得注意的是，

国家与社会管理者的关注度不高，选择比例居其阶层选择第 15 位，与 2016 年第 9 位的排序相比下降明显。

新型城镇化建设、收入差距与分配制度改革的关注也持续较热。调查结果显示，有 35.09% 的被访者（220 人）关注“新型城镇化建设”问题，居第 12 位；有 33.81% 的被访者（212 人）关注“收入差距与分配制度改革”问题，居第 13 位，两个问题的排序与 2016 年相同。从不同阶层的选择看，经理人员、商业服务业员工被访者对于“新型城镇化建设”问题的关注度最高；除农业劳动者和个体工商户外，各个阶层被访者对于“收入差距与分配制度改革”的关注度都较高（见表 10）。

表 10　十大阶层对于扶贫与小康社会建设、新型城镇化建设、收入差距与分配制度改革问题的关注情况

单位：%

阶层	扶贫与小康社会建设		新型城镇化建设		收入差距与分配制度改革	
	比例	排序	比例	排序	比例	排序
国家与社会管理者	30.51	15	22.03	18	35.59	12
经理人员	25.00	16	43.75	10	43.75	10
私营企业主	27.05	15	33.33	14	41.67	10
专业技术人员	22.67	18	30.67	14	41.33	10
办事人员	32.14	14	32.14	14	41.67	10
个体工商户	39.66	11	39.66	11	31.03	16
商业服务业员工	42.86	11	42.86	10	31.43	13
产业工人	30.88	13	26.47	16	30.88	13
农业劳动者	50.37	7	45.19	12	26.47	17
失业人员	27.59	15	27.59	15	34.48	12

9. “党的十九大召开”成为关注热点，居第14位

2017 年 10 月 18 日，中国共产党第十九次全国代表大会召开，这是我们党在全面建成小康社会决胜阶段召开的一次十分重要的大会，承担着总结过去 5 年的工作，明确今后党和国家前进方向、奋斗目标、行动纲领，选举新一届中央领导集体的重大使命，承担着谋划决胜全面建成小康社会、深入

推进社会主义现代化建设的重大任务，是党和国家政治生活中的一件大事，[①] 也凝聚着广大民众的殷切期盼。甘肃省深入宣传以习近平同志为核心的党中央治国理政新理念、新思想、新战略，举办了“迎接党的十九大”系列网络主题活动，各地干部群众实干创新，以昂扬向上的精神面貌迎接党的十九大召开。问卷调查显示，有33.33%的被访者（209人）关注“党的十九大召开”，在29个问题中排名第14位。分阶层看，十个社会阶层对“党的十九大召开”都有一定的关注度，其中国家与社会管理者阶层的关注度最高，有44.09%的被访者选择，居其阶层选择第9位，专业技术人员、办事人员被访者的关注度也较高（见图2）。

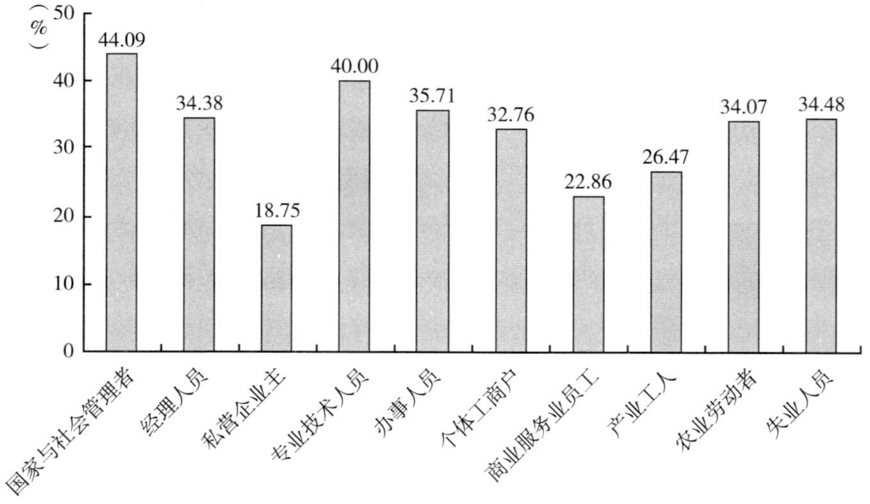

图2　十大阶层对于“党的十九大召开”的关注情况

10.“社会安全和稳定问题”关注度大幅下降，居第15位

当前，社会治安形势总体较好，民众安全感较强，但影响社会安全稳定的因素仍然存在。调查显示，有33.17%的被访者（208人）关注“社会安全和稳定问题”，居第15位，与上年第10位的排名相比，民众关注度大幅下降。这得益于社会治安整治、“打黑除恶”等专项行动的开展，

① 《砥砺奋进迎接党的十九大》，《光明日报》2017年7月1日，第4版。

以及平安建设、法治建设的推进，反映出民众对于社会治安环境的满意度提高。但不同阶层的关注度差异较大，如个体工商户的关注度最高，有46.55%的被访者选择，居其阶层选择第9位，私营企业主、产业工人的关注度也较高，农业劳动者和失业人员的关注度最低，分别居其阶层选择第15位（见图3）。

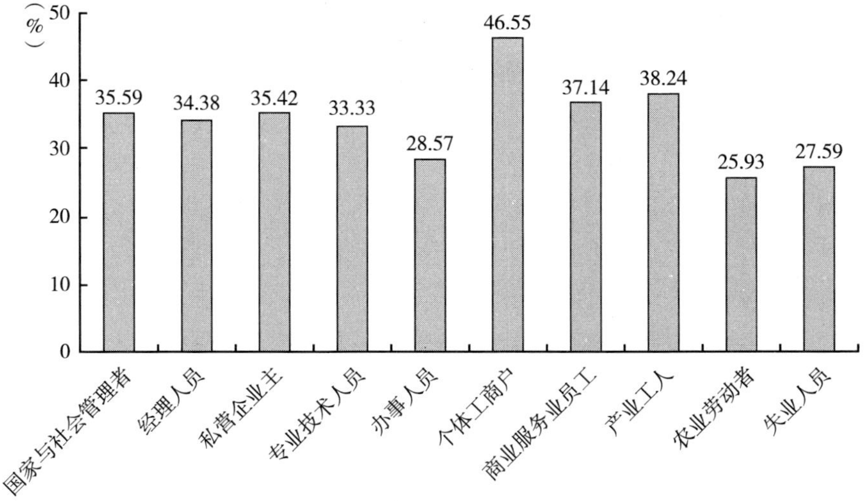

图3　十大阶层对于“社会安全和稳定问题”的关注情况

11.“道路交通问题”“社会诚信问题”关注度略有下降，居第16位

“道路交通问题”“社会诚信问题”也是近年来民众较为关注的热点问题。调查显示，分别有33.01%的被访者（207人）关注“道路交通问题”和“社会诚信问题”，并列居第16位，排序与上年相比分别下降了1个位次和2个位次。分阶层看，各阶层对于“道路交通问题”都有一定的关注度。其中，产业工人的关注度进入其阶层排名前十，办事人员、国家与社会管理者、农业劳动者的关注度也较高，失业人员和商业服务业员工的关注度略低，同阶层中排名靠后。就“社会诚信问题”，国家与社会管理者、私营企业主、办事人员、失业人员的关注度较高，农业劳动者的关注度最低（见表11）。

表11　十大阶层对于“道路交通问题”“社会诚信问题”的关注情况

单位：%

阶层	道路交通问题		社会诚信问题	
	比例	排序	比例	排序
国家与社会管理者	32.30	14	37.29	11
经理人员	21.88	17	28.12	15
私营企业主	25.00	18	35.42	11
专业技术人员	29.33	15	36.00	12
办事人员	36.90	12	38.10	11
个体工商户	27.59	18	37.93	13
商业服务业员工	20.00	19	31.43	13
产业工人	41.18	10	29.41	15
农业劳动者	42.96	13	25.19	16
失业人员	20.69	20	37.93	11

12. “创新、协调、绿色、开放、共享发展”“依法治国和严格执法问题”关注度未变，居第18、第19位

“创新、协调、绿色、开放、共享发展”“依法治国和严格执法问题”是党和国家治国理政的新方略，是实现治理体系现代化的重要战略选择。调查结果显示，有23.60%的被访者（148人）关注“创新、协调、绿色、开放、共享发展”问题，居第18位；有19.78%的被访者（124人）关注“依法治国和严格执法问题”，居第19位，关注度与2016年相比都未发生变化。从各个阶层的选择看，被访者对于这两个问题有一定的关注度，但关注度不高且存在阶层差异。其中，国家与社会管理者、私营企业主及失业人员对于“创新、协调、绿色、开放、共享发展”的关注度较高，均居其阶层选择第15位；失业人员对于“依法治国和严格执法问题”的关注度最高，居其阶层选择第10位，其余阶层无论是选择比例还是选择排序都比较靠后（见表12）。

13. “创业创新环境问题”关注度上升，“政治体制改革问题”“‘放管服’改革”“国企改革”民众关注度不高

调查结果显示，被访者对于“创业创新环境问题”“政治体制改革问题”

表12 十大阶层对于“创新、协调、绿色、开放、共享发展”“依法治国和严格执法问题”的关注情况

单位：%

阶层	创新、协调、绿色、开放、共享发展		依法治国和严格执法问题	
	比例	排序	比例	排序
国家与社会管理者	30.51	15	18.64	20
经理人员	9.38	24	15.62	20
私营企业主	27.08	15	12.50	21
专业技术人员	24.00	17	20.00	19
办事人员	29.76	16	19.05	19
个体工商户	24.14	19	29.31	17
商业服务业员工	11.43	24	31.43	13
产业工人	25.00	18	13.24	20
农业劳动者	20.00	19	16.30	20
失业人员	27.59	15	37.93	10

“‘放管服’改革”“国企改革”的关注度不高。有12.12%的被访者（76人）关注“创业创新环境问题”，排位居第21位，相比上年上升2个位次；有10.53%的被访者（66人）关注“政治体制改革问题”，排位居第22位；有9.09%的被访者（57人）关注“‘放管服’改革”，排位居第23位；有6.06%的被访者（38人）关注“国企改革”，排位居第27位。从不同阶层被访者的选择看，经理人员对于“创业创新环境问题”的关注度最高，有18.75%的被访者选择，居其阶层选择第18位；私营企业主对于“‘放管服’改革”的关注度最高，有27.08%的被访者选择，居其阶层选择第15位。同时，对于创业创新环境问题，调研中还有被访者谈到，希望政府对众创空间加大政策扶持力度，在工商注册、税务办理等方面能够适当简化程序，给予一定力度的扶持。

14. “‘一带一路’倡议和甘肃建设发展问题”“甘肃‘华夏文明传承创新区’建设”“兰州新区建设”民众关注度偏低，排位靠后

“一带一路”建设、甘肃华夏文明传承创新区建设、兰州新区建设是关系甘肃建设发展的重要工程，但问卷调查显示，民众对于这些问题的关注度

偏低。如，有18.98%的被访者（119人）关注“‘一带一路’倡议和甘肃建设发展问题”，排位居第20位，关注度相比上年上升2个位次；有7.66%的被访者（48人）关注“甘肃‘华夏文明传承创新区’建设”，排位居第25位；有3.67%的被访者（23人）关注“兰州新区建设”，排位居第29位，后两个问题的排位未发生变化。

15.“南海局势”“朝鲜半岛局势”关注度下降，排名居尾

调查结果显示，有7.81%的被访者（49人）关注“南海局势”，排位居第24位，相比上年下降7个位次；有3.51%的被访者（22人）关注“朝鲜半岛局势”，排位居第29位，排名未变。反映出甘肃民众对于国际政治关系的关注度较低。

（三）社会热点问题关注原因

就甘肃民众关注热点问题的原因来看，“相关社会问题影响大”和“与个人利益有关系”是最主要原因。调查结果显示，73.24%的被访者表示“相关社会问题影响大”是选择关注热点问题的原因，居被访者选择首位。“与个人利益有关系”和“电视、报刊等媒体报道多”居被访者选择第2、第3位，选择比例分别为65.22%和48.88%。

二　网络涉甘舆情调查

伴随微博、微信、微视频和客户端“三微一端”以及网络直播、网络社群等新兴媒体的普及，网络舆情已经成为社会舆情不可或缺的部分，并与线下舆情相互影响、相互作用。中国互联网络信息中心（CNNIC）发布的第40次《中国互联网络发展状况统计报告》显示，截至2017年6月，我国网民规模达到7.51亿，互联网普及率为54.3%，手机网民占比达96.3%，各类手机应用的用户规模不断上升。[①] 蓬勃发展的网络空间释放了用户话语

① 中国互联网络信息中心：第40次《中国互联网络发展状况统计报告》，http://www.cnnic.net.cn/hlwfzyj/hlwxzbg/hlwtjbg/201708/t20170803_69444.htm，2017年8月3日。

权，成为新的舆论场域，对新闻传播与舆情发酵产生了深刻的影响。这种影响，既包括传播正能量、支持社会主义核心价值观等正面影响，也包括对国家方针政策的误导性解读、传播谣言影响社会稳定等负面影响，还涉及舆论传播中的风险及隐私问题。因此，本课题将网络涉甘事件调查作为舆情研究的一部分，对网络舆情新特点、新趋势进行梳理分析，以期为政府科学决策提供参考。

在研究方法上，课题依托微博、微信、论坛、新闻等，对网络涉甘事件进行了梳理，将检索时间限定在 2016 年 10 月至 2017 年 9 月。通过检索，主要的网络涉甘事件有："甘肃武都居民楼坍塌事故已致 2 死 3 伤""兰州动物园熊猫'蜀兰'遭虐待""兰州 6 名单位负责人因开会迟到会场吃早餐被免职""保安缓刑期内残杀 14 岁女孩仅判死缓家属愤怒""甘肃原省委常委、副省长虞海燕严重违纪被双开""宝兰高铁开通运营大西北融入全国高铁大家庭""甘肃原省委书记王三运涉嫌严重违纪接受组织审查""祁连山局部生态破坏严重，甘肃 3 名副省级官员被问责""甘肃残疾考生魏祥惊动清华大学校长""甘肃陇南强降雨引发泥石流已致 8 死 1 失联""甘肃省派医疗救援队赶赴地震灾区消防救援人员成功将伤员救出"。其中，"兰州 6 名单位负责人因开会迟到会场吃早餐被免职"（2016 年 12 月 21 日）、"保安缓刑期内残杀 14 岁女孩仅判死缓家属愤怒"（2017 年 1 月 16 日）、"甘肃省派医疗救援队赶赴地震灾区消防救援人员成功将伤员救出"（2017 年 8 月 10 日）进入新华网"今日热点舆情"传播前五位。

由于筛选样本的有限性、网络基础设施建设的不平衡、网民规模及参与热情度等因素影响，上述网络涉甘事件并不能全面反映甘肃网络舆情的状况，但一定程度上折射出甘肃网络舆情的特点、走向。从调查情况看，甘肃网络舆情较为平稳，少有高热度的全国性舆情事件发生，民生问题、生态环境问题、反腐败及干部作风问题、安全问题等是网络涉甘事件发酵的重点范畴，网民关注度较高。在舆情的处置方面，政府较为积极主动，回应及时，机制建设也不断健全。如，"兰州动物园熊猫'蜀兰'遭虐待"的舆情发生后，政府官微迅速回应，及时介入调查，公布结果，很快平息了舆情。政府在办理网民留言、回应社会关切方面成效突出。据人民网舆情监测室根据2006～2016年数据进行的统计，甘肃省进入全国网民留言办理指数排名前十位，在各省份中排名第八位。兰州市建立健全政务舆情回应机制，规定凡发生特别重大、重大突发事件，相关政府主体最晚应在24小时内举行新闻发布会，并将政务舆情回应情况作为政务公开的重要内容纳入考核体系。传统媒体也以新闻调查、新闻评论、深度报道等方式对热点事件加强正面引导，有力地发挥了社会舆论“压舱石”的作用。

三　分析与结论

梳理分析2017年甘肃民众关注的社会热点问题及网络涉甘事件，可以发现，民众在关注重点、关注原因、关注趋势等方面呈现一些特点，具体如下。

（一）民生问题仍然是民众关注的焦点

舆情的背后是民生。当前，不论是民众关注的社会热点问题，还是网络涉甘事件，民生问题始终占据核心地位。从近年来甘肃省舆情调查来看，食品安全、医疗、住房、教育、物价、反腐败、社会保障等问题，无一不是各阶层民众关注的焦点，民众关注度始终保持在高位（见图4），并且民生话题也构成网络舆论的主要方面，与现实问题相互交织、相互影响，不断演绎出新的舆情热点。究其原因，这既同改革发展过程中的制度不健全有关，与公共服务供给不足、不平衡有关，又同民众的诉求多元和逐渐强烈的维权自觉有关，民众对改善民生有着更多更新的期望，进一步挑战政府民生工作。

（二）不同阶层、不同居住地的被访者关注情况存在差异

问卷调查结果显示，民众对于热点问题的关注度受到阶层与地域影响。如，国家与社会管理者对于“就业问题”“党的十九大召开”“创新、协调、

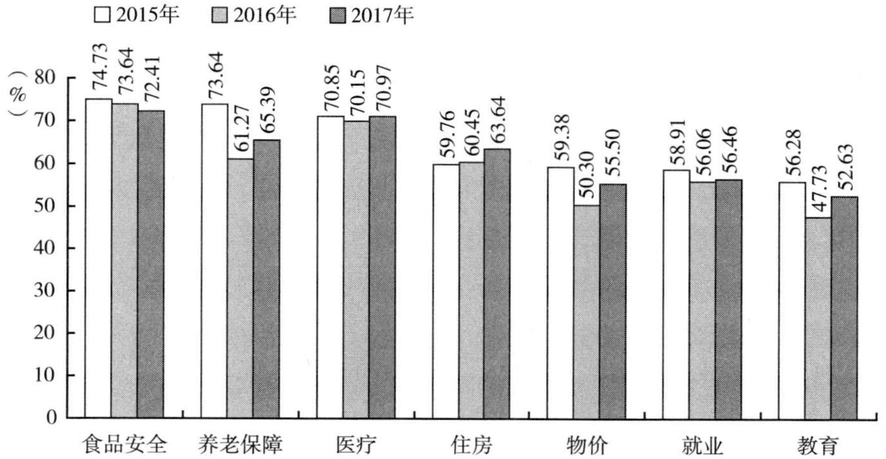

图4　近年来甘肃民众对于民生热点问题的关注情况

绿色、开放、共享发展”“‘一带一路’倡议和甘肃建设发展”等的关注度较高，经理人员、私营企业主、个体工商户对于“社会诚信问题”“新型城镇化建设”“‘放管服’改革”的关注度较高，农业劳动者对于“农村土地问题”“扶贫与小康社会建设”的关注度较高。同时，受经济发展、人文心理、社会需求等影响，城乡被访者的关注情况也存在差异。如对于排名前十位的社会热点问题，居住在城区、城郊、县城的被访者对于食品安全问题的关注度高于居住在乡镇、农村的被访者，居住在县城的被访者对于医疗、物价、住房、教育问题的关注度高于居住在其他地方的被访者，居住乡镇、农村的被访者对于农村土地问题的关注度则较高（见表13）。

表13　城乡被访者对于社会热点问题的关注情况

单位：%

问题	城区	城郊	县城	乡镇	农村
食品安全问题	76.53	68.42	78.00	60.87	65.09
医疗问题	68.59	60.53	80.00	75.00	69.81
生态环境问题	74.73	47.37	69.00	69.57	70.75
养老与社会保障问题	67.87	60.53	67.00	63.04	63.21
住房问题	62.82	63.16	72.00	61.96	58.49

续表

问题	城区	城郊	县城	乡镇	农村
反腐败和干部作风问题	61.01	63.16	55.00	48.91	49.06
就业问题	57.40	60.53	57.00	52.17	54.72
物价问题	54.87	47.37	64.00	58.70	50.00
教育问题	53.79	42.11	56.00	51.09	52.83
农村土地问题	27.08	36.84	30.00	53.26	58.49

（三）经济发展水平影响社会舆情的生成变化

经济基础决定上层建筑。一个地方的经济发展水平，一定程度上影响民众的社会心态及行为选择，影响社会舆情的生成变化。地方发展过程中生态环境、食品安全、城镇化建设、道路交通、教育、反腐败等问题，受到经济发展程度的影响，具有鲜明的地域性，并通过“线下决定线上”影响网络舆情。问卷调查结果显示，76.44%的被访者认为“经济问题”是影响或困扰当地社会发展的主要问题，也有45.67%的被访者认为“发展环境问题”是困扰发展的主要问题（见图5），反映出经济发展程度低仍然是制约甘肃地方发展的瓶颈和深层次矛盾。

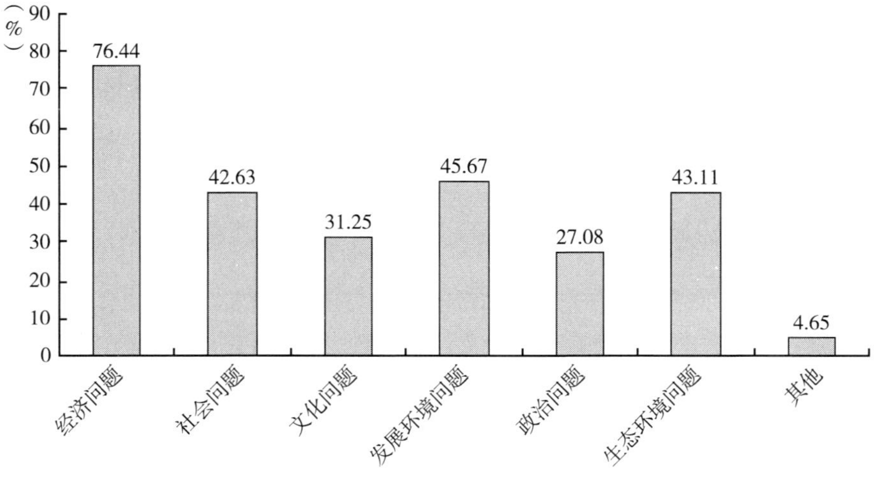

图5　甘肃民众对影响当地社会发展主要问题的选择

（四）网络涉甘舆情总体向好，政府治理能力仍待提升

网络舆情是政府了解民情、传递政策、汇集民意的有效途径。总体上，甘肃网络舆情态势平稳有序，积极向好，网络正能量更加充沛，民众多从正面参与讨论和促进事件解决，政府网络舆情处置也更加主动有力，舆情应对能力不断提升。从网络涉甘事件来看，网络已经成为民众表达意愿、参政议政的重要平台，网民高度关注医疗、就业、教育、反腐败等问题，个别重大舆情事件关注度空前高涨，折射出各阶层对“获得感”、对公平正义的诉求日益强烈，也暴露出相关建设机制滞后的问题，对政府网络舆情治理能力提出新要求、新挑战。在媒介环境、舆论生态发生变化的背景下，如何克服舆情素养缺失、应对水平和治理能力欠缺等问题，让互联网释放最强正能量，是网络时代社会治理面临的重大课题。

四　对策建议

民众关注的社会热点问题，凝聚着广大人民群众的诉求期望，反映着社会舆情，如果处置不好，容易引起民众对立情绪，甚至引发群体性事件、产生政府信任危机。应当看到，随着改革进入深水期和攻坚期，各类社会问题的凸显具有一定的必然性，是经济社会发展到一定程度的伴生现象。因此，各级政府必须要有充分认识，明确社会热点问题和网络舆情“怎么看”和“怎么办”。问卷调查中，就“解决当前突出的社会热点问题，您认为应该采取哪些举措”，621 名被访者中，71.01% 的被访者选择“注重民生热点问题的解决”，65.06% 的被访者选择“政府重视和加强舆论引导”，61.19% 的被访者选择“健全社会问题解决机制和工作措施”，45.57% 的被访者选择“进一步加强和创新地方社会治理”，还有 30.43% 的被访者选择“规范和合理利用网络舆情”。

结合问卷调查，处理好社会热点问题及网络舆情，一要健全舆情收集、研判、处置机制。新形势下，应对舆情既要尊重民众的参与权、知情权，回

应社会关切，又要善于因势利导，引导民众正确认识事件真相，对此，要多渠道特别是利用好互联网大数据技术和平台收集研判舆情，建立健全重大决策网络舆情风险评估机制以及政务舆情回应机制，面对突发事件及时公布真相，防止线下线上各种不利猜测、质疑和炒作，最大限度压缩流言形成空间。对于负面舆情，相关部门、责任人要敢于认错、主动纠错、严格问责，推动问题解决，而不能靠“自然冷”。二要规范和合理利用网络舆情。健全完善互联网信息发布、网络舆情监测、网络危机事件应对、网络舆论跟踪机制，强化网络舆情联动处置，快、准、狠地掌握好“网上话语权”，并采取措施防止网络负面情绪向线下集体转换。同时，还应重视媒介素养的教育和培养，强化互联网企业社会责任，加强监管，从源头上对网络失真信息进行治理。三要着力改善民生，提升民众获得感。民生领域的极端个案往往容易放大“共情效应”，引发网民代入式的担忧。① 解决好民生现实问题，是疏导舆情压力的关键所在。要加快推进以保障和改善民生为重点的社会事业建设，推进基本公共服务体系建设，完善就业创业支持政策和优化发展环境，保障民生基本需求。同时，还要关注民众日趋多样化的物质文化需求，注意各阶层民生需求的新变化，切实回应好民众新关切。要着力推进医疗卫生、社会保障、就业创业、简政放权等方面的改革，健全完善对保障改善民生具有重大作用的制度，通过改革补上民生短板，为民生释放红利。四要加强和创新社会治理。因地制宜创新治理方式，着力提高社会治理的精细化水平，尤其要注重利用现代科技手段，提高预测预警、分析研判和应急处置能力，使社会治理更加精准高效。重视社会治理基层基础，把资源、服务、管理向基层倾斜，重视矛盾疏导和综合治理，做好深度公共服务，切实解决好社会治理的“最后一公里”。

---

① 廖灿亮：《社会转型期“最大变量”风险及应对建议》，http：//yuqing. people. com. cn/n1/2017/0824/c209043 -29491724. html，2017 年 8 月 24 日。

B.3
民众对民生改革措施落地的评价及获得感调查

魏学宏*

摘　要：　我国民生领域中的改革不断深化，老百姓的获得感显著提升。本研究通过问卷调查了解到，被访者对民生改革措施在本地落实的情况总体表示满意，比较关注增收致富、发展社会事业、改善人居环境等多项改革措施的落地情况。同时，被访者还表达了自己的感受，反映了制约提升获得感的因素，就如何进一步提升公众获得感提出了意见建议。本报告建议各级党委政府确保改革政令畅通、改革举措落地生根，发挥好舆论引导作用，营造全面深化改革的良好社会生态环境，强化各级党委政府抓改革举措落实的责任担当，不断提升人民群众的获得感。

关键词：　民生改革　措施落地　获得感

改革开放使我国人民的生活水平和生活质量得到很大提升和极大改善。但随着社会经济发展，关系老百姓切身利益的住房、医疗、就业、教育、养老、扶贫等民生问题也日益凸显出来。“谋民生者得民心，得民心者得天下。”在推进经济转型升级的大棋局下，为了使广大民众分享到更多、更实

* 魏学宏，甘肃省社会科学院决策咨询研究所副研究员，主要研究方向为美学、信息与文化。

惠的改革与发展红利。2013 年 11 月，中共中央成立全面深化改革领导小组，围绕着民众关注的焦点和热点问题，在民生领域从人民群众最关心、最期待的住房、医疗、教育、养老、就业和扶贫等改善民生领域的改革着手，相继推出了一系列改革举措。2015 年 2 月底，习近平总书记在中央全面深化改革领导小组第十次会议上强调，推出一批能叫得响、立得住、群众认可的硬招实招，把改革方案的含金量充分展示出来，让人民群众有更多获得感。改革的第一步是出台文件或措施，但更为重要的事情是将文件或措施落到实处，并取得看得见、摸得着的实效。近四年来，深改组审议通过的大约 1/4 的文件与民生领域息息相关。客观地说，民生领域中的改革不断深化，老百姓也得到了诸多实实在在的利好。

当然，我国民生领域深化改革一直“在路上”，与广大民众的热切期望相比，民生事业的改革与发展仍有许多不尽如人意的地方。而且在 30 多年改革开放中已经形成了各种既得利益者，任何改革都会或多或少地影响到既得利益者的利益，这就增加了改革的难度与风险。但在构建社会主义和谐社会的大背景下，我们又必须真正关注民生、切实保障和改善民生。2017 年以来，国家各部委、各地方不断推动改革发展和民生改善政策措施切实落地见效。那么，民众对民生改革措施落地的评价及获得感又是如何认识的？对此，甘肃舆情调查课题组做了调查访谈。甘肃民众对本地民生改革措施落地情况的评价和反响、对获得感的认知和评判，会成为下一步民生改革政策落实的起点和目标，更能对“啃硬骨头”攻坚克难起到借鉴、鼓舞和推动的作用。

一　调查对象的基本概况

2017 年甘肃省社会科学院舆情调研组选取甘肃省武威市、临夏州、庆阳市、定西市四个市州作为主要调研区，以问卷和访谈的形式在全省范围内进行了调研。调研组共发放问卷 650 份，收回问卷 638 份，有效问卷 627 份，问卷有效率为 96. 46% 。调研问卷通过 SPSS 软件处理，结合调查第一手数据对相关问题进行梳理分析。

在本次调查中，被访对象涵盖了生活在城区、城郊、县城、乡镇、农村等区域的居民。从职业分布看，包括了国家与社会管理者阶层（占9.48%）、经理人员阶层（5.14%）、私营企业主阶层（7.70%）、专业技术人员阶层（12.04%）、办事人员阶层（13.48%）、个体工商户阶层（9.31%）、商业服务业员工阶层（5.62%）、产业工人阶层（10.91%）、农业劳动者阶层（21.67%）、失业人员阶层（4.65%）10个阶层。从性别结构看，男性占59.17%，女性占40.83%。从年龄分布看，18～25岁的74人，占11.84%；26～35岁的227人，占36.16%；36～45岁的157人，占25.10%；46～60岁的156人，占24.80%；60岁以上的13人，占2.10%。

二　调研问卷数据分析

（一）被访者对当前民生改革措施在现实生活中的具体落地感受

党的十八大以来，甘肃省立足于本省省情实际，主要在就业、收入、居住环境、医疗、文化生活、困难群众生产生活、民众合法权益维护、农村儿童成长等12个领域，推动并落实各项民生改革措施。为了了解民众对当前民生改革措施在现实生活中具体落地的感受，调研组选择了11个关系老百姓切身利益的民生问题，希望通过被访者的选择，了解群众对各项改革措施在本地落地生根情况的看法以及他们耳闻目睹或切身体验的可喜变化。

1. 近九成的被访者对丰富人民群众的精神文化生活措施落地情况感到满意

对民生领域改革措施落实情况的满意度，是衡量民众对改革措施先前期望与实际落实后所得到实际感受（获得感）的重要指标之一。调查结果显示，对于民生领域改革措施落地实施情况的评价，就某个方面的改革措施而言，被访者选择了“很满意”、“比较满意”和“一般”的次数，从多到少依次为：第一位是丰富人民群众的精神文化生活，占88.60%；第二位是规范分配秩序，充分发挥税收对收入分配的调节作用，占 87.23%；第三位是安排好困难群众的生产生活，占 84.59%；第四位是维护人民群众的合法权益，占 82.61%；第五位是改善城乡居民居住环境，占 82.33%（见图 1）。此外，被访者选择“一般”（介于“不太满意”和“满意”之间的态度）的次数，从多到少依次为：排第一位的是解决就业、再就业问题，占 48.37%；排第二位的是提高城乡居民收入水平，占 45.94%；排第三位的是保障职工工资正常增长和支付，占 44.40%；排第四位的是规范分配秩序，充分发挥税收对收入分配的调节作用，占 42.83%；排第五位的是逐步提高最低工资标准，占 41.50%。

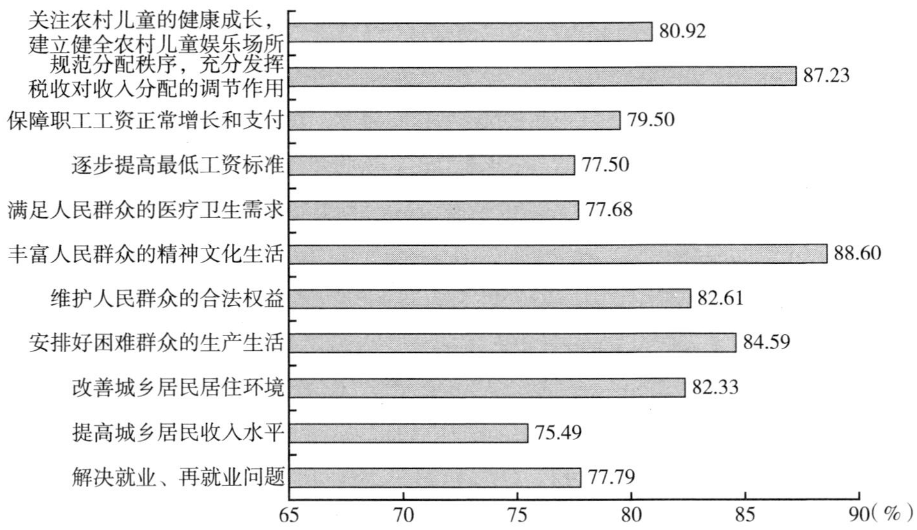

图 1　被访者对当前民生改革措施在现实生活中具体落地的满意度比例

从调查数据看，被访者对民生改革措施落地所取得的成果是比较认可的，但在整个满意度数据中包含了一般满意度，因此，各地区、各有关部门还需要凝心聚力、克难奋进，通过完善基础设施建设和环境建设，改善城乡居民居住环境，丰富人民群众的精神文化生活。进一步加强公共卫生服务建设以及完善基本医疗服务体系，积极开展送温暖活动，解决困难群众生活问题。

2. 被访者对提高城乡居民收入水平措施落地情况最不满意

选择“不太满意”和“不满意”累计比例较高的五位是提高城乡居民收入水平，占24.51%，处在第一位；逐步提高最低工资标准，占22.50%，处在第二位；满足人民群众的医疗卫生需求，占22.31%，处在第三位；解决就业、再就业问题，占22.22%，处在第四位；保障职工工资正常增长和支付，占20.40%，处在第五位。选择“一般”处在第一位的是解决就业、再就业，占48.37%；第二位的是提高城乡居民收入水平，占45.94%；第三位的是保障职工工资正常增长和支付，占20.50%（见图2）。

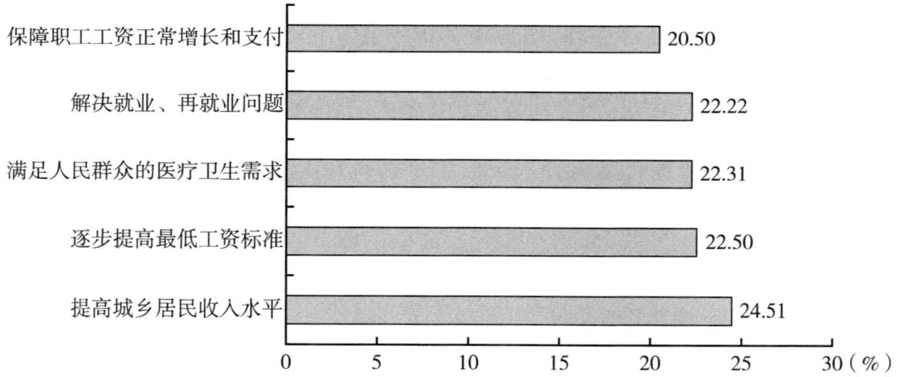

图2　被访者对民生改革措施具体落地感到不满意的前五位比例分布

被访者对当前民生改革措施在现实生活中的具体落地感到不满意的主要集中在就业和收入两个方面。因此，政府要建立健全居民收入增长长效机制，规范收入分配秩序，不断提高城乡居民的收入水平，特别是提高中低收入群体收入水平。要积极扩大就业，改善人民生活质量，保障全体人民共享改革发展成果。

（二）被访者对改革措施贯彻落实情况的认识和评价

1. 约三成被访者认为落实增收致富改革措施，首先要积极做好大力扶持特色产业，以产业带动就业，以创业促进就业工作

当问及“在贯彻落实增收致富改革措施中，我们目前首先要积极做好

哪个方面的工作（单选）”时，有 199 人选择了大力扶持特色产业，以产业带动就业，以创业促进就业，占 31.74%，处在第一位；有 183 人选择了从扩大就业入手，落实就业政策，完善城乡就业服务体系，占 29.19%，处在第二位；有 107 人选择了积极开展招商引资，发展壮大本地企业，培育规模企业，占 17.07%，处在第三位；有 102 人选择了推进扶贫脱贫、缩小收入差距，占 16.27%，处在第四位；第五位是推动“互联网+”电子商务平台促增收，占 5.73%（见图 3）。

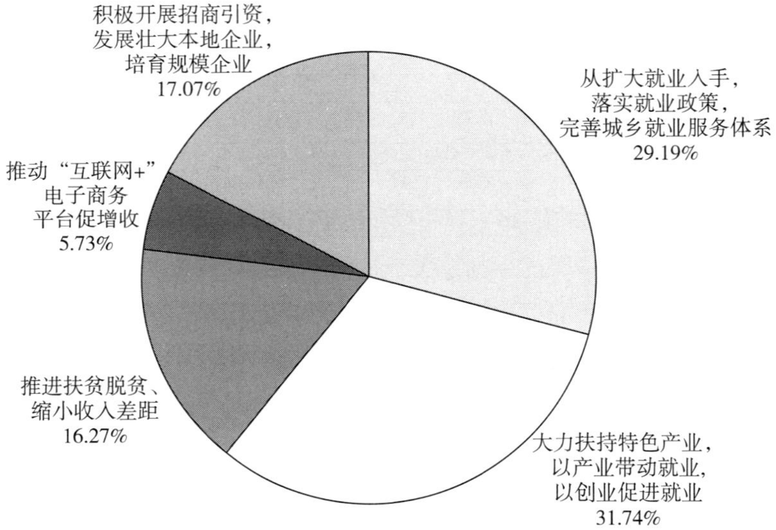

图 3　被访者对在贯彻落实增收致富改革措施中首先要积极做好的工作的选择比例

近年来，各项惠民政策夯实了增收致富的基础，提高了群众增收致富积极性，更加优化的增收致富方式推动了农村经济发展，农民生活水平和生活质量提高的同时增收致富效应也不断呈现。但随着房地产市场的疲软以及沿海部分工厂的关停，外出务工机会减少，一定程度上给居民特别是农民的增收致富带来了影响。从当前实际情况看，只有加快发展特色产业，给居民创造更多的创业就业机会，才能实现稳定的增收致富，才能有效推动区域经济发展。同时，要不断推进新型工业化进程，也只有转变经济发展方式，促进产业结构优化升级。所以，在经济发展速度放缓背景中，大力扶持特色产业，以产业带动就业，以创业促进就业是我们贯彻落实增收致富改革措施中必须首先要做好的一项工作。

2. 两成多被访者认为落实加快发展社会事业改革措施中，所在地区在坚持教育优先发展战略，做好控辍保学工作，推进城乡教育均衡发展方面做得比较突出

问及“在贯彻落实加快发展社会事业改革措施中，您认为您所在地区哪个方面做得比较突出（单选）”时，有148人选择了坚持教育优先发展战略，做好控辍保学工作，推进城乡教育均衡发展，占23.60%，处在第一位；有146人选择了加快完善覆盖城乡居民的社会保障体系，稳步提高统筹层次和保障水平，占23.29%，处在第二位；有107人选择了推进基础设施建设向下延伸，推进区域、城乡基本公共服务均等化，占17.07%，处在第三位；有99人选择了加强城乡公共卫生服务体系建设，推进基本公共卫生服务均等化，占15.79%，处在第四位；有80人选择了加强全民健身工程建设，提高广大人民群众健康水平，占12.76%，处在第五位；有47人选择了实施关爱外出民工、关爱留守儿童、关爱空巢老人“三关爱工程”，占7.50%，处在第六位（见图4）。

从调查数据看，被访者普遍认为本地在贯彻落实加快发展社会事业改革措施中，关爱外出民工、关爱留守儿童、关爱空巢老人的“三关爱工程”做得不突出。由此看出，三大群体问题在一些地方并没有引起政府的足够重视。农村劳务输出推进了我国工业化、城镇化发展，改善了农民的生产生活条件，同时也引发了诸多社会问题。如外出民工劳动超时超强度，工资低并严重拖欠现象屡见不鲜，职业病、工伤事故赔偿不合理不到位，缺乏社会保障等。留守儿童父母不在身边，生活缺少照顾、行为缺少约束、学习缺少辅导，造成部分留守儿童行为失范不能健康成长等。空巢老人不但要自我照顾，还要隔代抚养，不但不能安享晚年，还要发展生产等。可以说，目前外出民工、留守儿童、空巢老人三大群体存在的问题影响新农村建设与和谐社会的构建。因此，要加强领导、狠抓落实，通过创建“三大群体”帮扶中心、农民工维权工作站、留守儿童与空巢老人之家，确保“三关爱工程”

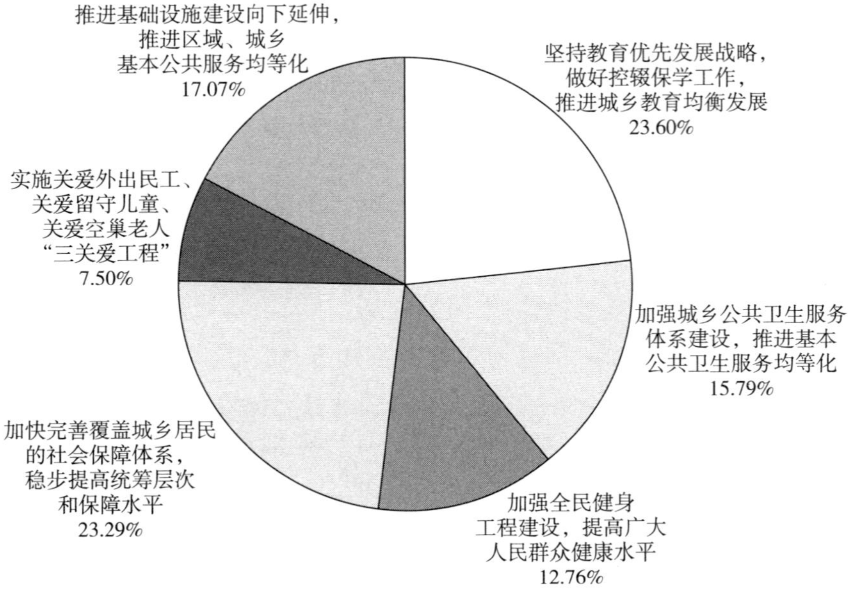

图4　被访者认为在贯彻落实加快发展社会事业改革措施中所在地区工作做得比较突出的比例

取得实效。同时需要进一步加强宣传引导，通过志愿者行动、代理家长等做法，在全社会形成“三关爱”的良好风尚。

3. 三成以上的被访者认为在贯彻落实改善人居环境改革措施中，所在地区在坚持旧城改造与新区开发并举，加快城镇扩容提质方面做得比较突出

问及“在贯彻落实改善人居环境改革措施中，您认为您所在地区哪个方面做得比较突出（单选）”时，选择比例排在第一位的是坚持旧城改造与新区开发并举，加快城镇扩容提质，占比34.62%；第二位是“整脏治乱”工作，大力开展村庄整治，占比24.80%；第三位是加快乡镇小城镇建设，建设美丽乡村，占比21.42%；第四位是加强公园广场河道管理及园林绿化建设，营造生态宜居环境，占比19.16%（见图5）。

近几年，全省各个县区基本进行了旧城改造与新区开发工作，人居环境得到了极大的改善，百姓对这一点有着深刻感受。通过访谈也发现，旧城改造中一些开发前景诱人的地段，得到优先改造。危房户和住房困难户集中的

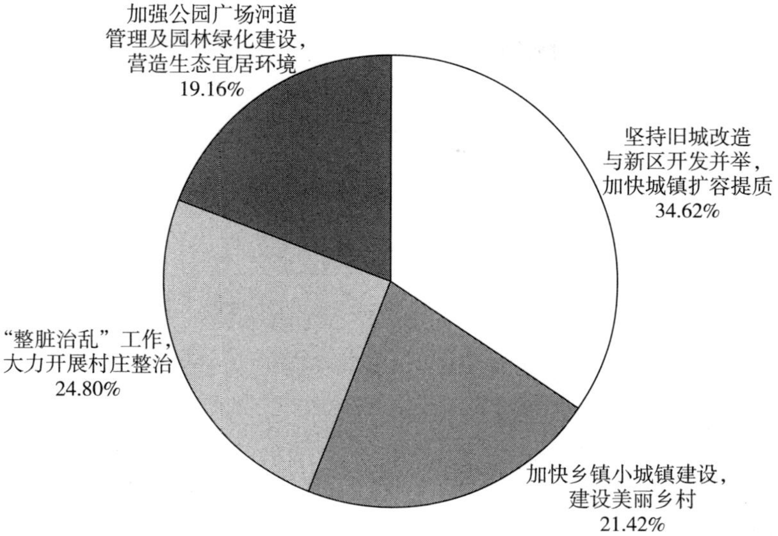

图5　被访者认为在贯彻落实改善人居环境改革措施中所在地区工作做得比较突出的比例

背巷偏街，改造工作推进比较慢。新区开发工作中，商品房数量不断增加，基础配套设施没有跟上，居住其中的百姓感觉购物、娱乐、休闲、买菜都不太方便。因此，政府在贯彻落实改善人居环境改革措施中，不仅要让百姓感觉旧城改造、新区开发工作做得比较突出，关键还要做好城镇的扩容提质。旧城改造要做好总体规划、合理布局、总体开发。新城开发要注重配套设施建设，优先布局学校、医院、文化广场、体育中心、公园等公共服务设施，这样不但能促进市民的消费，同时能带动资金资源向新城聚拢，增强城市的承载能力，形成“开发建设一片、带动提升一方”的局面。

4. 近四成的被访者认为在民生改革措施具体落地过程中，所在地区改革的公开透明力度不够，老百姓不知晓改革的进程，没有形成一个良好的改革氛围

问及“您认为在民生改革措施具体落地中，您所在地区哪个方面做得还不给力（单选）”时，选择比例排在第一位的是改革的公开透明力度不够，老百姓不知晓改革的进程，没有形成一个良好的改革氛围，占比38.70%；改革措施在有些地方和部门落实不到位，部分重大建设进度慢和

重大改革措施出台后，相应的配套措施和实施细则不完善，缺乏可操作性方案的选择比例都是 18.86%，同排在第二位；有 15.93% 的人选择了政府系统纵横向协调不够，各类政务信息整合共享不畅，存在相互掣肘问题，排在第三位；排在第四位的是改革措施的指标或者进程缺少量化和评估，不便于大家督促落实，占比 7.64%（见图 6）。

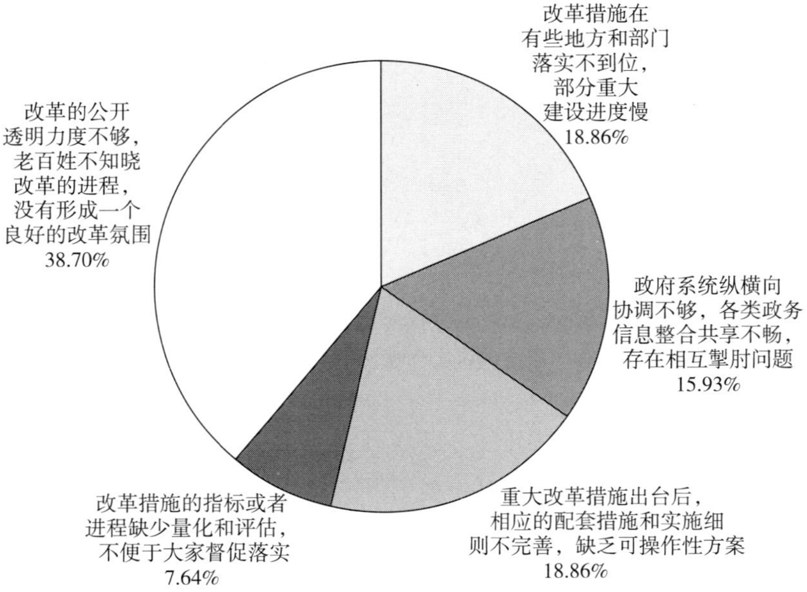

图 6　被访者认为在民生改革措施具体落地过程中所在地区工作做得还不给力的比例

老百姓期待更高的透明度，想知晓改革的进程，说到底他们最关心的就是自身的利益。在民生改革过程中，有些改革具体措施在短时间内肯定是可以落到实处的，有些改革措施则无法产生立竿见影的效果。但老百姓很实在，总想知道、弄明白一些与自己切身利益相关的事情，对于这样的情况，我们首先要把改革措施中能显形的措施尽量透明化、公开化，一时不能明确显形的措施也要给公众一个解释，这样一来，老百姓的获得感就会有所提高。比如一些涉及百姓生活成本、财政资金、公共利益的改革可以采取听证会的方式，听取公众对具体措施的意见和建议，做到定期公开一些事情的改革进程。有些事情做起来有些烦琐，但事关公众利益的应坚持透明、公开，让百姓知道进展，这实际是提升百姓获得感的一种办法，也是获得民心的一种措施。

5. 约六成被访者对甘肃落实改革措施，提升民众获得感充满信心

问及“您对甘肃落实改革措施，提升民众获得感信心如何（单选）”时，16.99%的人选择了“很有信心”，40.03%的人选择了“较有信心”，这两项合起来的比例是57.02%。充分说明甘肃不断落实改革措施让群众增加了对党的信心，这本身就是一种很大的精神获得感。同时，每一项改革措施的落地也让大家对未来美好生活充满了信心，这是改革给人民群众带来的最实惠的一种更高层次的获得感。有36.61%的人选择了“一般”，有6.37%的人选择了“没有信心”。三成多的人选择了“一般”，这说明我们还需要在涉及民生的各个领域，做好改革的顶层设计，精准操作，不断缩小差距，进一步提升人民群众的生活品质。

（三）被访者对获得感的认识和评价

获得感是获取某种好处后所产生的一种满足感，也是一种实实在在的得到。获得感有物质层面和精神层面的，有看得见和看不见的，不同的人对获得感有不同的理解和感受。稳定的工作、满意的收入、舒适的居住条件、优质的教育，对普通百姓而言都是看得见、摸得着的获得感。习近平总书记在中央全面深化改革领导小组第十次会议上第一次提出“让人民群众有更多获得感”，获得感由此也成为人们对现实生活满意度的一种评价方式，体现了改革以增进民生福祉为目标的价值导向。

1. 六成以上的被访者心目中的获得感是看病不再难，看得起病以及社会保障加强，养老有保障

为了了解公众心中的获得感，我们设计了收入、教育、看病、就业、房价、社会保障、生态环境、尊严的生活、权力的阳光运行九个问题进行问卷调查。问及“您心目中的获得感是什么（多选）”时，在627份问卷中，选

择人数超过一半的有四项：排在第一位是看病不再难，看得起病，个案百分比为 62.60%；第二位是社会保障加强，养老有保障，个案百分比为 61.46%；第三位是喝上洁净的饮水，呼吸新鲜的空气，吃上放心的食品，个案百分比是 55.45%；第四位是教育公平，能接受优质教育，个案百分比为 53.01%（见图 7）。

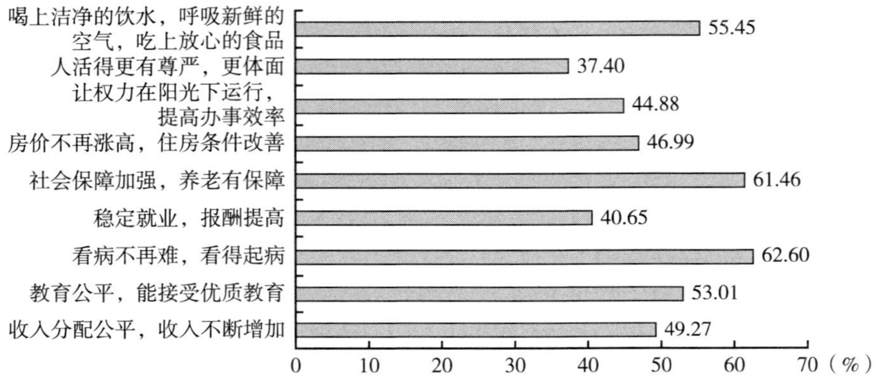

图 7　被访者心目中的获得感的选择比例

改革的最终目的就是更好地保障每个人的利益，让群众获得真正的实惠。能看得起病，养老有保障，能接受优质教育以及能喝上洁净的饮水，呼吸新鲜的空气，吃上放心的食品，这些都是看得见、摸得着的“获得感”。从调查数据来看，有一半以上的被访者认识到在内心最有分量的获得感，真切地体会到社会发展变革带来的成果，看到了社会经济的健康发展和人民群众生活发生的变化，当下我们应当珍惜心中的获得感，并把它转化成对未来美好的愿景。

2. 近四成被访者的获得感需求更倾向家庭带来的获得感

群众的获得感，大多来自身边人、身边事，是人们对现实生活满意度的一种评价方式，不同的人有着不同的感受。问及“您的获得感需求更倾向于什么（单选）”时，被访者中有 31.99% 的人选择了工作带来的获得感，有 37.16% 的人选择了家庭带来的获得感，有 4.52% 的人选择了学习带来的获得感，有6.14%的人选择了休闲娱乐带来的获得感，有16.48%的人选择了环境带来的获得感，有3.71%的人选择了其他（见图8）。

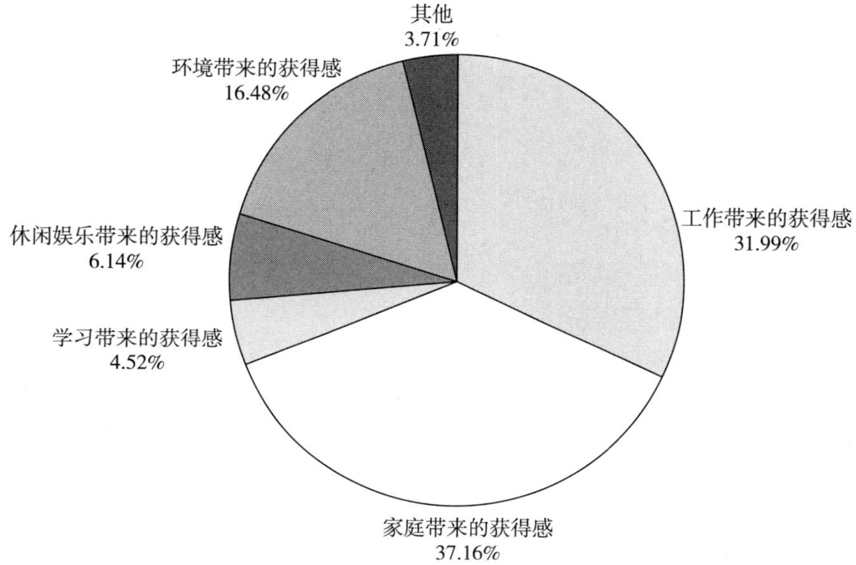

图8　被访者获得感需求倾向来源的选择比例

老百姓经常以家庭生活好不好、家里气氛是否和睦愉悦、工作是否顺利来判断我们国家发展的美好程度高低。这样的判断应该能精准反映一个人所处的客观情况。而个体满足是影响公众获得感的重要心理因素，当人们的获得感需求更倾向于工作和家庭时，国家就更加需要为人们提供一个公平、正义的发展空间，使个体的获得感实现最大化。

3. 房价太高，住房条件得不到改善在制约获得感提升的多项重要宏观因素中排在第一位

当前我国改革进入深水区、攻坚期，任何一项改革措施落地都可能涉及敏感、重大问题，甚至是牵一发而动全身，涉及千千万万人的直接利益。改革开放30多年来，容易改的牵扯面小的问题都已经解决了，留下来的都是比较难啃的“硬骨头”，而这些“硬骨头”涉及经济、政治、文化、社会、生态、军队以及党的建设等各个方面。所以，制约获得感提升的重要宏观因

素也不是单纯的，而是牵扯诸多方面。问及“在您生活的地方，以下哪些方面是制约获得感提升的重要宏观因素（多选）”时，在17个选项中，被访者选择排在第一位的是房价太高，住房条件得不到改善，个案百分比是61.58%；第二位是医疗卫生状况不佳，看病难、看病贵，个案百分比是52.57%；第三位是食品安全问题，个案百分比是51.29%；第四位是贫富差距拉大，个案百分比是50.48%（见图9）。

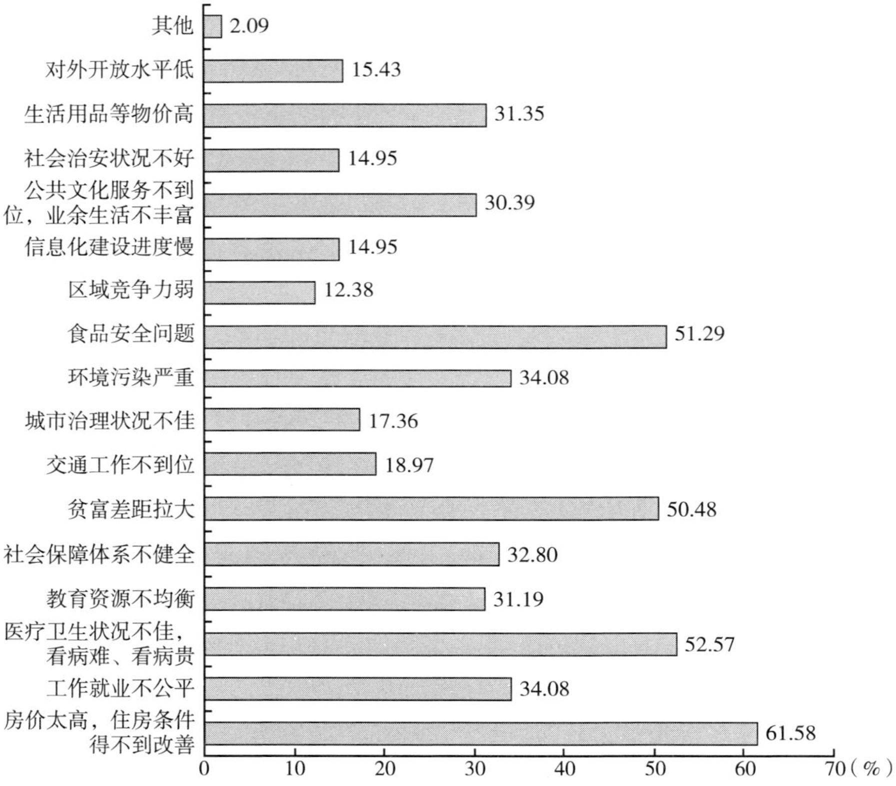

图9　被访者认为制约获得感提升的重要宏观因素的选择比例

分析结果显示，房价太高，住房条件得不到改善；医疗卫生状况不佳，看病难、看病贵；食品安全问题；贫富差距拉大等是制约获得感提升的重要宏观因素。其中，“房价太高，住房条件得不到改善”的影响作用最为突出，这表明，降低房价已是经济社会协调发展无法回避的问题。高昂的房价使许多在城市工作的人无法在工作地完成安家的愿望，使辛勤苦干的阶层看不到未来的希望，导致许多民生问题无法解决，使人民的获得感降低。

4. 近八成的被访者认为改革养老、医疗、住房等社会保障制度可以进一步提升公众获得感

问及“您觉得国家从以下哪些方面进行改革可以进一步提升公众获得感（多选）”时，选择改革养老、医疗、住房等社会保障制度一项的最多，个案百分比是77.96%；第二位是调整和完善收入分配制度，提高收入水平，个案百分比是63.05%；第三位是加强反腐倡廉，个案百分比是53.48%；第四位是促进工作就业稳定，更加公平，个案百分比是47.49%；第五位是培育良好的人的精神、心理状态，个案百分比是47.00%（见图10）。

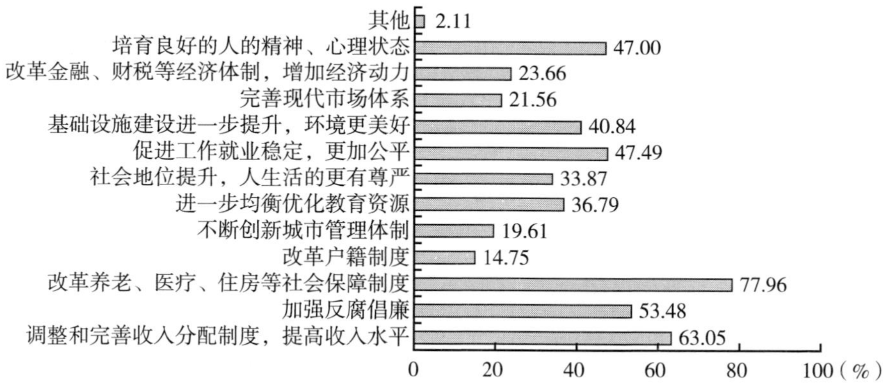

图10 被访者认为可以进一步提升公众获得感的改革措施的选择比例

人民群众最关心的是与自己利益相关的现实问题，解决好这些问题是他们得到更多获得感的前提。近年来，党和政府在民生问题上，下了大功夫进行改革，人民群众从中也得到了许多实惠。在得到人们肯定和好评的同时，我们还得承认一些问题还没有从根本上得到解决。所以，真正找准并解决民生问题对提升公众的获得感很重要。

5. 约九成被访者认为现实生活中，人们的获得感还是得到了提升

问及“在现实生活中，您觉得人们获得感的提升程度如何（单选）”时，5.37%的人选择了“很大提升”，21.83%的人选择了“较大提升”，64.17%的人选择了“一般”，8.63%的人选择了“没有提升”。

三 结论与分析

（一）被访者对当前民生改革措施在现实生活中的具体落地具有不同的认识

近九成的被访者对丰富人民群众的精神文化生活措施落地情况感到满意。被访者对丰富人民群众的精神文化生活；规范分配秩序，充分发挥税收对收入分配的调节作用；安排好困难群众的生产生活；维护人民群众的合法权益；改善城乡居民居住环境的满意度较高。被访者对提高城乡居民的收入水平，逐步提高最低工资标准，满足人民群众的医疗卫生需求，解决就业、再就业问题，保障职工工资正常增长和支付等的满意度不是很高。其中对满足人民群众的医疗卫生需求，选择“很满意”和“比较满意”的占43.30%，选择“不太满意”和“不满意”的占22.31%。这充分说明，近几年医疗卫生体制改革力度大，人民群众从中获得了很多实惠。但由于诸多因素的影响，医疗卫生体制改革还不到位，如药价高、检查费高等问题还没有得到很好的解决。

（二）被访者对本地改革措施贯彻落实情况的认识和评价呈现多样性

调查显示，约三成被访者认为落实增收致富改革措施，首先要积极做好大力扶持特色产业，以产业带动就业，以创业促进就业工作。两成多被访者认为落实加快发展社会事业改革措施中，所在地区在坚持教育优先发展战略，做好控辍保学工作，推进城乡教育均衡发展方面做得比较突出。被访者

普遍认为本地在贯彻落实加快发展社会事业改革措施中，关爱外出民工、关爱留守儿童、关爱空巢老人的“三关爱工程”做得不突出。三成以上的被访者认为在贯彻落实改善人居环境改革措施中，所在地区在坚持旧城改造与新区开发并举，加快城镇扩容提质方面做得比较突出。近四成的被访者认为在民生改革措施具体落地过程中，所在地区改革的公开透明力度不够，老百姓不知晓改革的进程，没有形成一个良好的改革氛围。

（三）稳定的工作、满意的收入、舒适的居住条件、优质的教育，对普通百姓而言都是看得见、摸得着的获得感

调查显示，六成以上的被访者心目中的获得感是看病不再难，看得起病以及社会保障加强，养老有保障。大部分人的获得感需求更倾向于家庭和工作。房价太高，住房条件得不到改善；医疗卫生状况不佳，看病难、看病贵；食品安全问题；贫富差距拉大等是制约获得感提升的重要宏观因素。其中，“房价太高，住房条件得不到改善”的影响作用最为突出，个案百分比是61.58%。近八成的被访者认为改革养老、医疗、住房等社会保障制度可以进一步提升公众获得感。

（四）约六成被访者对甘肃落实改革措施，提升民众获得感充满信心

人们对现实生活中“获得感”是否得到较大提升的认识存在较大差异。约三成被访者认为现实生活中，人们的获得感得到了“较大提升”和“很大提升”，64.17%的人认为提升程度一般。实际上如果纯粹与过去相比，每一个人的生活水平都有了明显提升。但获得感也是因人而异、因时而异的，相对贫穷的人，收入增加对他们来说可能就是获得感提升了；收入较高的人，他们获得感提升程度的多少可能更多地来源于自我价值得到多少实现。当下很多人觉得获得感提升程度一般，我们认为教育、医疗、住房等民生领域的支出占了人们收入的大部分，很大程度上加重了人们的负担，让人感觉幸福感不强，影响了人们对获得感提升程度的感觉。

四　对策建议

（一）各级党委政府确保改革政令畅通、改革举措落地生根

决定一切工作成败的关键是狠抓落实。在推进各项改革工作的进程中，各地区、各部门、各级干部无论是贯彻上级的政令决策，还是抓好本地方本级的计划部署，都要做到既抓决策部署又抓监督落实。对已经出台的改革政策，要抓紧出台细化实施方案，坚决消除思想、观念特别是意识形态上的梗阻，实现认识的统一和行动的一致，落实好群众急需的改革措施，实实在在为人民群众解决一些问题，让普通群众能深切地感受到身边各方面发生的变化。要加大监督落实力度，对改革实施方案的质量、改革举措的落实及其产生的成效及时跟进，进行客观评价，发现问题及时整改，提高质量。

（二）发挥好舆论引导作用，营造全面深化改革的良好社会生态环境

利用媒体等多种形式和途径，对全面深化改革措施和效果加强深度宣传报道。首先，充分展示中国社会发展不断取得的成果、改革的成效以及人民群众普遍获得实惠的事实，宣传各地各级各部门执政为民、认真落实改革措施、办好民生实事的事实，为全面深化改革提供舆论支持。其次，宣传阐释各地区各部门各级改革举措的含金量、宣传讲清各项社会政策的获益性，态度鲜明地批评和反对扭曲的获得观，引导人民群众确立合情合理的获得感。最后，做好改革进程中对公众解疑释惑的工作，对改革中出现的问题要做好正面引导，让民众了解改革、理解改革、参与改革，最大限度凝聚改革共识，营造有利于全面深化改革的良好社会生态环境。

（三）强化各级党委政府抓改革举措落实的责任担当，增强人民群众对党和国家的认同感

改革方案出来之后需要人去推动落实，政府部门和各级领导干部就应担

当抓改革举措落实的责任，把提升人民群众的“获得感”当成自身的使命，尽全力地打通便民服务的“最后一公里”。一是加大改革的公开透明力度，让老百姓知晓改革的进程。全面公开惠民政策，重点抓好群众最关心的改革措施内容的公开工作，使人民群众了解自己的获得、了解社会的获得。二是落实民生政策，保证政策不走样、不截留。把看病难、房价贵、上学难、生态环境差等问题解决好，让人民群众喝到洁净的饮水，呼吸新鲜的空气，吃上放心的食品，行驶在不堵车的公路上，这样政府的公信力自然会提升。三是量化改革措施的指标或者进程，通过科学合理的制度考核干部，让不敢贪、不能贪、不想贪成为现实，这样人民群众对党和国家的认同感自然会增强，人民群众的“获得感”自然会提升。

（四）不断加强制度保障，夯实人民群众的“获得感”

一是财政资金继续向民生问题倾斜。改善社会保障、医疗卫生状况，促进就业、降低房价、保护环境等都需要积极的财政政策的支持，这样才能实现基本公共服务均等化。二是加大扶贫攻坚力度。甘肃贫困人口多、贫困面大，在提高基本公共服务水平和质量的同时，需要总结行之有效的扶贫办法，形成扶贫新格局，让困难群众相信今天的获得是可持续的。三是简政放权，转变职能，提高政府效能。各部门的服务质量直接影响民众“获得感”。通过削减行政审批事项和简化手续，提高各部门的公共服务质量，使人们得到越来越多的“获得感”。

B.4
民众对反腐肃纪制度建设的评价和认可度调查

王　瑾*

摘　要： 党的十八大以来，以习近平同志为核心的党中央，推进党风廉政建设和反腐败斗争，着力构建不敢腐、不能腐、不想腐的体制机制，不断推动全面从严治党向纵深发展。党中央从立规矩开始，陆续出台了一系列制度，加强制度建设。在全面推进依法治国和全面从严治党的大背景下，当前反腐"自上而下"的顶层设计和"自下而上"的探索要求我们要紧紧依靠民众推进反腐的制度建设。本文通过问卷调查和访谈，详细了解和分析了甘肃民众对反腐肃纪制度建设的评价和认可度，并提出了相应的对策建议。

关键词： 反腐肃纪　制度建设　认可度

党的十八大以来，以习近平为总书记的党中央更加重视反腐倡廉建设，在认识上将反腐败斗争提高到事关"亡党亡国"的高度，在实践上强调要更多地依靠制度和法律建设推进反腐倡廉建设，更好地完善全方位反腐倡廉体系。2013 年 1 月 22 日，习近平总书记在中国共产党第十八届中央纪律检查委员会第二次全体会议上发表重要讲话指出："既要坚决查处

* 王瑾，甘肃省社会科学院马克思主义研究所研究员，主要研究方向为宪法与行政法学、民商法学。

领导干部违纪违法案件，又要切实解决发生在群众身边的不正之风和腐败问题。要继续全面加强惩治和预防腐败体系建设，加强反腐倡廉教育和廉政文化建设，健全权力运行制约和监督体系，加强反腐败国家立法，加强反腐倡廉党内法规制度建设，深化腐败问题多发领域和环节的改革，确保国家机关按照法定权限和程序行使权力。”习近平总书记在2015年6月26日中共中央政治局会议上指出，全面从严治党任务艰巨繁重，党要管党、从严治党，必须有坚强的制度作保证，首先是把党的纪律和规矩立起来、严起来，执行到位。党的十八届六中全会将监督执纪“四种形态”写入党内法规。2016年，从中央到地方，“四种形态”具体实践与机制探索同时推进。2017年1月，习近平总书记在中国共产党第十八届中央纪律检查委员会第七次全体会议上指出，党的十八大以来，我们把全面从严治党纳入战略布局，加强和规范党内政治生活，严抓中央八项规定精神，严明党的政治纪律和政治规矩，坚持反腐败无禁区、全覆盖、零容忍，惩治群众身边的不正之风和腐败问题，全面强化党内监督，推动全面从严治党不断向纵深发展。党中央从立规矩开始，陆续出台了一系列制度，全面加强制度建设，管权管事管人的制度笼子越织越密，不能腐的制度堤坝越筑越高。四年多来，中央出台或修订的党内法规已经超过50部。我国反腐肃纪制度建设不断加强完善。基于甘肃社会发展的实际状况，2017年8月，甘肃省社会科学院舆情课题组就民众对反腐肃纪制度建设的评价和认可度进行了专题调查，进而把握民众对我国当前反腐肃纪制度建设的认同度和期望，对进一步强化甘肃省反腐肃纪工作提出意见建议。

一 调查的基本情况

本次调查以问卷调查为主，兼之访谈和座谈。调查地选择了地处甘肃东部的庆阳、定西，西部的武威以及临夏回族自治州。共发放问卷650份，回收问卷638份，有效问卷627份。调查对象分属汉族、回族，涵盖了居住在城区、城郊、县城、乡镇和农村的国家与社会管理者、国企或私企中的高级管理人员、私营企业主、专业技术人员、办事人员、个体工商户、商业服务业员工、产业工人、农业劳动者和失业人员十大社会阶层。

二　调查问卷统计与分析

（一）民众对反腐肃纪制度建设的了解程度

1. 多数民众对反腐肃纪制度建设比较了解，但仍有部分民众了解不够

在该问题的618份有效问卷中，有超过五成的被访者表示对国家反腐肃纪制度建设非常了解和比较了解，其中有14.72%的人表示非常了解，有44.17%的人表示比较了解，有26.38%的被访者表示一般，有14.73%的被访者表示了解很少和不了解（见图1）。

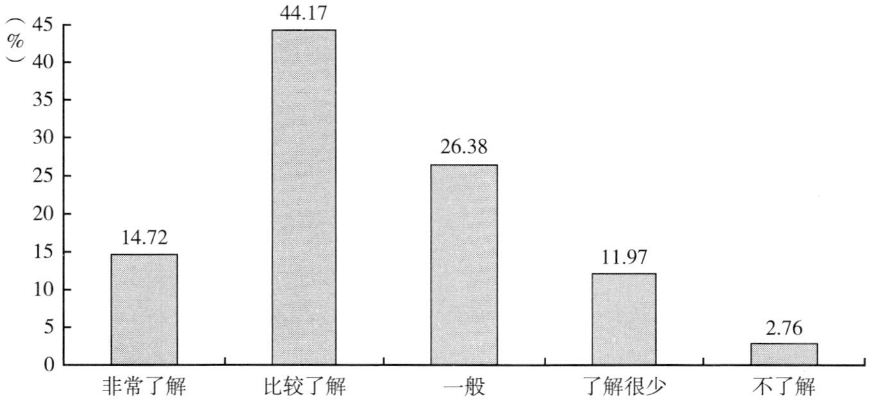

图1　民众对反腐肃纪制度建设的了解程度

注：本文图表数据均来自本专题调查统计，下同。

从职业看，国家与社会管理者阶层中表示比较了解、非常了解的人数占阶层总人数的92.73%，只有7.27%的人表示一般、了解很少和不了解。各阶层表示比较了解和非常了解的比例见表1。

表 1　各社会阶层对反腐肃纪制度建设的了解情况

单位：%

阶层	非常了解	比较了解	百分比
国家与社会管理者	32.73	60.00	92.73
办事人员	16.28	55.81	72.09
专业技术人员	14.67	54.67	69.34
农业劳动者	21.88	43.75	65.63
产业工人	10.14	36.23	46.37
商业服务业员工	8.11	35.14	43.25
私营企业主	4.08	38.78	42.86
个体工商户	7.27	34.55	41.82
国企或私企中的高级管理人员	6.06	33.33	39.39
失业人员	7.14	25.00	32.14

2. 民众对反腐肃纪举措中印象最深刻的是严惩腐败分子

被访者对反腐肃纪的各项措施都有一定认识，当问及对哪项措施印象最为深刻时，在各个选项中，被访者表示对"'老虎''苍蝇'一起打，严惩腐败分子"的措施印象最深刻，其次对"狠抓作风建设，严肃党内政治生活，强化党内监督，全面加强纪律建设"印象深刻，五成被访者对"强化责任担当，加大问责力度"印象深刻（见表2）。

表 2　被访者印象最深刻的反腐肃纪举措

单位：次，%

选项	频次	百分比
"老虎""苍蝇"一起打，严惩腐败分子	485	78.48
狠抓作风建设，严肃党内政治生活，强化党内监督，全面加强纪律建设	377	61.00
强化责任担当，加大问责力度	314	50.81
强化纪委专责监督作用	235	38.03
合　　计	1411	228.32

从各社会阶层看，国家与社会管理者、国企或私企中的高级管理人员、办事人员、农业劳动者阶层对严惩腐败分子印象深刻的比例，都超过了该阶

层人数的八成，其他阶层也都超过了七成。说明我们党近几年的反腐败高压态势不仅让腐败分子得到惩治，也使得广大民众对这些措施有深刻感受。国家与社会管理者对强化责任担当、加大责任力度的印象较其他阶层更为深刻，占该阶层人数的61.82%，其他阶层占比在四到五成，说明反腐肃纪制度建设对强化党政干部的责任已有显著影响。从年龄看，对各选项印象深刻的被访者主要集中在26~35岁、36~45岁、46~60岁三个年龄段，这三个年龄段被访者正是与社会接触密切、承担社会生活主要角色的年龄，对这些措施有更为直接的感受。从文化程度看，大学本科文化程度的被访者中对"'老虎''苍绳'一起打，严惩腐败分子"和"狠抓作风建设，严肃党内政治生活，强化党内监督，全面加强纪律建设"印象最深的人数最多，分别达到86.13%和68.79%。

(二)民众对反腐肃纪制度建设的评价

1.六成被访者认为信访举报这种监督措施最有效

党和国家在反腐肃纪过程中采取了一系列监督措施，问及被访者认为哪种措施比较有效时，在可多选的八个选项中，信访举报位列第一，超过五成的人还依次选择了法律监督、巡视，选择执纪审查和舆论监督的人数也不少(见图2)。从调查数据看，被访者认为通过述职述廉、谈话和诫勉以及召开民主生活会的方式进行监督，其效果明显低于前述几种方式，说明多数民众认为他律比自律更有效果。

从文化程度看，有77.78%的研究生和72.73%的小学文化程度的被访者认为巡视最有效；大学本科被访者在该文化程度人群中认为执纪审查最有效的比例最高，达到60.12%；认为信访举报最有效的被访者中，不识字和大学本科文化程度的人数最多，分别达到其总人数的83.33%和72.25%。从被访者参加党派看，中共党员被访者认为巡视最有效的比例最高，达到其人数的61.76%，选择执纪审查、法律监督和信访举报的人数也都达到五成以上，反映出巡视制度在中共党员中已产生明显的影响力。中共党员认为述职述廉有效的仅占其总人数的7.14%；民主党派和无党派被访者选择信访举报的比例较高，分别为75%和62.35%。

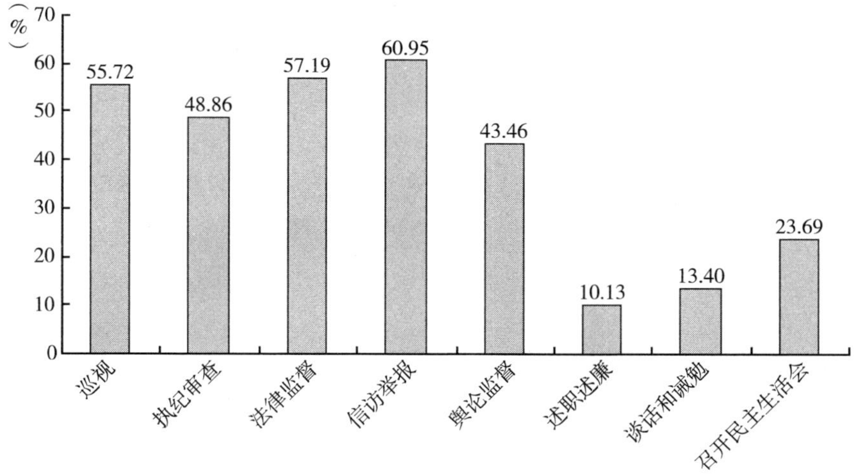

图 2　被访者对监督措施有效性的评价

2. 超过八成的民众认为通过多年的反腐败斗争，腐败现象得到遏制

有 24.10% 的被访者认为腐败现象已得到有效遏制，有 61.40% 的被访者认为在一定范围内得到遏制，有 9.10% 的被访者认为没有得到遏制，有 5.40% 的人表示不了解。从文化程度看，小学文化程度的被访者认为得到有效遏制的比例最高，占其总人数的 40.74%；各文化程度中，认为在一定范围内得到遏制的比例都较高，其中不识字被访者的比例高达 80%，最低的是小学文化程度被访者，也达到了其总人数的 48.15%；大专文化程度的被访者认为没有得到遏制的比例最高，但也仅占其总人数的 11.76%。从参加的党派看，中共党员被访者中认为得到有效遏制的比例为 26.47%，认为在一定范围得到遏制的比例为 66.39%，认为没有得到遏制的仅有 5.88%。无党派和民主党派被访者中认为没有得到遏制的占比分别为 10.85% 和 25%，明显高于中共党员。显而易见，中共党员作为反腐败的重要对象，对遏制腐败的感受更深。

3. 九成民众对党委政府反腐肃纪制度建设的成效持肯定态度

在该问题的 618 份有效问卷中，有 76 人对党委政府反腐肃纪制度建设的成效感到非常满意，有 289 人感到比较满意，有 198 人认为成效一般，有25人感到不太满意，有13人认为成效很差，另有17人表示不了解（见图3）。

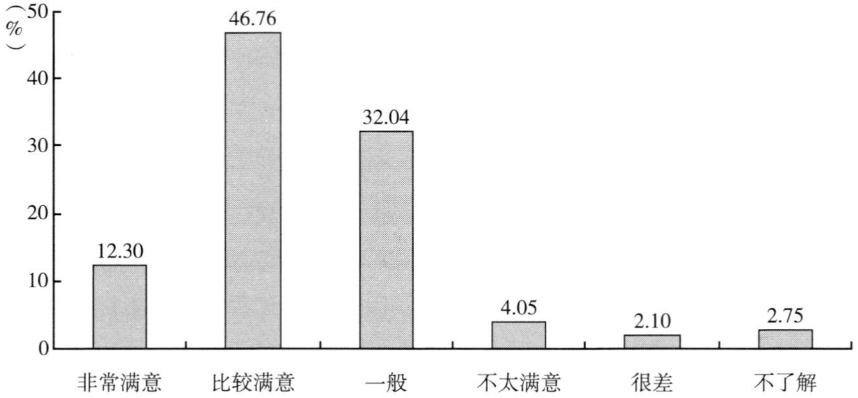

图3　民众对党委政府反腐肃纪制度建设成效的评价

从文化程度看，小学文化程度的被访者选择非常满意的人数占其总人数比例最高，为46.43%；大学本科文化程度的被访者感到比较满意的比例最高，为52.60%；研究生及以上文化程度的被访者中认为成效一般的比例最高，占其总人数的44.44%；不识字、小学和研究生及以上文化程度的被访者中无人选择很差和不了解，其他文化程度的被访者虽然有选择但比例很低。不可忽视的是选择一般和不太满意的比例加起来达到36.09%，说明反腐肃纪制度建设还需要加强。从各社会阶层看，农业劳动者阶层中被访者感到非常满意的比例最高，为30%，其次为国家与社会管理者阶层，为18.18%，再次是失业人员阶层，为17.86%，国企或私企中的高级管理人员以及商业服务业员工阶层中无人选择非常满意；国家与社会管理者阶层、专业技术人员阶层和办事人员阶层选择比较满意的比例超过其总人数的一半，分别为56.36%、53.33%和53.49%；国企或私企中的高级管理人员、私营企业主和个体工商户认为成效一般的比例较高，分别占其总人数的48.48%、43.75%和47.27%；从认为不太满意和很差的被访者合计来看，商业服务业员工和产业工人阶层的比例较高，各达到其总人数的13.89%

和10%，其他阶层均低于8%；表示不了解的被访者中，商业服务业员工和失业人员阶层比例高于其他阶层，分别为11.11%和7.14%。以上数据反映出体制内的社会阶层对反腐肃纪成效的评价较高，而企业及其从业者等市场主体对反腐肃纪成效还不够满意。

4. 在反腐肃纪具体工作中，民众对查处领导干部腐败案件的认可度最高

在八个可多选的选项中，超过六成的被访者对查处领导干部腐败案件感到满意，超过五成的被访者对解决群众身边的腐败问题和落实中央八项规定精神、狠抓作风建设感到满意（见图4）。

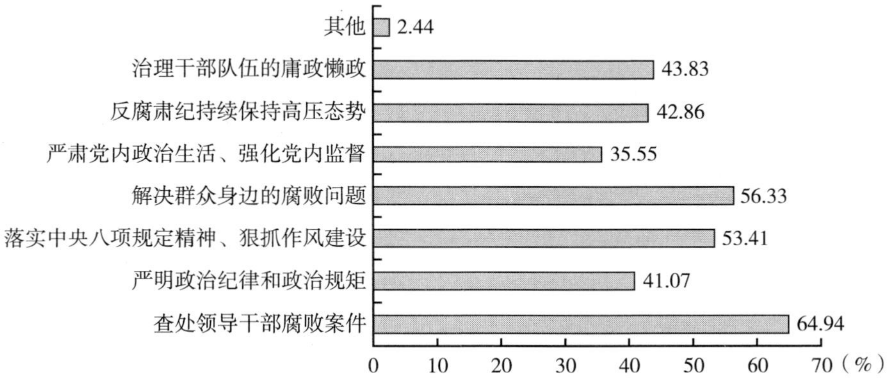

图4　民众对反腐肃纪各项工作的认可度

从年龄看，各年龄段被访者对查处领导干部腐败案件的满意度都在五成以上，其中60岁以上被访者的比例最高，达到其总人数的80%，36~45岁被访者的比例最低，但也达到其总人数的56.13%；46~60岁被访者中对严明政治纪律和政治规矩感到满意的比例最高，占其总人数的54.25%；60岁以上被访者全部对解决群众身边的腐败问题感到满意；46~60岁被访者对反腐肃纪持续保持高压态势感到满意的比例最高，占其总人数的49.02%；各年龄段选择治理干部队伍庸政懒政的比例比较一致，各占其总人数的四到五成；60岁以上被访者对落实中央八项规定精神、狠抓作风建设感到满意的比例达到80%，其他年龄段比例都接近六成；对严肃党内政治生活、强化党内监督表示满意的仍然是60岁以上的比例最高，

为60%，其他各年龄段的比例在三到四成。可以看到，60岁以上被访者对查处领导干部腐败案件，落实中央八项规定精神、狠抓作风建设和解决群众身边的腐败问题的满意度在各选项和各年龄段中都是最高的。无论城乡，60岁以上人口基本都赋闲在家，群众感受最深的、最满意的就是他们能够直接感受和容易了解到的反腐肃纪工作，同时说明，这三项工作开展时间较长，已有较好的成效。

从社会阶层看，对查处领导干部腐败案件感到满意的被访者中，国家与社会管理者阶层比例最高，占该阶层总人数的70.91%，失业人员阶层选择满意的比例最低，是该阶层总人数的42.86%，其他阶层均在五成到七成之间。对严明政治纪律和政治规矩感到满意的人数最多的仍然是国家与社会管理者阶层，为61.82%，其他阶层多在三成到四成，失业人员阶层的比例最低，为21.43%；同时国家与社会管理者对落实中央八项规定精神、狠抓作风建设感到满意的比例也高于其他阶层，占其总人数的67.27%，可见中央实行八项规定以来，干部是这一规定的被管理者，同时也是受益者；商业服务业员工阶层选择这一项的比例最低，为40.54%。国企或私企中的高级管理人员对解决群众身边的腐败问题感到满意的比例最高，为75.76%；其他各阶层选择该项的比例也不低，在四成和六成之间，其中国家与社会管理者阶层、私营企业主阶层、专业技术人员阶层、办事人员阶层、产业工人阶层、农业劳动者阶层和失业人员阶层的选择人数都达到各自总人数的五成以上。各阶层被访者对严肃党内政治生活、强化党内监督感到满意的比例均在五成以下，其中国家与社会管理者阶层选择的比例最高，为45.45%，选择比例最低的是失业人员阶层，只有7.14%，这一方面说明民众对严肃党内政治生活、强化党内监督的了解程度有待提高，另一方面也说明在制度的制定和执行、宣传等方面还有很多工作要做。国企或私企中的高级管理人员对反腐肃纪持续保持高压态势感到满意的比例最高，为51.52%，失业人员阶层选择的比例最低，为25%。办事人员阶层对治理干部队伍的庸政懒政感到满意的比例最高，为55.29%，农业劳动者阶层选择的比例最低，为27.13%。

（三）民众对当前反腐肃纪存在问题和领域的看法

1. 贪污受贿仍然是民众认为当前存在的干部廉洁自律和腐败现象中最突出的问题

调查问卷列举了 11 项当前干部廉洁自律和腐败现象中最突出的问题，被访者可以选择自己认为最突出的四项。从统计数据看，贪污受贿，领导干部利用职权为配偶、子女牟私利，干部人事任免中的不正之风，作风不实、习惯懒政庸政居前四位，其中只有第一项的选择人数超过五成（见表 3）。与两年前所做的调查相比，列前两位的选项相同，但选择人数已有下降，选择比例各下降了 10 个百分点左右。

表 3　干部廉洁自律和腐败现象中最突出的问题

单位：次，%

排序	干部廉洁自律和腐败现象中最突出问题	选择频次	选择人数比
1	贪污受贿	351	57.26
2	领导干部利用职权为配偶、子女牟私利	306	49.92
3	干部人事任免中的不正之风	258	42.09
4	作风不实、习惯懒政庸政	250	40.78
5	严重官僚主义，失职渎职	215	35.07
6	司法人员徇私枉法	200	32.63
7	买官卖官	180	29.36
8	侵犯群众利益，与民争利	171	27.90
9	生活作风腐化堕落	161	26.26
10	利用婚丧嫁娶收钱敛财	69	11.26
11	其他	20	3.26
合　计		2181	355.79

2. 民众认为仍然有多个领域的腐败问题比较突出

针对“当前哪些领域不正之风和腐败问题仍然突出”这一问题，在六个可多选的答案中，有接近六成的被访者选择了“工程项目、矿产资源、土地出让”领域，有接近六成的被访者选择了“选人用人”领域，还有超过五成的被访者选择了“教育医疗卫生”领域。同时可以看到，认为“扶贫和惠民资金管理”领域腐败问题仍然严重的被访者也不少，接近五成（见图5）。总体来看，超过半数的被访者认为这些领域的腐败问题依然严重，这也应是今后一个时期反腐肃纪的重点领域。

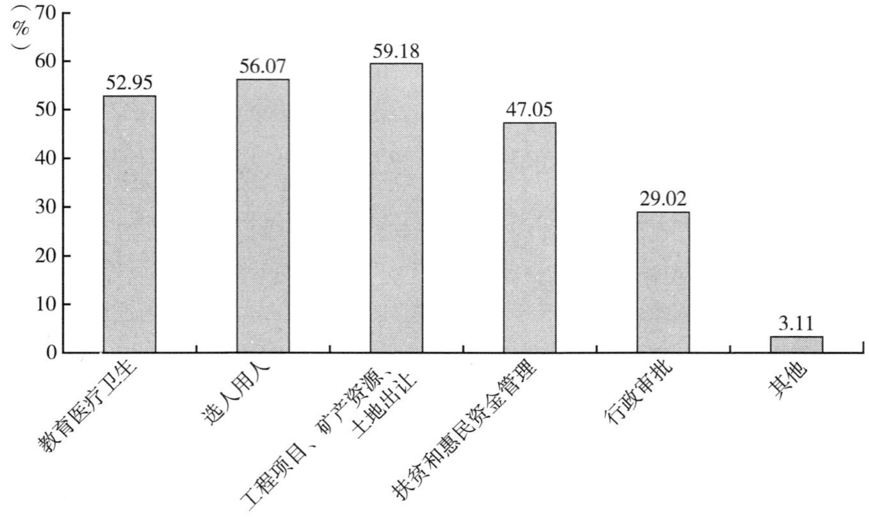

图5 民众认为当前腐败问题仍然突出的领域

（四）民众对惩治腐败的信心

1. 八成以上民众对惩治腐败有信心

615份有效问卷显示，约八成被访者对通过开展反腐肃纪逐步遏制腐败现象有信心，只有1.63%的被访者表示没有信心（见表4）。

表4 民众对逐步遏制腐败现象的信心

单位：次，%

选项	频次	百分比	累计百分比
很有信心	158	25.69	25.69
比较有信心	343	55.77	81.46
信心不大	104	16.91	98.37
没有信心	10	1.63	100.00
合　计	615	100.00	

从文化程度看，不识字的被访者中表示很有信心的比例最高，达到50%，小学文化程度的占46.15%，研究生无人选择该项，其他文化程度的在20%到40%之间；表示没有信心的人群中，小学文化程度的比例最高，占该人群的7.69%，其他文化程度的不足3%，不识字的被访者均没有选择该项。从年龄看，60岁以上被访者中表示很有信心的比例最高，占本年龄段的80%；26~35岁被访者中表示比较有信心的比例比其他年龄段要高，有62.90%；18~25岁年龄段的被访者选择信心不大的比例最高，为26.67%；26~35岁的被访者中选择没有信心的比例最高，但也仅占该年龄段的2.26%。从社会阶层看，选择很有信心的农业劳动者阶层比例比其他阶层高，达到该阶层人数的46.46%；认为比较有信心的人群中，办事人员阶层比例最高，达到71.76%，除农业劳动者阶层和失业人员阶层在四成左右，其他阶层都达到五成以上。选择信心不大的国企或私企中的高级管理人员比例较其他阶层高，为该阶层人数的34.38%，办事人员阶层中选择该项的比例最低，为7.06%，其他阶层都在25%以下，应当注意到企业高级管理人员对惩治腐败信心不大的比例不低，这是加强反腐肃纪工作中应进一步关注和解决的问题。产业工人阶层表示没有信心的比例最高，达到该阶层人数的4.29%（见图6）。

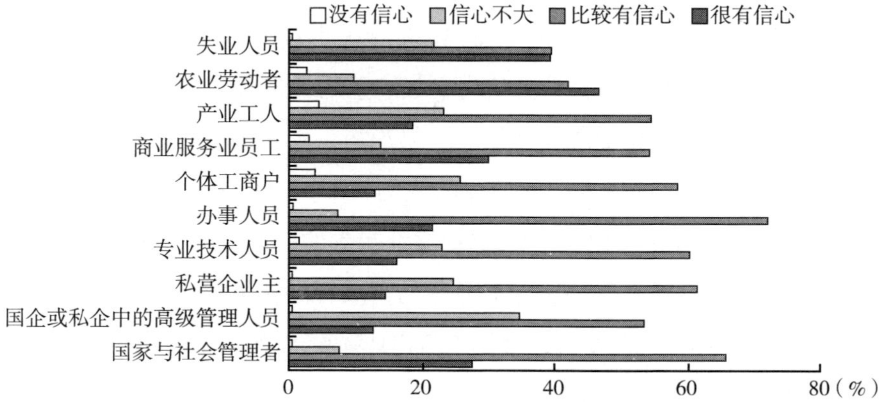

图6 各社会阶层对通过反腐肃纪遏制腐败现象的信心

2. 超过七成的被访者认为今后腐败现象会减少

611 份有效问卷显示，有接近 17% 的人认为今后一个时期腐败现象会大幅度减少，有超过五成的人认为会逐渐减少，有不到 10% 的人认为没有变化，仅有不到 3% 的人认为会更加严重，还有 13.10% 的人认为难以预料。认为会大幅度减少和逐渐减少的比例为 74.46%（见图 7）。

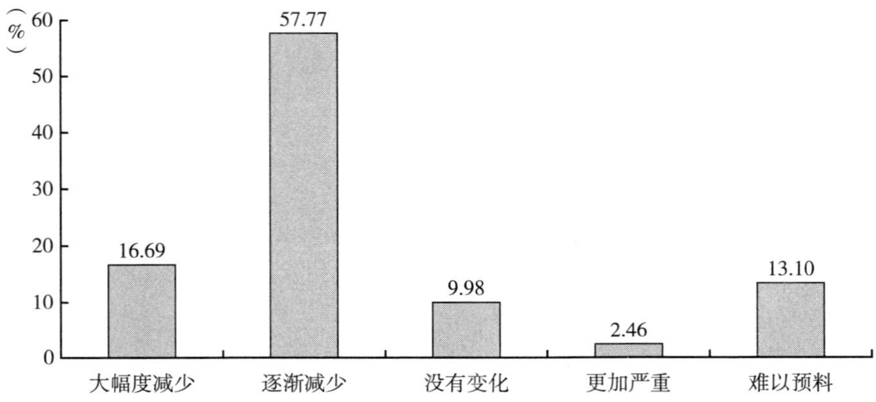

图 7　民众对今后腐败现象变化的认识

从文化程度看，小学文化程度的被访者认为会大幅度减少的比例最高，为 38.46%；大学本科文化程度的被访者认为会逐渐减少的比例最高，为 67.63%；研究生及以上文化程度的被访者认为没有变化的比例最高，为 22.22%；高中文化程度的被访者认为更加严重的比例最高，为 5.04%；不识字的被访者认为难以预料的比例最高，为 20%。从社会阶层看，农业劳动者阶层和失业人员阶层选择大幅度减少的比例较高，分别为 34.15% 和 8.57%；办事人员阶层和专业技术人员阶层选择逐渐减少的比例较高，分别为 70.93% 和 67.57%；个体工商户和国企或私企中的高级管理人员选择没有变化的比例较高，分别为 20% 和 18.75%；个体工商户选择更加严重的比例高于其他各社会阶层，但也只有该阶层被访者的 5.45%；认为今后一个时期腐败现象的变化难以预料的被访者中，除农业劳动者的比例为 4.07% 外，其他阶层的比例都在 10% 以上，但只有失业人员的选择比例达到 25%，这一数据说明失业人员由于职业和生活中存在的不稳定性，可能直接影响其对社会和未来的评价。

总体来看，多数民众对遏制腐败和今后腐败现象会减少都持肯定态度，但同时也要看到，对今后遏制腐败很有信心的人只有比较有信心的一半，认为今后腐败会大幅度减少的比例只有会逐渐减少的不到1/3，显示出民众对这一问题比较肯定但又有一些保留的态度。

（五）民众对今后如何惩治腐败的看法

1. 五成以上民众认为惩治贪污腐败的最有效渠道是法律和制度

在七个选项中，选择依靠上级党委的人数最少，仅占被访者总数的1.79%（见图8）。这一调查结果显示，民众逐渐认可法律和制度在惩治腐败中的主要作用，也凸显出过去民众有问题主要靠上级机关解决的习惯做法已有改变。当然这一数据也在一定程度上显示出民众对通过上级党委惩治腐败的效果不是非常认同。

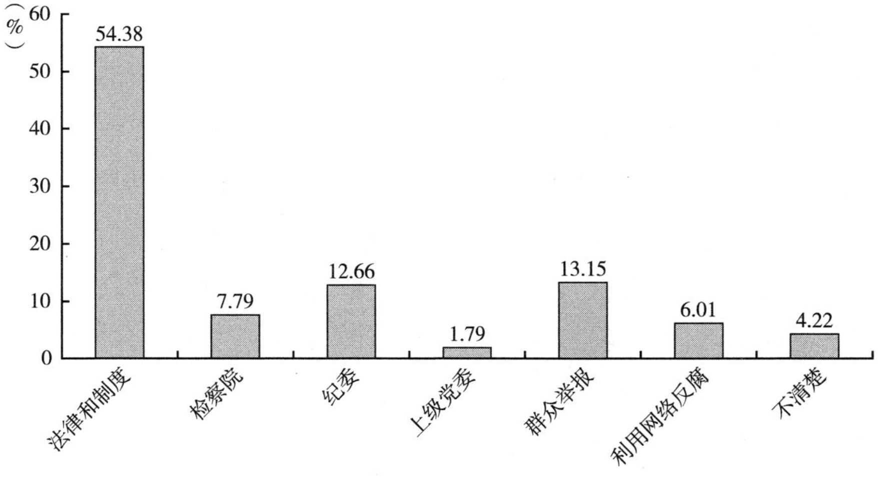

图8　民众对今后如何惩治腐败的途径选择

2. 七成被访者认为今后对腐败和不正之风应当继续采取的措施是加强党的纪律建设，做到违纪必究

在可多选的继续对腐败和不正之风采取的九个措施中，加强党的纪律建

设，做到违纪必究位列被访者选择之首，其次是加大查办腐败案件力度，完善法律和制度排在第三位（见图9）。

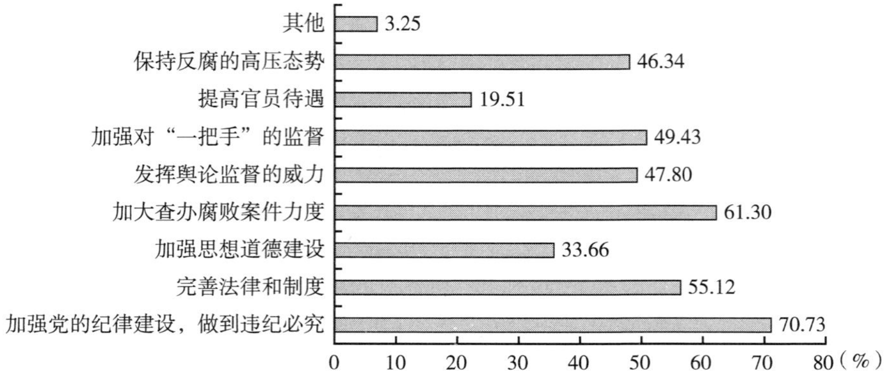

图9 民众对今后如何惩治腐败的措施选择

从年龄看，60岁以上被访者选择加强党的纪律建设、做到违纪必究的比例最高，为81.82%，其次是46～60岁的被访者，为78.67%，列在第三位的是18～25岁的被访者，为74.67%。选择完善法律和制度的被访者中，60岁以上被访者仍然位居第一，为81.82%，26～35岁的被访者比例最低，但也达到该年龄段总人数的52.04%。选择加强思想道德建设的被访者比例比较平均，均在30%到45%之间。选择加大查办腐败案件力度的被访者中，60岁以上的被访者仍然位列第一，为72.73%，26～35岁年龄段的被访者选择该项的比例最低，但也达到其总人数的57.01%。选择发挥舆论监督威力的被访者中，18～25岁被访者选择的比例最高，为54.67%，60岁以上被访者选择该项的比例最低，为36.36%。从以往的调查看，18～25岁年龄段的被访者对网络比较熟悉，往往选择通过网络了解信息、通过网络平台发声，也主要是通过网络发挥舆论监督的作用，随着熟悉网络的人群迅速扩大，网络对反腐及其制度建设也将越来越多地发挥重要作用。选择加强对“一把手”的监督的被访者中，60岁以上被访者的比例最高，为63.64%，其他年龄段的选择比例也都在40%到60%之间，可见大部分被访者比较认同对“一把手”的监督的重要性。选择提高官员待遇这一措施的被访者比例普遍较低，其中60岁以上被访者选择的比例最高，有45.45%，其他年龄段只在12%到18%之间；国家与社会管理者阶层选择该项的比例较其他社会阶层高，但也仅占其总人数的29.09%，可见党政干部和普通民众并不认为遏制腐败的有效措施是提高干部待遇。选择保持反腐的高压态势的被访者中，60岁以上被访者仍居首位，为63.64%，其他年龄段的比例都在50%左右，说明民众仍希望对腐败问题采取高压态势，不能松懈。

三　思考与建议

党的十八大以来，中央高度重视党风廉政建设和反腐败斗争，把坚定不移地推进反腐倡廉视作决定党和国家前途命运的关键。以习近平总书记为首的领导集体提出了一系列反腐倡廉建设的重要论述。加强反腐倡廉法规制度建设，是党的十八大和十八届三中、四中全会做出的重要部署，习近平总书记指出，要加强反腐倡廉法规制度建设，把法规制度建设贯穿到反腐倡廉各个领域、落实到制约和监督权力各个方面，发挥法规制度的激励约束作用，推动形成不敢腐、不能腐、不想腐的有效机制。近几年来，打“老虎”、拍“苍蝇”、“猎狐”、“反四风”等已逐渐成为反腐败斗争的常态。2017年1月十八届中央纪委七次全会公报确认，腐败蔓延势头得到有效遏制，反腐败斗争压倒性态势已经形成。同时公报指出，全面从严治党仍然任重道远，从宽松软走向严紧硬需要经历砥砺淬炼的过程。毋庸置疑，反腐肃纪仍然是一项长期和艰巨的工作，要继续在不断总结和实践的基础上加大反腐力度，加强和完善反腐肃纪制度建设将对构建和谐社会、巩固国家政权具有深远的意义。

（一）继续加强制度建设仍然是今后推进反腐肃纪工作的首要途径

当前腐败蔓延势头得到有效遏制，反腐败斗争压倒性态势已经形成，这些成效的取得，与党和国家不断加强反腐肃纪的制度建设密不可分。调查结果也说明大多数民众认可通过制度进行反腐的举措，但不可忽视的是民众选择一般和不太满意的比例加起来达到36.09%，制度建设还需要加强。反腐肃纪是一项长期的工作，随着经济和社会生活的发展，尤其是随着反腐败工作的强力推进，反腐败工作正在逐步从治标转向标本兼治，在重视治本的同时，不放松治标力度。反腐败工作的变化，仍然离不开反腐肃纪制度的完善。因此，一是要推进反腐败国家立法，从法律层面不断完善惩治和预防腐败体系；二是要抓住反腐肃纪工作需要，进一步从完善提高反腐肃纪制度的科学性、长效性和统筹性等方面下手，对于一些不能适应当前社会发展新任务和新要求的旧制度进行改革和创新；三是要提高制度的前瞻性和预防性，改变制度制定在违法现象出现之后的问题，将制度建设由被动变主动，由重事后处置变事前预防。

（二）不断健全和落实监督制约机制

中国共产党第十八届中央纪律检查委员会第七次全体会议公报指出，信任不能代替监督。强化对权力的监督，以权力制约权力，是防止腐败的有效形式，是减少腐败行为发生的有力措施。列宁曾指出："把希望寄托于人的优秀品质上，这在政治上是不严肃的。"通过调研可以看到，信访举报、巡视、法律监督、执纪审查、舆论监督等监督方式的认可度比较高，民众（包括党政干部）对谈话和诫勉、召开民主生活会这样的监督措施认可度较低，也就是说，通过他律进行监督比通过自律进行监督更有效果，十八大以来仍然发生的腐败案件也充分说明监督是信任的基石，没有监督的信任等于放任。因此，一是要继续在完善监督方式和增加监督深度上下功夫，不断细化监督环节，使反腐肃纪制度得到落实；二是加强对领导干部和重点领域的监督，进一步完善民主集中制各项具体制度，充分发扬党内民主，防止表面民主，实则仍然是长官意志凌驾于组织之上的情况。

（三）培养领导干部树立接受监督常态化的观念，让监督成为干事创业的动力而不是负担

以信访举报为首的监督形式成为群众喜欢和认可的反腐肃纪措施，这一

方面，显示出这些措施在反腐肃纪中已发挥成效；另一方面，毋庸置疑，也给一些干部带来了不小的心理负担。因此，要转变广大党员干部的观念，充分认识监督的必要性，认识到监督是政治文明的表现，也是领导干部基本的执政素质。监督是一种约束，也是一种爱护。监督理应是一种常态化的政治生活，只要充分理解和认识到这一点，就会对监督有一个正确的态度，勇于接受监督。同时，我们要看到，出于信息不对称、了解不全面等原因，一些民众对干部或者部门工作的认识存在误差，但据此采取的监督措施（例如信访举报）往往在一定时期会影响对干部的评价和干部的工作积极性。因此，在制度设计中应充分考虑监督过程和结果的影响，不能只注重责任性规定而忽视利益调节和保障性、激励性措施，对于经过调查的信访举报线索，查证属实的坚决处理，查证没有问题的要明确结果并减少对干部的影响，从制度上消除干部的心理负担，防止一些干部产生遇事息事宁人，不敢、不愿干事创业以求安稳的消极思想。

（四）采取措施不断提升民众对反腐肃纪工作的满意度

调查数据显示，60 岁以上以及文化程度较低的民众对反腐肃纪制度建设和各项措施的满意度普遍较高，国企或私企中的高级管理人员、私营企业主和个体工商户对反腐肃纪制度建设成效还不够满意，类似结果在几个指标中都有显现。总结来看，就是市场主体尤其是体制外的人群对反腐肃纪工作的满意度有待进一步提高。这些结果一方面说明反腐肃纪工作在一些领域和一些人群中还有待加强；另一方面说明采取措施提高这些领域和人群的满意度，反过来会进一步推进反腐肃纪工作更实更细。一是要认真研究这些领域和人群反映的反腐肃纪工作中存在的问题，尤其是可能存在的滋生腐败的环节和原因，有针对性地完善反腐肃纪的制度并落实；二是分析影响反腐肃纪工作成效的其他原因，加强反腐肃纪制度的宣传、落实及反腐信息的公开和反馈；三是建立反腐肃纪制度建设和执行的科学评估机制，改变过去制度建设上存在的重实体、轻程序，缺乏可操作性的程序规定导致制度规定变形走样的情况，加强制度的程序化建设，对制度进行科学评估，对机制进行综合评价，推动提高制度的科学性、针对性和可操作性。

B.5
民众对网络信息安全的感受和建议

汉　宇*

摘　要： 互联网近几年发展迅速，已经成为百姓生活中的重要组成部分。但在享受互联网带来的巨大便利的同时，网络信息安全出现了许多让人担忧的问题。课题组通过问卷调查了解民众对网络信息安全的感受，发现民众对当前甘肃网络信息安全现状的了解不是十分深刻，民众网络安全意识淡薄，网络安全知识不足，使用互联网经常遇到和偶尔遇到不安全问题的情况还比较多，虚假信息太多让被访者感觉经过治理网络安全环境的改善不明显。随着互联网的发展，网络信息安全对整个国家安全的影响越来越大，但在网络信息安全方面使用技术防控存在明显不足，网络安全监督管理不到位。因此，建议政府要提升管理职能和效率，完善和强化管理体系；完善法律法规，做好立法防控，打击网络犯罪；不断创新网络信息安全防范技术，做到防患于未然；培养人才，为网络信息安全夯实技术支撑；加强宣传教育，提升网络信息安全防范意识。

关键词： 网络信息　安全感受　技术防控

随着全球信息化步伐的加快、互联网产业的高速发展，互联网复杂而严

---

* 汉宇，甘肃省社会科学院公共政策研究所助理研究员。

峻的安全隐患对社会乃至国家安全形成了挑战。2014 年 2 月，习近平总书记在中央网络安全和信息化领导小组第一次会议上指出，没有网络安全就没有国家安全。显然，网络安全是国家安全的重要组成部分。也可以说，网络信息安全是一个关系国家安全和主权、社会稳定、民族文化继承和发扬的重要问题。网络安全是未来社会的重要组成部分。课题组研究民众对网络信息安全的感受和建议，有利于防止和解决网络信息安全可能出现的问题，有利于网络信息安全维护工作真正落到实处。同时，也为政府想办法创造良好的网络环境、一定程度上抑制网络犯罪、解决好网络信息安全问题提供参考，使更多的民众享受到网络带来的便利。

一 调研的目的、方法和样本概况

（一）调研目的

互联网近几年发展迅速，已经成为普通百姓生活中的重要组成部分。但在享受互联网带来的巨大便利的同时，利用网络进行攻击、恐吓、侵犯个人隐私、窃取个人资料、诈骗钱财等违法犯罪行为也不断发生，网上黄赌毒、网络谣言等更是屡见不鲜，网络信息安全出现了许多让人担忧的问题。本课题研究民众对网络信息安全的感受，目的是了解当前甘肃网络信息安全的现状，同时为政府部门加强网络信息的安全防范、制定相应的安全策略提供一定的参考。

（二）调研方法

本次调研采用问卷调查与个别民众访谈相结合的方法。本调研报告在分析过程中，借鉴文献分析法，结合调查数据对相关问题进行梳理论证，调研问卷的数据统计通过 SPSS 软件处理。

（三）调研样本概况

本次调研主要选取甘肃省的武威市、临夏州、庆阳市、定西市作为主要调研区，同时还走访了其他市州。调研组共发放问卷650份，有效问卷627份，问卷的有效率为96.46%。调查对象从性别结构看，男性占59.17%，女性占40.83%。从年龄分布看，18～25岁的74人，占11.84%；26～35岁的227人，占36.16%；36～45岁的157人，占25.10%；46～60岁的156人，占24.80%；60岁以上的13人，占2.10%。从阶层分布看，国家与社会管理者阶层占9.48%、经理人员阶层占5.14%、私营企业主阶层占7.70%、专业技术人员阶层占12.04%、办事人员阶层占13.48%、个体工商户阶层占9.31%、商业服务业员工阶层占5.62%、产业工人阶层占10.91%、农业劳动者阶层占21.67%、失业人员阶层占4.65%。生活地点有城区、城郊、县城、乡镇、农村等区域。

二　问卷调查结果分析

（一）七成多的被访者使用计算机或手机上网遇到过不安全问题

随着互联网的高速发展和手机的普及，网民人数呈不断上涨态势，在工作、生活中人们的网络活动也越来越频繁。垃圾短信、骚扰电话、恶意程序、钓鱼网站、网络诈骗等涉及网络安全的问题在人们的生活更是屡见不鲜。问及“2017年以来您使用计算机或手机上网是否遇到过不安全问题”时，有12.52%的人选择了没有遇到过，22.11%选择了经常遇到，49.76%选择了偶尔遇到过，15.61%选择了基本没遇到过（见图1）。

调查显示，经常遇到和偶尔遇到过两个选项合在一起的比例高达71.87%。在被访民众中只有28.13%没有遇到过和基本没遇到过网络安全方面的问题。由此可见，网络信息安全问题确实应该引起足够的重视。

（二）近八成的被访者认为网络信息安全的主要问题是虚假信息太多

互联网的高速发展成就了自媒体时代，发布成本低使每个人都成了信

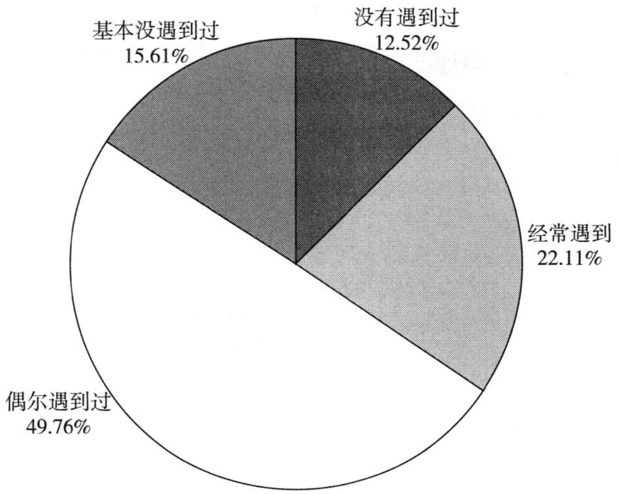

图 1　被访者 2017 年以来使用计算机或手机上网遇到过不安全问题的比例

息的发布者，大量信息扑面而来让人应接不暇、真假难辨。监管难度大造成虚假信息、欺诈信息不断，利用网络信息实施的各类违法犯罪行为不断增多，影响了人们的认知，给政治、经济、文化发展带来了许多负面效应。问及“您认为目前网络信息安全方面主要的问题有哪些（多选）”时，在 627 份问卷中，选择人数超过一半的有三项，排在第一位的是虚假信息太多，个案百分比为 79.87%；第二位是欺诈网站多，容易上当受骗，个案百分比为 61.04%；第三位是个人信息容易被窃取，个案百分比为 55.84%。10 个问题中排在后面三位的是煽动性的反动信息多，个案百分比为 17.53%，排在倒数第一位；随后是账号密码被盗，个案百分比为 23.86%；其后是电脑或者手机上的资料容易被窃取、泄露或篡改，个案百分比为 25.81%（见图 2）。

虚假信息涉及面广，传播速度比较快。目前，网络虚假信息的传播行为在一定程度上还较难受到法律的制裁。网络虚假信息不仅对公民名誉和个人感情造成侵害、伤害，而且影响媒体的公信力，扰乱社会、经济秩序，损害国家形象。网络虚假信息负面影响广、危害性强，严重恶化了网络安全的生

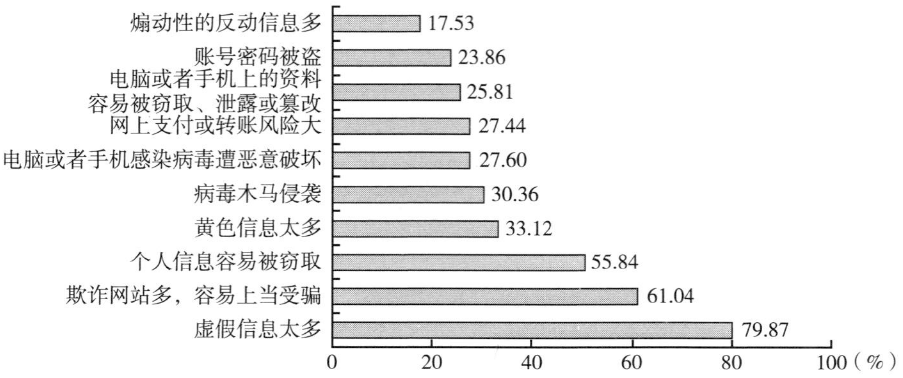

图2　被访者认为网络信息安全方面主要问题的比例

态环境。及时预防和控制网络传播的虚假信息，对建立和谐安定的网络安全生态环境意义重大。

（三）四成多被访者认为当前的网络安全环境稍有欠缺

党的十八大以来，我国在进行网络空间建设的同时，积极进行网络治理，并在网络安全方面开展了大量管理工作，出台了相应的网络管理政策。国家网信办先后与多个部门协调合作，开展了多项网络治理专项行动，积极努力打造安全的网络大环境。问及“您认为当前的网络安全环境是怎么样的”时，4.89%的被访者选择了非常好，井然有序；43.88%的被访者选择了还不错，稍有欠缺；42.25%的被访者选择了一般，有时混乱；8.97%的被访者选择了非常差，乌烟瘴气（见图3）。

从调查数据看，只有仅仅4.89%的被访者对网络安全环境表现出明显的积极评价，认为当前的网络安全环境非常好，井然有序，对目前的网络安全环境感到很满意。绝大部分被访者对当前的网络安全环境存在着或多或少的不满。从调查数据中可以看出，甚至有42.25%的被访者觉得当前网络安全环境一般，有时混乱。也就是说在多项网络治理行动的作用下，公众对网络安全环境的改善感觉不明显。目前人们在工作、生活中，通过网络上进行的活动、事项越来越多，产生的问题也是只增不减，各种不安全因素逐渐增

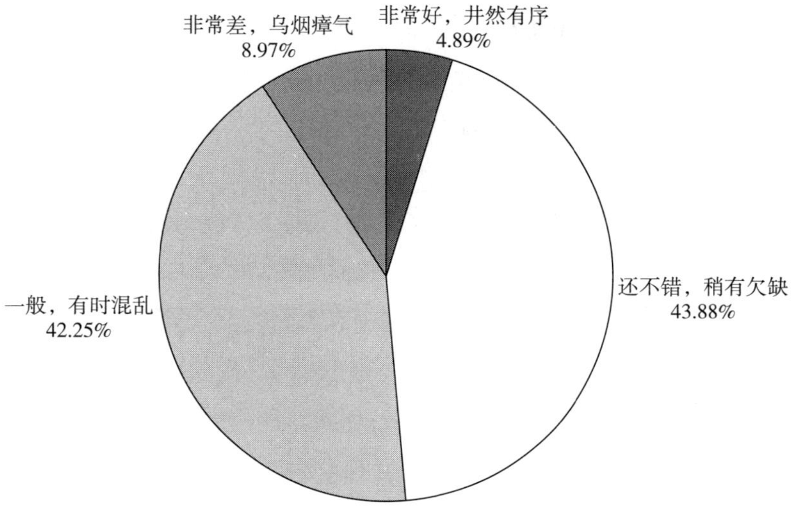

图3　被访者对当前网络安全环境评价的选择比例

多，由此人们对于网络环境的安全要求不断提高，对网络信息安全管理的不满也不断增多。

（四）三成被访者认为我国目前的信息安全保护工作做得较好

信息技术的广泛应用、互联网的迅猛发展，加快了我国全面信息化进程。由此，网络信息安全影响全局性的作用不断增强，网络信息安全保护工作也成为我国信息化建设的重要组成部分。同时，网络信息安全已经发展成为关系到社会稳定和国家主权的战略性问题。国家为此也不断加强网络信息安全保护工作，重点保护基础信息网络和重要信息系统安全。一些安全措施的有效实施，使我国的网络信息安全工作取得了很大进展，有效规避了许多网络信息安全风险。问及“基于实际情况，您认为我国目前的信息安全保护工作做得如何”时，6.39%的被访者选择了很好，30.00%的被访者选择了较好，48.69%的被访者选择了一般，12.13%的被访者选择了较差，2.79%的被访者选择了很差（见图4）。

从调查数据看，三成多的被访者对我国目前的信息安全保护工作给予了

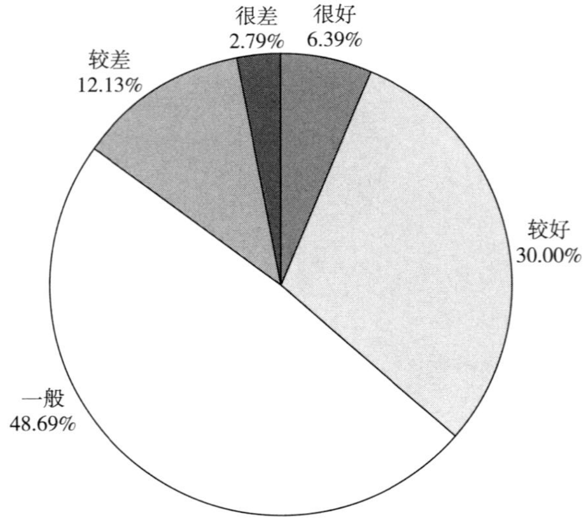

图 4　被访者对我国目前的信息安全保护工作认可度的选择比例

肯定，认为我国目前的信息安全保护工作做得还是比较好的，网络安全环境发生了积极变化。48.69%的被访者认为我国目前的信息安全保护工作做得一般。这从侧面说明，国家还需要进一步提高信息安全的保障能力和防护水平，切实做好网络信息安全保护工作。

（五）八成多的被访者认为随着互联网的发展，网络信息安全对整个国家安全的影响越来越大

信息是国家重要的战略资源，信息资源也是各国所争夺的焦点之一。为了独立控制和拥有本国信息资源与信息基础设施，每一个国家都在积极采取行之有效的措施来确保信息在制造、存储和使用过程中的绝对安全。可以说，在全球范围关于网络安全的较量就是一场没有硝烟的斗争。问及“随着互联网的发展，您认为网络信息安全对整个国家安全的影响如何”时，有82.92%的被访者选择了“越来越大”，9.36%的被访者选择了“没变化”，7.72%的被访者选择了“越来越小”（见图5）。

调查数据显示，选择“越来越大”的被访者人数要比选择“没变化”

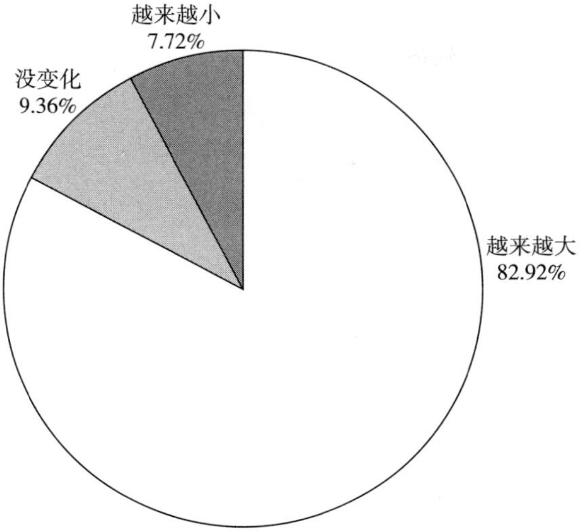

图 5　被访者认为网络信息安全对整个国家安全的影响的选择比例

和“越来越小”的被访者人数多得多。2016 年，全球范围内先后发生了时代华纳 30 万客户数据泄露、水牢漏洞威胁我国十余万家网站等几起信息泄露事件，这些泄密事件暴露了当前信息安全存在的巨大问题。而国家秘密、国家情报、军事机密等国家安全信息一旦被非法获取，就会对国家安全造成巨大威胁。近年来随着互联网信息化应用于各个领域，很多国家将网络信息安全上升到了国家整体安全的重要战略地位，保护政治、经济、文化、军事等领域的信息不被破坏和窃取。所以，在全球互联网加速融合的背景下，网络信息安全对整个国家安全的影响会越来越大。

（六）五成多的被访者认为网络信息安全方面存在问题的主要原因是网络安全监督管理不到位

问及“您认为在网络信息安全方面存在问题的主要原因（多选）”时，在 7 个选项中，网络安全监督管理不到位排在第一位，个案百分比为 54. 32%；排在第二位的是网络立法不完善，个案百分比为 44. 05%；排在第三位的是民众普遍缺少信息安全意识，个案百分比为 43. 56%；第四位是技术研发跟不上，个案百分比为24.14%；第五位是硬件基础设施差，个案百分比为17.78%；第六位是人才队伍薄弱，个案百分比为16.48%。选择其他的很少，被访者也没有表达自己的看法（见图6）。

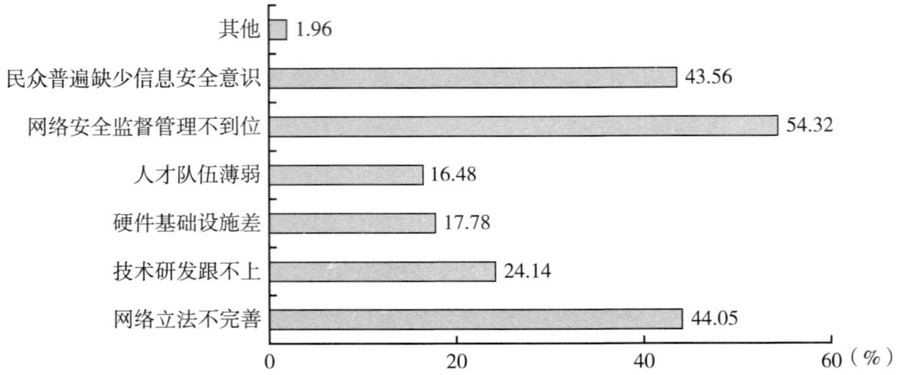

图6　被访者认为在网络信息安全方面存在问题的主要原因的选择比例

从调查数据看，被访者认为解决网络信息安全方面存在的问题首先是做好网络安全监督管理。互联网上的造谣谩骂、欺诈诽谤行为，于己于人、对社会、对国家都不好，甚至可能造成某种危害。网络乱象该管一管是多数老百姓的愿望。从实际情况看，缺乏监管确实是网络信息安全方面存在问题的主要原因，必须认识到网络管理越科学、越有效、越规范，人们的网络生活就越方便。那么如何监管？一是网络技术问题，二是网络立法问题。被访者认为网络信息安全方面存在问题的第二个原因是网络立法不完善。从这一角度来看，今后网络信息安全的维护，在完善网络立法的基础上，还应依法治网，用法治的思维推动网络空间法治化。同时在网络使用过程中，要对政府、企业、个人以及不同社会群体的法律责任进行明确细分，这样才能对每一个上网主体的网络行为进行约束，才能做到有法可循、有法可依、有法可断。

（七）仅有不到一成的被访者认为自己不需要网络信息安全知识

从2014年开始，中央网信办、中央编办等十部门每年共同举办国家网络安全宣传周活动，在全国各地同步开展，其目的是普及网络信息安全知识，提升公众网络安全意识。在宣传周活动期间，会向机关、企业、社区、学校大量发放网络安全、电信网络、金融网络等知识手册，希望全面提高公众网络素养，共同维护国家网络安全。问及“您认为目前自己需要哪些方面的网络信息安全知识（多选）”时，被访者选择都不需要的个案百分比为6.72%；选择安全上网知识的个案百分比为41.15%；选择需要了解计算机或手机系统安全防护知识的个案百分比为40.82%；选择网上支付或交易资金安全知识的个案百分比为44.59%；选择文件、资料、个人信息安全保护知识和教育的个案百分比为43.93%；选择其他的个案百分比为2.13%（见图7）。

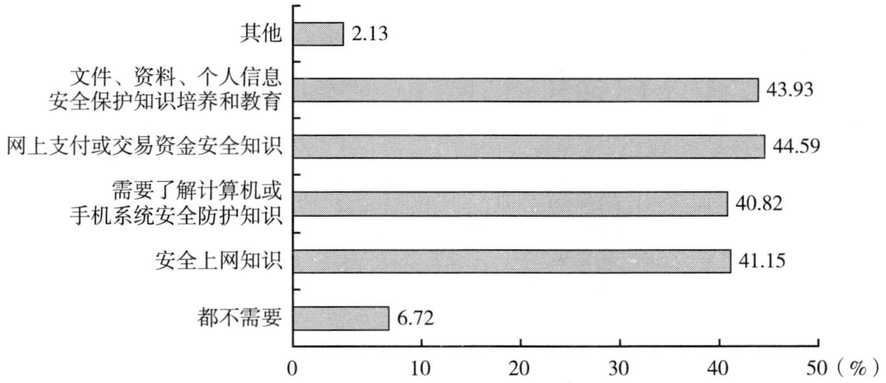

图7　被访者认为自己需要的网络信息安全知识的选择比例

从当前互联网和手机使用情况来看，一些人对于我国目前网络信息安全的现状还缺少客观清醒的认识，少数人认为自己文化程度不高，使用互联网的频率也不高，信息安全问题对自己的影响不大，这种错误的认识导致一些被访者认为自己不需要网络信息安全知识，此种认识会造成网络安全的严重隐患。

（八）近八成的被访者认为随着互联网的发展，网络信息面临的潜在安全问题会更加严峻

随着互联网的发展，网络信息面临的潜在安全问题会更加严峻，为了了

解公众对这个问题的认识，课题组设置了个人隐私、金融数据、公民财产、国家机密、商业信息五个方面的选择项，这五个方面在未来面临的潜在安全问题是否会更加严峻？课题组将每个选项的赞同程度由高到低依次设定为完全赞同、比较赞同、一般、不太赞同、不赞同五个等级，请被访者做出评价（见表1）。

表1　被访者对网络信息面临的潜在安全问题的认同比例

单位：%

类别	完全赞同	比较赞同	一般	不太赞同	不赞同
个人隐私	59.64	20.76	13.84	3.62	2.14
金融数据	50.20	26.70	17.70	4.20	1.20
公民财产	48.64	27.72	17.69	4.25	1.70
国家机密	57.56	21.31	14.95	4.30	1.89
商业信息	51.62	24.27	18.46	3.93	1.72

调查数据显示，个人隐私完全赞同度处在第一位，之后依次为国家机密、商业信息、金融数据、公民财产。而把完全赞同和比较赞同合在一起，个人隐私的赞同度还处在第一位，没有变化，但之后依次变为国家机密、金融数据、公民财产、商业信息。这种变化一方面说明网络信息安全对公民个人隐私和国家安全形成了威胁；另一方面则说明随着使用手机上网的人数增多，以及近两年支付宝等互联网金融的兴起，公民个人隐私、金融数据、商业信息等面临的安全问题和隐患有增无减，确实应引起有关部门的重视。

（九）五成以上的被访者认为为有效加强民众的网络安全意识，国家应加强预警和通报，建设部门应该加快推进信息安全等级保护工作

通过网络我们了解到了许多信息，与外界的沟通和交流也不断加强。但电脑中毒、QQ 密码被盗等网络安全问题也不断出现，从普通的病毒到木马病毒更是防不胜防。大多数人都是互联网的普通用户，不可能精通攻

防技术加以防范。因此，重视自己的网络信息安全，就要增强自身的网络安全意识，从普通应用方面做好安全防范。问及“从目前网络安全的情况看，您认为怎么样才能有效加强民众的网络安全意识（多选）”时，选择国家应加强预警和通报，建设部门应该加快推进信息安全等级保护工作的个案百分比为51.06%，排在第一位；排在第二位的是国家安全部门应该经常通过电脑或手机推送网络安全知识，个案百分比为44.37%；排在第三位的是加强网络使用习惯、法制观念和自身保护意识等方面培养和教育，个案百分比为41.44%；第四位是学校应该开设网络安全知识教育课程或者讲座，个案百分比为37.52%；第五位是相关单位应经常发放网络安全教育宣传单，个案百分比为25.77%；选择其他的很少，被访者也没有表达自己的看法（见图8）。

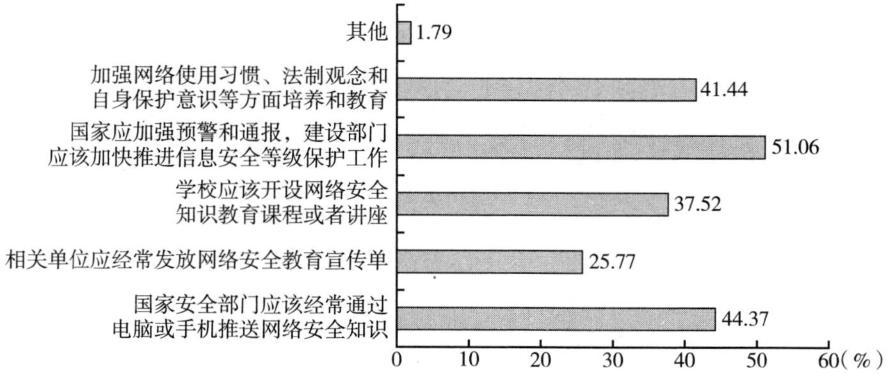

图8　被访者认为有效加强民众网络安全意识的办法的选择比例

很多时候，上网民众不经意间的一个点击、一个小疏忽就会导致网络信息安全事件的发生，给个人利益造成一定程度的损失。所以，在每个人不可能成为网络安全专家的情况下，应想办法提高上网民众的自我保护意识和技能，提升民众对网上虚假有害信息、来历不明网络信息的辨识和抵抗能力。同时要加强学生的网络信息安全意识和知识教育，这不仅是对学生本人的保护，也是对整个家庭的保护。

（十）四成多的被访者认为维护网络信息安全最根本的举措是掌握能够准确识别和追踪网络人口真实身份的关键技术

问及“您认为维护网络信息安全最根本的举措在于什么”时，42.93%的被访者选择了掌握能够准确识别和追踪网络人口真实身份的关键技术；25.53%的被访者选择了加强维护网络信息安全的专业人才队伍的建设；18.21%的被访者选择了全面加强对网络上各种信息的动态监控；12.68%的被访者选择了对网络信息的发布和传播实行必要的管制；0.65%的被访者选择了其他（见图9）。

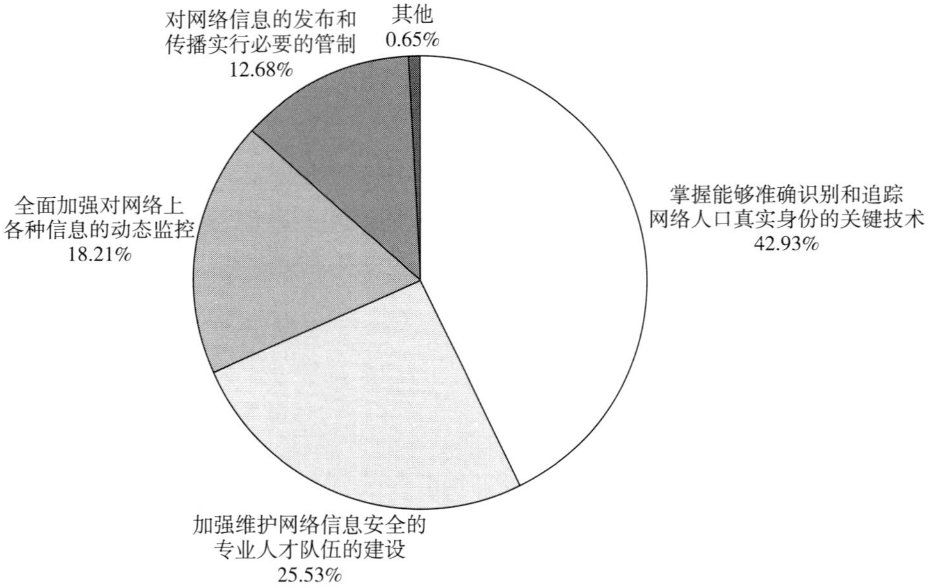

图9　被访者对维护网络信息安全最根本举措的选择比例

隐私泄露、身份冒用、账号盗窃、网络诈骗等问题严重影响民众对互联网安全防范的看法。从调查数据看，被访者认为维护网络信息安全，最根本的举措是掌握能够准确识别和追踪网络人口真实身份的关键技术，这是将人口管理制度延伸到网络社会，也是解决互联网信息安全问题的路径。

三　结论分析

（一）被访者认为网络信息安全问题数量呈不断上涨态势

随着互联网的普及，垃圾短信、骚扰电话、恶意程序、钓鱼网站、网络诈骗等涉及网络安全的问题数量不断增多。七成多的被访者 2017 年以来使用计算机或手机上网遇到过不安全问题。虚假信息太多成为网络信息安全的主要问题，网络虚假信息负面影响广，危害性强，严重恶化了网络安全的生态环境。近八成的被访者认为随着互联网的发展，网络信息面临的潜在安全问题会更加严峻。

（二）被访者对当前的网络安全环境存在着或多或少的不满

四成多的被访者认为当前的网络安全环境稍有欠缺，但还不错。有 42.25% 的被访者觉得当前网络安全环境一般。三成多的被访者对我国目前的信息安全保护工作给予了肯定，认为我国目前的信息安全保护工作做得还是比较好的，经过专项治理，网络安全环境发生了积极变化。48.69% 的被访者认为我国目前的信息安全保护工作做得一般。

（三）民众网络安全意识淡薄，网络安全知识不足

一些被访者还没有认识到自己的网络信息安全可能正在受到威胁，缺乏安全防护意识，有不到一成的被访者认为自己不需要网络信息安全知识，根本就没认识到自己需要增强网络安全意识，民众网络信息安全知识不足。通过访谈课题组了解到，一些上网民众不知道该怎么做好网络信息安全防范，也不知道在遇到网络信息安全问题后该采取什么措施，出现问题后往往变得无所适从。五成以上的被访者认为为有效加强民众的网络安全意识，国家应加强预警和通报，建设部门应该加快推进信息安全等级保护工作。

（四）使用技术防控存在明显不足，网络安全监督管理不到位

我国网络信息基础设施靠自主技术支撑的数量少，网关软件进口多，受制于人，网络信息安全经常受到威胁。从访谈中发现，很多上网的人都不做数据备份、安装防火墙、使用密防，有的人甚至连杀毒软件都不装，电脑直接“裸奔”，可以说民众在网络信息安全使用技术防控方面存在明显不足。同时随着网络的发展，普通民众拥有的防范技术已不足以维护网络信息的安全。另外，网络安全监督管理不到位，主要表现为制度的制定比较形式化，缺少详细的实施细则，网络信息安全监控系统落实不彻底，缺乏有效打击新型犯罪手段的防范技术。

（五）网络安全相关法律法规不完善，网络安全法律屏障不牢靠

我国的信息化建设起步比国外晚，网民数量的急剧上升、网络业务的快速扩张使互联网发展迅速。但我国有关网络信息安全的法律法规还处于摸索探讨阶段。现有的几个政策法规以及公安部的专项规定都比较笼统、操作性不强，与现在网络的发展相比存在一定的滞后性，2017 年 6 月 1 日起施行的《中华人民共和国网络安全法》（以下简称《网络安全法》）还有没形成对网络安全威胁有效的约束和制裁。

四　对策建议

（一）政府要提升管理职能和效率，完善和强化管理体系

从目前我国互联网发展情况看，其在未来还将处于一个上升期，网络治理离不开政府管控。一是政府和相关管理部门以及工作人员应将传统的政府管制理念转变为治理理念，提升管理职能和效率，对网络信息安全进行战略规划，做好防控。二是政府要建立健全网络安全管理制度，进一步理顺技术

保障、行政监管、法律规范等职能部门的责权关系，加强对网络运营环境的监管，为网络信息安全工作的有效开展创造最佳的监管环境。

（二）完善法律法规，做好立法防控，打击网络犯罪

进一步完善《全国人大常委会关于维护互联网安全的决定》《全国人民代表大会常委会关于加强网络信息保护的决定》，公安部可以根据《网络安全法》针对网络信息安全实际问题制定和完善行政法规，确保制定的行政法规可操作性强。尽快落实贯彻《网络安全法》，依法治网，依法管网，让广大网民以法律为准绳规范自己在网上的言行，对网络信息安全形成坚实有力的法律保障。

（三）不断创新网络信息安全防范技术，做到防患于未然

网络运营相关企业、网络安全相关科研部门需要不断开展保障网络安全的技术研发和创新，努力用技术业务创新提高网络安全防范能力。如研发更高的网络监测技术来清除和过滤掉垃圾、欺诈等不健康的负面信息；研发更为高级的信息加密技术，避免重要信息被病毒恶意攻击。要投入大量资金做好关键基础设施的信息安全保护工作，建设好安全技术平台，构建起安全保障技术体系。同时，要定期对安全系统和技术装备进行检查评估，发现问题及时整改，不断提高网络信息安全保护能力。

（四）培养人才，为网络信息安全夯实技术支撑

问及在网络信息安全方面存在问题的主要原因时，选择人才队伍薄弱的被访者在本次调查中占了16.48%。因此，相关部门要加大投入力度培养专业人才，最终形成培养、引进和使用网络人才的制度体系，为我国网络信息安全夯实技术支撑。这实际上也不是单纯为确保网络安全而构建专业人才队伍。信息安全是一个技术性、综合性程度较高的学科领域，各个国家在网络安全方面的竞争归根结底还是人才的竞争。所以，只有培养一支专业、有过硬网络安全知识的高素质人才队伍，才能解决好网络信息安全问题。

（五）加强宣传教育，提升网络信息安全防范意识

网络遭到攻击、电脑中毒往往都是操作者安全意识不足，抱有好奇心理点击了一些未知的安全度不高的网页。所以，利用多种形式向全社会宣传网络信息安全知识，提升广大网民网络信息安全意识很重要。例如，在公共网络上不进行涉及金钱的交易，网银、支付宝不随便在公共场合使用，不随便下载来路不明的视频或资料，不要上有安全威胁提示的网站。国家或者相关部门应通过电视、广播、网络等渠道宣传网络信息安全知识，提高网民自身维护意识。同时，网络信息安全教育要从娃娃抓起，要在中小学计算机技术课堂上加强学生网络信息安全教育，让学生从小就有维护网络信息安全的基础知识和意识。在高等院校要向大学生传授网络信息安全知识，增强他们对网络违法有害信息、网络欺诈等违法犯罪活动的辨识和抵御能力。另外，街道社区在网络信息安全宣传周期间要加大宣传普及力度，让广大网民在互动体验中增强网络信息安全意识，提升全民网络信息安全基本技能，从而在全社会形成人人参与维护网络信息安全的良好氛围。

B.6
民众对健康甘肃建设及医疗服务的感受和评价

段翠清*

摘　要： 健康与医疗作为涉及民众切身利益的基本民生问题，是社会经济发展的基本保障。近年来，随着健康甘肃理念的提出和医疗体制改革的深化，各地的医疗服务状况和健康促进的宣传实施都有了一定的发展。本次调查证实，经过近几年政府对医疗服务行业的投入，甘肃省医疗服务状况有了明显的改善，新农合和城镇医疗保险的覆盖率接近90%，民众对甘肃省医疗服务能力、医护人员服务水平、医疗结构分布、健康甘肃建设的进展情况等总体上还是比较认可的。但是，在医疗体制改革和健康促进实施过程中，也存在一定的问题，需要在今后的工作中进一步深化和促进，使甘肃省医疗卫生服务能够更加惠及广大民众，健康甘肃建设的步伐得以加速。

关键词： 健康甘肃　医疗服务　健康促进

健康与医疗是涉及民众切身利益的基本民生问题，健康是促进人的全面发展的必然要求，医疗服务是保证人民健康的基础条件。完善的医

---

* 段翠清，甘肃省社会科学院助理研究员，主要研究方向为农村经济学、生态经济学。

疗服务体系和健康的生活形式，是经济社会发展的基础条件。2014 年，甘肃省卫生计生委、省人社厅、省财政厅印发《关于健康促进模式改革的指导意见》，确定在省内的渭源县、通渭县、庆城县、敦煌市、康县和白银区 6 个县市区开展试点工作，并取得了一定成效。2015 年 10 月 30 日，出台了《甘肃省人民政府办公厅关于健康促进模式改革的指导意见》，提出要建立将健康融入所有政策工作机制的大格局，创新健康管理服务模式，实现公共卫生和医疗服务有机结合。2016 年，甘肃省出台《甘肃省国民经济和社会发展第十三个五年规划纲要》，提出在“十三五”时期要进一步推动“健康甘肃”建设，按照“保基本、强基层、建机制”的要求，统筹推进公共卫生、医疗服务、医疗保健、药品供应、监管体制综合改革，实行医疗、医保、医药联动，推进医药分开和分级诊疗，建立覆盖城乡的基本医疗卫生制度和现代医院管理制度。并且以满足人民群众健康需求、打造“健康甘肃”为目标，深入开展爱国卫生运动，推进城乡环境卫生整洁行动，加强健康教育，倡导健康生活方式和理念，提高全民健康素养水平。

随着健康甘肃政策的推进和医疗体制的改革完善，民众对健康甘肃政策的实施和医疗服务的改善感受又如何？本报告通过问卷调查和实地走访的形式，调查分析甘肃民众对健康甘肃和医疗服务成效的真实感受，对健康甘肃计划和医疗服务体系建设的实施效果做一真实评价，旨在对进一步推动健康甘肃建设和完善医疗服务体系起到一定的促进作用，让民众能够更多地感受到健康甘肃政策所带来的生活的改变和不断完善的基础医疗服务所带来的实惠。

一 被访者基本情况

2017 年，甘肃省社会科学院舆情调研组分别奔赴定西市、临夏回族自治州、武威市、庆阳市四个市州，走访调查民众 600 余人，共发放问卷 650 份，回收有效问卷 621 份（见表 1），问卷有效回收率为

95.54%。被访对象涵盖了国家与社会管理者阶层（9.50%）、国企或私企中的高级管理人员阶层（5.31%）、私营企业主阶层（7.57%）、专业技术人员阶层（12.08%）、办事人员阶层（14.01%）、个体工商户阶层（9.02%）、商业服务业员工阶层（5.80%）、产业工人阶层（11.11%）、农业劳动者阶层（21.09%）、失业人员阶层（4.51%）十大阶层（见图1），包括不识字、小学、初中、高中（中职）、大学本科和研究生及以上学历的城区、城郊、县城、乡镇、农村各个地区的民众，其年龄构成如图2所示。

表1　本次舆情调查问卷分布情况

单位：份，%

地区	问卷数量	所占比例	地区	问卷数量	所占比例
定西市	174	28.02	庆阳市	174	28.02
武威市	177	28.50	临夏州	96	15.46

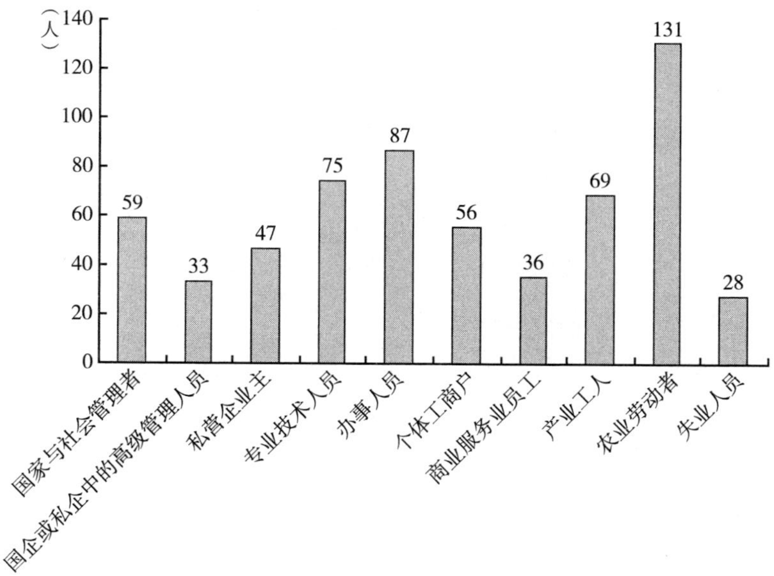

图1　被访对象阶层分布情况

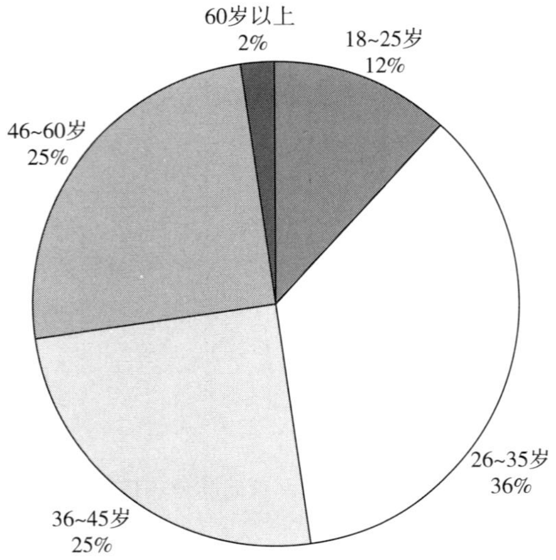

图2　被访对象年龄构成情况

二　问卷调查分析

（一）民众对基本制度的知晓率

1. 有74.31%的被访对象对健康促进政策有一定的了解

健康促进是指运用行政或组织的手段，广泛协调社会各相关部门以及社区、家庭和个人，使其各自履行对健康的责任，共同维护和促进健康的一种社会行为和社会战略。在本次调查中，当问及“您知道健康促进政策”时，有25.87%的被访对象完全不知道健康促进政策，有33.14%的被访对象听说过健康促进政策，但不了解具体的内容，有26.67%的被访对象知晓一部分健康促进的相关政策，有14.32%的被访对象比较了解健康促进政策（见图3）。

调查表明，有74.13%的被访者对健康促进政策有不同程度的了解，但整体而言，民众对事关健康促进的相关政策还不是很了解，民众对事关自己

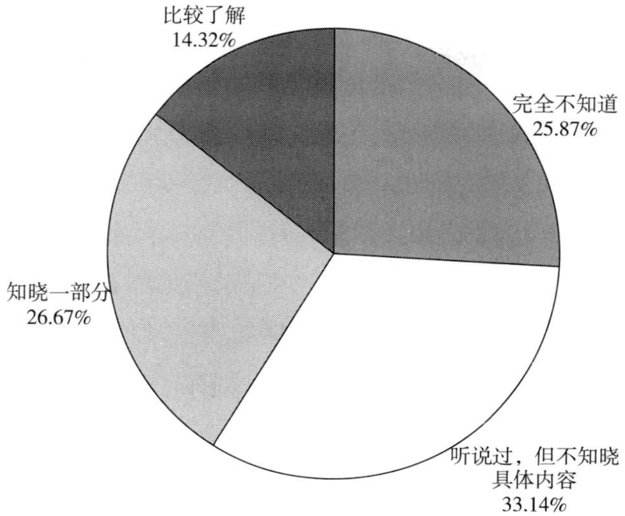

图 3　民众对健康促进政策的了解情况

生活质量的健康认识不够，健康促进政策的宣传还不到位。因此，政府在今后健康甘肃的实施和推动过程中，应该把宣传工作放在首要的位置。让民众知晓健康促进是什么，了解健康促进政策的真正内涵，这是“健康甘肃”推进实施的基本保证。

2. 近九成的被访对象参加了新农合或城镇医疗保险

新型农村合作医疗是指由政府组织、引导、支持，农民自愿参加，个人、集体和政府多方筹资，以大病统筹为主的农民医疗互助共济制度。其采取个人缴费、集体扶持和政府资助的方式筹集资金。在本次调查中，当问及“您是否参加了新农合或城镇医疗保险”时，有 89. 05% 的被访对象表示参加了新农合或城镇医疗保险，只有 10. 95% 的被访对象表示没有参加新农合或城镇医疗保险。新农合或城镇医疗保险覆盖率已达到近九成（见图 4）。

新型农村合作医疗制度从 2003 年起在全国部分县（市）试点，到 2010 年逐步实现基本覆盖全国农村居民。甘肃经过近十年的努力，已基本覆盖全体农民，目前民众已基本参与了医疗保险，医疗服务已基本得到保障。

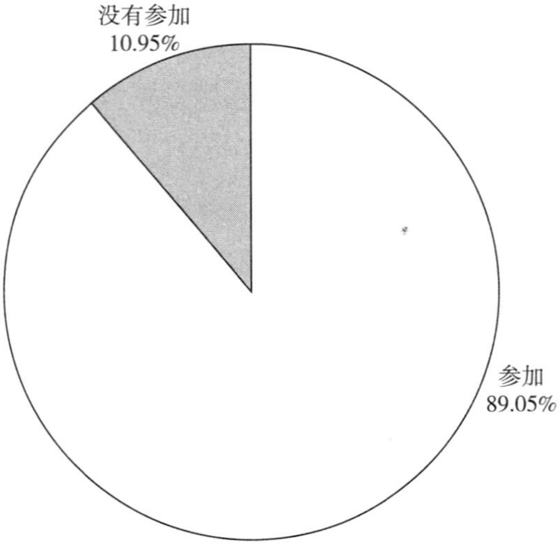

图4　民众参加新农合或城镇医疗保险的情况

（二）民众对医疗服务的满意度调查

1. 有86.47%的被访对象对目前政府所提供的健康医疗服务表示认可

健康医疗服务不仅包括在民众患病时医院所能提供的及时、有效、合理的医疗技术、医药和医疗保障等医疗服务，还包括护理、康复、保健、养生等现代健康服务范畴。在本次调查中，当问及“您对当前政府所提供的健康医疗服务还满意吗”，有86.47%的被访对象对政府当前所提供的健康医疗服务表示认可。其中，有9.66%的被访者表示对政府当前所提供的医疗服务非常满意，有45.09%的被访者表示对政府当前所提供的医疗服务基本满意，有31.72%的被访者表示对政府当前所提供的医疗服务满意度一般。还有13.53%的被访者对政府当前所提供的医疗服务表示不认可，其中有10.95%的被访者表示对政府当前所提供的医疗服务不满意，有2.58%的被访者表示对政府当前所提供的医疗服务非常不满意（见图5）。

2. 有78.58%的被访对象对当地医护人员的医术和服务态度表示认可

医护人员的医疗技术水平是政府提供优质医疗服务的核心，医护人员的服务态度是政府提供优质医疗服务的窗口和前提。在本次调查中，当问及

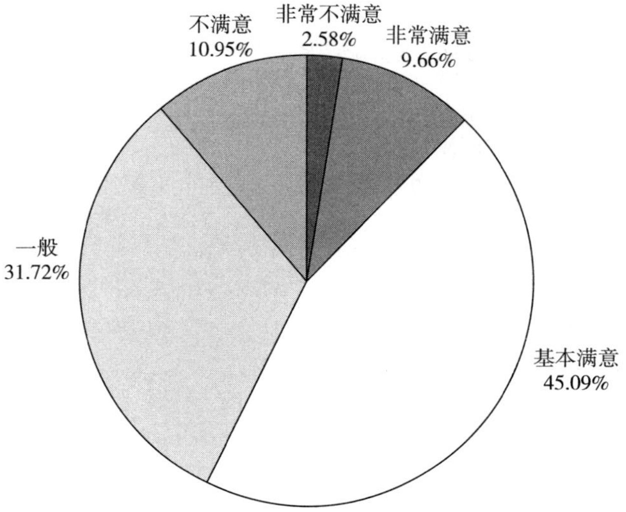

图5　民众对政府所提供的健康医疗服务的满意度情况

“您对当地医护人员的医术和服务态度满意吗”，有78.58%的被访对象对当地医护人员的医术和服务态度表示认可，其中有4.99%的人对当地医护人员的医术和服务态度非常满意，有33.82%的人对当地医护人员的医术和服务态度基本满意，有39.77%的人对当地医护人员的医术和服务态度表示满意度一般；有21.42%的被访对象对当地医护人员的医术和服务态度表示不认可，其中有15.78%的人对当地医护人员的医术和服务态度表示不满意，有5.64%的人对当地医护人员的医术和服务态度表示非常不满意（见图6）。

3. 有79.55%的被访者对当地医疗服务结构和水平表示认可

医疗服务结构包括当地所提供的各级各类定点医疗机构的数量、分布情况，以及药品供应保障体系、公共卫生服务体系、医疗保障体系等各级各类医疗服务项目。在本次调查中，当问及“您对当地医疗服务结构和水平的感受”时，有79.55%的被访者对当地医疗服务结构和水平表示认可，其中有5.48%的被访者对自己生活地区的医疗服务结构和水平评价很好，有22.71%的被访者对自己生活地区的医疗服务结构和水平评价较好，有

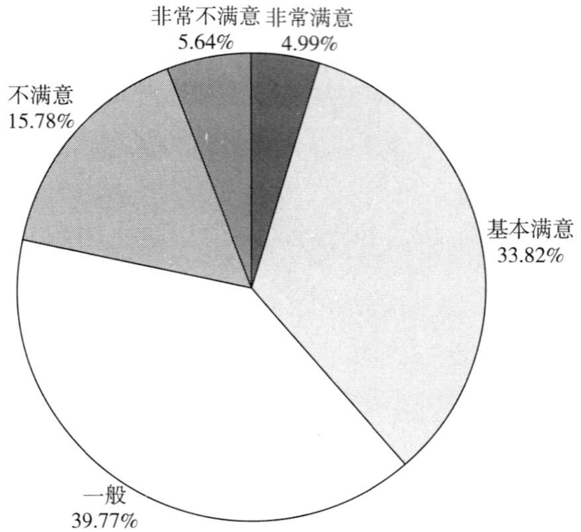

图 6　民众对当地医护人员的医术和服务态度的满意度情况

51.36%的被访者认为自己生活地区的医疗服务结构和水平一般；有20.45%的被访者对当地医疗服务结构和水平表示不认可，其中有15.62%的被访者对自己生活地区的医疗服务结构和水平评价较差，有4.83%的被访者对自己生活地区的医疗服务结构和水平评价很差（见图7）。

4. 有八成以上的被访者认为存在“看病贵、看病难”的问题

“看病贵、看病难”问题是一直困扰政府医疗服务体制改革和民众健康保障的首要问题，也是保证社会和谐稳定的前提。近年来，政府为解决民众“看病贵、看病难”问题，从降低药品价格、提升医护人员的水平、增加大病报销比例等多方面来改善民众“看病贵、看病难”的困扰。在本次调查中，当问及“您生病时会选择如何治疗”时，有54.43%的被访对象会选择去正规医院就诊，有19.65%的被访对象会选择去小诊所就诊，有19.64%的被访对象会自己买药吃，不去医院就诊，还有6.28%的被访对象选择暂时不去医院或诊所就诊，先自己忍住，拖一阵看看（见图8）。而且在问及是否存在“看病贵、看病难”的问题时，有84.54%的被访对象认为存在“看病贵、看病难”的问题，只有15.46%的被访对象认为不存在“看病贵、

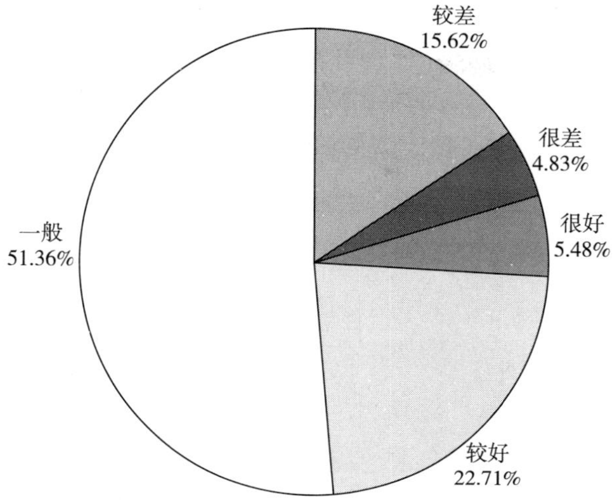

图7　民众对当地医疗服务结构和水平的评价

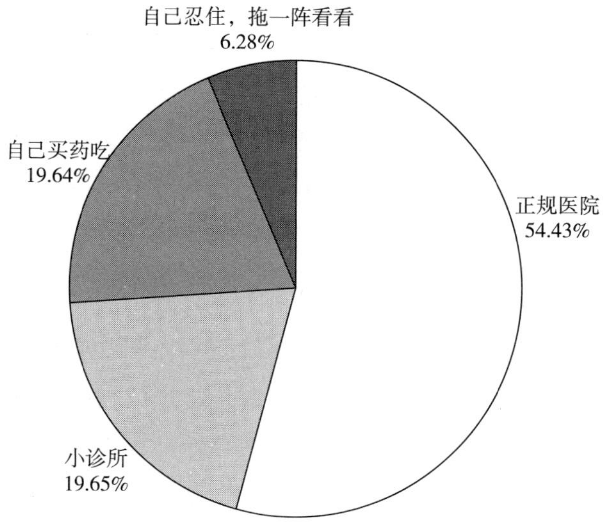

图8　民众在生病时的治疗选择倾向

看病难”的问题（见图9）。

2015年，甘肃省卫生计生委就下发通知，计划在甘肃省医疗组织进行更进一步的医疗服务水平提升。自2015年至2017年，利用3年时间，做到

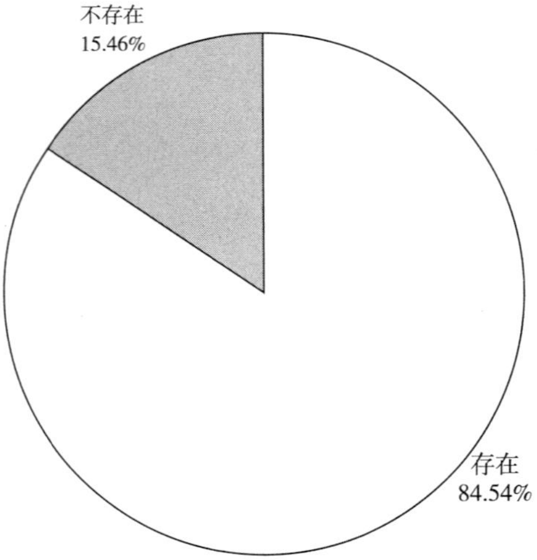

图9　民众对是否存在“看病贵、看病难”问题的评价

让群众便捷就医、安全就医、有效就医、明白就医，医疗服务水平明显提升，群众看病就医感受明显改善，社会满意度明显提高，构建和谐医患关系。通过近3年的努力，甘肃省的医疗服务水平明显得到提高。医患关系紧张的情况得到明显的改善，医护人员的服务态度和服务技术开始得到接受和认可，民众在生病时也愿意去正规大医院进行治疗。

（三）健康甘肃建设情况调查

健康甘肃行动是近几年甘肃在深化医疗卫生体制改革和建立健全医疗卫生体制的基础上，为全面提升民众健康素养而提出的新的健康行动计划。该行动的提出和实施将更好、更有价值和更深层次地提升民众的健康素养，将健康的生活方式渗透到每一位公民的思想中，从而提升民众的生活质量和水平。本次通过健康知晓率、健康宣传、健康活动场所和措施、健康行动计划进程等方面的调查，对健康甘肃行动计划的实施情况和效果进行初步的了解。

1. 有87.60%的被访对象对当前健康教育宣传效果表示认可

对民众进行健康教育，能够使民众养成健康的生活习惯，其宣传效果至关重要，只有让民众从思想上认识到健康生活的重要性，才能使其付诸实践。因此，本次调查专门设计了健康教育宣传效果的问题。在调查中，当问及“您对当前健康教育宣传效果是否满意”时，有87.60%的被访对象对当前健康教育的宣传效果表示认可，其中有6.28%的人对当前健康教育的宣传效果非常满意，有32.69%的人对当前健康教育的宣传效果基本满意，有48.63%的人对当前健康教育的宣传效果表示满意度一般。有12.40%的被访对象对当前健康教育的宣传效果表示不认可，其中有10.31%的人对当前健康教育的宣传效果不满意，有2.09%的人对当前健康教育的宣传效果非常不满意（见图10）。

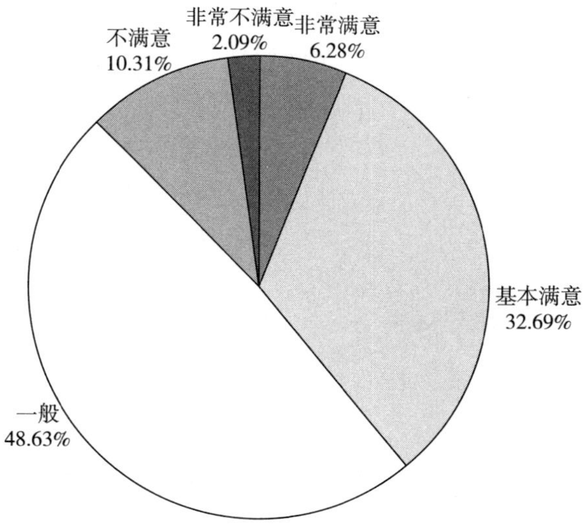

图10　民众对健康教育宣传效果的评价

2. 有59.58%的被访对象对当前生活地区健康运动设施的便捷程度表示认可

为民众提供便捷的体育活动场所和设施，并进行有效的管理是倡导民众进行健康生活的必要措施和前提。因此，在本次调查中，专门对被访对象进行了这方面调查，当问及“您认为当前生活地区健康运动设施的使用是否便捷”时，有59.58%的被访对象认为当前生活地区健康运动设施的使用比较方便，其中有4.99%的人认为当前生活地区健康运动设施的使用非常便捷，有32.53%的人认为当前生活地区健康运动设施的使用基本便捷，有22.06%的人认为当前生活地区健康运动设施的使用还算便捷；有40.42%的被访对象认为当前生活地区健康运动设施的使用不够方便，其中有34.94%的被访对象认为当前生活地区健康运动设施的使用不便捷，有5.48%的被访对象认为当前生活地区健康运动设施的使用非常不便捷（见图11）。

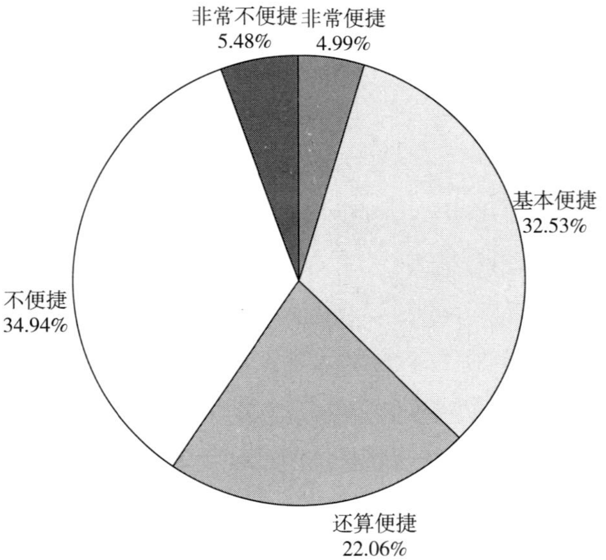

图11　民众对当前生活地区健康运动设施使用情况的评价

3. 有88.73%的被访对象对健康甘肃建设进展做出了积极的评价

近年来，甘肃非常重视健康甘肃的建设，从政策制定、下发到实施，从六个试点地区扩展到全省，从对民众进行健康宣传到健康教育，可以说，健康甘肃的建设已经融入各项政策当中，而且民众对健康甘肃的进展情况也给予了积极的认可和评价。在本次调查中，当问及“您认为健康甘肃建设进程进度如何”时，88.73%的被访对象对健康甘肃的建设速度比较认可，其中有8.05%的民众认为健康甘肃建设进展快速，有25.60%的民众认为健康甘肃建设进展较快，有55.08%的民众认为健康甘肃建设进程相对正常，速度一般；有 11.27% 的被访对象对健康甘肃建设速度不太认可，其中有 9.66% 的民众认为健康甘肃的建设速度比较缓慢，有 1.61% 的民众认为健康甘肃建设速度很缓慢（见图 12）。

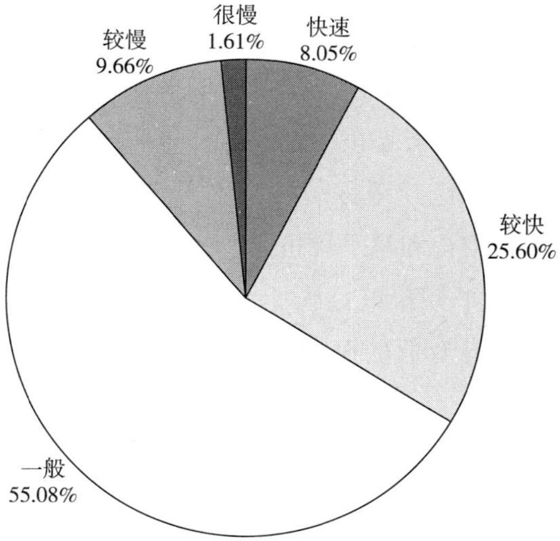

图 12　民众对健康甘肃建设进程的评价

综上所述，在本次调查中，八成以上的被访对象对健康甘肃建设进程给予了一定的认可，健康甘肃在甘肃广大地区也产生了一定的影响力，但仍有待加强，尤其是在健康促进政策的理解、健康教育的宣传效果、健康基础设施的配备以及健康甘肃实施进展的程度方面，被访对象都给予了不同程度的意见，下一步需要进一步加强。

三　结论与分析

（一）医疗基础服务设施比较健全，但医护人员服务态度一般

调查显示，目前基层提供医疗服务的基础服务设施已经比较齐全，有近六成的民众对政府所提供的健康医疗服务表示满意，只有 13.53% 的民众对

当前健康医疗服务不够满意，在被访者中有九成民众已加入新农合或城镇医疗保险。说明近几年，国家对基层地区的医疗投入有了显著的效果，基层医疗服务有了明显的改善。

但是，虽然医疗基础服务设施得以改善，但是医护人员的服务技术和水平并没有达到广大民众的期望。调查显示，六成以上的民众对当前医护人员的医术和服务态度表示不够满意和一般，只有38.81%的民众对当地医护人员的医术和服务态度表示满意，其中有33.82%的民众表示只是基本满意。在对当地医疗服务结构和水平进行调查时也显示，近七成民众对当地医疗服务结构和水平评价差和一般，只有28.19%的民众对当地医疗服务结构和水平评价好。说明甘肃医疗服务的软实力有待提升。先进的医疗设备必须有专业的医护人员熟练操作和使用，才能发挥医疗设备应有的价值。因此，在当前情况下，提升医护人员水平是亟须解决的问题。

（二）健康促进政策的宣传取得一定的效果，但是民众对健康促进政策的知晓程度还是比较低

根据本次调查，甘肃健康促进政策的宣传已取得了一定的效果，但是知晓率不高。在被访对象中有两成以上表示完全不知道健康促进政策。在对健康教育宣传效果进行评价时，被调查民众中有六成以上的民众对其宣传效果表示不够满意和一般，只有约四成的民众对健康教育的宣传效果表示满意，有6.28%的民众表示非常满意。说明无论是健康促进政策的普及还是宣传，效果都还不够理想。而且从知晓率来看，民众对自我健康也不够重视。因此，在今后健康甘肃建设过程中，应把对民众的普及和宣传放在首要位置。

（三）“看病难、看病贵”依旧是民众面对的首要问题

2016年，甘肃省开始推进医疗服务价格改革实施方案，通过改革公立医院补偿机制、改革价格管理体制、理顺医疗服务比价关系等措施，来逐步

缩小政府定价范围，改革医疗服务项目管理，改进价格管理方式，同步调整医疗服务价格。这些措施的实施，在一定程度上减少了患者看病的负担，但是调查显示，有八成以上的被访对象认为存在“看病难”和“看病贵”的问题，认为当前看病费用较高，难以承受。

而且在治疗方式的倾向上，虽然有五成以上的被访对象选择去正规的大医院进行治疗，但是这些选择去正规医院进行治疗的被访对象中，有60%以上的是从事管理工作或者专业技术工作的人员。从学历层次上看，在被调查人群中，有75%以上的具有研究生及以上学历和60%以上的具有大学本科学历的被访对象会选择去正规医院看病，而只有20%的具有小学学历的被访对象会选择去正规医院看病。说明学历越高，或者在收入越稳定的情况下，人们对自身健康状况才会越重视。

（四）基础活动场所和设施有了一定程度的推广，但是总体上体育设施的配备还不够齐全，健康活动的场所仍然比较欠缺

调查显示，只有两成左右的被访对象认为自己生活地区配备了比较齐全的体育器材和场所，平时使用起来也较便捷。有四成以上的被访对象认为当地生活地区基本不能使用体育设施来进行平时的体育锻炼。而且从被访对象的居住地区来看，居住在农村地区的被访对象中，有65%以上的人认为自己生活地区缺乏体育器材进行体育锻炼；居住在乡镇地区的被访对象中，有50%以上的人认为自己生活地区不能提供便捷的体育设施和场所进行平时的锻炼。而认为自己生活地区所配备的体育器材和活动场所比较便捷的被访对象中，有八成以上是生活在城市和城郊地区的人。说明在广大农村地区，健康活动场所和设施还比较欠缺。

拥有便捷的体育锻炼器材和活动场所是民众养成健康生活习惯的基本保证，是健康甘肃建设的基本保证，只有建立基本的保障民众活动的场所，民众才会自觉地进行体育锻炼，养成良好的锻炼习惯，形成良好的健康生活习惯。

（五）健康甘肃的实施有一定的起色，但进程速度总体不够理想

健康促进政策自 2015 年在甘肃实行以来，不同程度地惠及不同地区的民众。但是本次调查显示，只有两成以上的被访对象认为健康甘肃的进程较快，符合政府重点工作的进程。有近一成的被访对象认为健康甘肃的进程总体是偏慢的，有五成以上的被访对象认为健康甘肃的进程一般。健康甘肃作为省委、省政府重点建设的工程，早在 2015 年就开始着手实施，并在 2016 年明确指出将健康促进融入所有政策中去，但是从成效上看，健康甘肃的效果和实施速度并没有预想得那么好。

四　提升甘肃医疗服务水平、推进健康甘肃建设的对策建议

（一）建立以政府为主导的多元化办医体制

医疗服务作为社会公共事业中的一项重要民生工程，对促进社会和谐、稳定社会团结具有重要的保障作用。因此，政府要明确其在健康医疗服务体制中的主导作用，特别是对乡镇地区、偏远农村地区、新建地区等薄弱区域的医疗卫生体制建设，以满足群众基本的医疗卫生需求，降低该地区对外就医的出诊率。作为本地区的第一负责人，应亲自抓医疗卫生体制改革，建立以一把手为第一负责人、分管领导以及相关部门责任人为主要成员的医疗卫生服务体制改革小组，着手健康甘肃建设工程。要以降低与医疗服务相关的服务项目价格、提高医疗服务机构和人员业务素养为主要目标，逐步扩大新农合和城镇医疗保险报销范围。并在保证医疗机构正常运转的情况下，降低药品和服务价格，逐步取消药品加成，以建立优质和专业的服务体系为发展目标，进而代替以药补医的运行制度。

在医院体制建设方面，应重点增强中医、儿科、妇产、精神卫生、全科、传染病、老年护理、口腔、康复等薄弱领域的服务能力。在布局方面，

应着重向县域地区、乡镇地区倾斜，提升这些地区的医疗服务能力和资源使用效率，缓解省级医院的门诊压力，减少患者的开支。除此之外，政府应鼓励社会力量投入医疗卫生服务行业，引导其以稀缺的医疗卫生服务行业为主要方向和领域。鼓励公立医院与社会力量以合资合作的方式共同创办新的非营利性医疗机构，探索公立医院有形资产和无形资产科学评估办法，形成投入主体多元化、投入方式多样化的办医格局。

（二）加强医疗体制机制改革，多方面推进以投入换机制

要深入推进“三医联动”改革，增强改革的系统性和协调性。在医疗方面，通过大力整顿药品流通秩序，实行“一品两规”和“两票制”，挤压药价中的虚高“水分”；在医保方面，要积极推进医保经办管理整合，充分发挥医保控费作用；在医疗方面，推进公立医院体制机制综合改革，调整优化医院收入结构，通过“腾笼换鸟”降低药品、耗材、检查和化验收入所占比重，提高医务性收入所占比重。

要严格控制医疗费用过快增长，增强群众的获得感。在当前 GDP 增长放缓的情况下，卫生费用不能维持前几年的高速增长，否则将导致医疗卫生制度的不可持续。在县级公立医院和试点城市公立医院全面推进按病种付费、按人头付费和总额预付等复合型付费方式改革，并设定控制目标，作为医改成效的重要考核标准。要建立健全医保筹资和报销比例调整机制，增强机制制度的可持续性。加强公立医院财务和预算管理，提高运行的透敏度。建立健全公立医院全面预算管理制度、成本管理制度、注册会计师审计制度、财务信息公开制度和三级医院总会计师制度，切实强化公立医院监管，并通过加强财务和预算管理促进公立医院推进内部管理制度改革，提高医院运行效率。

（三）积极打造健康社区，提升民众疾病预防能力

常言道：积小胜为大胜。在建设健康甘肃的过程中，最关键的在于预防，而在疾病防治体系中，社区的卫生服务能力不容忽视。健康社区作为重

要的基层医疗机构之一，不仅要为居民提供医疗服务，还扮演着居民健康“守门人”等重要角色。打造健康社区，重点要围绕三个核心：一是有益于身心健康的自然和社会环境。要在保证饮水、食品等安全的同时，增强医疗救护能力。二是社区的成员要具有一定的健康素养。健康社区不仅要靠素养硬件支持，还要提高居民获得、处理、理解基本健康信息与服务的能力，从而做出有益于健康的决策。三是在健康社区内，人人都能够享有基本的适宜的为健康服务的机会和待遇。

（四）加大对健康知识的宣传和普及力度

如今，随着经济繁荣、物质丰富，告别只图“吃饱穿暖”阶段的当代民众，对身心健康有了更高的要求。但是，大多数民众对健康生活知识的了解还不全面，甚至有些农村居民对于类似摄入盐分过多、忽视口腔卫生这些细节会对人体健康产生影响都不了解。因此，有效并广泛地传播健康的生活方式特别有必要。在传播健康知识时，要根据传播对象和地区，设置因地制宜的传播内容和方式，对一些互联网上的虚假信息要及时有效地进行杜绝。要确保公众获得科学、适用、可操作性强、具有行为指导性的健康信息，能够将疾病预防的关口前移，从而降低疾病的发生率。并通过对村医进行标准化培训，帮助农村居民建立健康的生活方式。

（五）加快发展和提升中医药保健服务能力，树立防治结合、中西医并重的建设思想

坚持中西医并重方针，以积极、科学、合理、高效为原则，做好中医医疗服务资源配置。充分发挥中医医疗预防保健特色优势，不断完善由中医医疗机构、基层中医药服务提供机构和其他中医药服务提供机构共同组成的中医医疗服务体系，加快中医医疗机构建设与发展，加强综合医院、专科医院中医临床科室和中药房设置，增强中医科室服务能力。加强中医药人才培养，完善中医药人才评价机制。持续开展“西医学中医、中医学经典”和中医药五级师承教育工作，加强中医住院医师规范化培训和骨干医师培训等

工作，继续做好名中医和中医世家评选工作。充分发挥中医药在医疗康复护理服务领域的特色优势和在健康服务业中的优势。鼓励民营企业积极参与中医药产业的发展，建立中医药健康服务体系，支持发展中医特色养老、康复等服务，培育发展中医药文化和健康旅游产业。大力推进中医药服务贸易和对外交流，积极创建国家中医药产业发展综合试验区，促进中医药资源可持续发展，支持相关健康产品研发、制造和应用。统筹用好中西医两方面资源，提升基层西医和中医两种手段的综合服务能力，到 2020 年，力争使所有社区卫生服务机构和乡镇卫生院、70% 的村卫生室具备中医药服务能力。

充分发挥中医“治未病”和“简、便、验、廉”的特色，强化中医药在常见病、慢性病防治中的优势作用，促进中医药适宜技术的广泛应用。充分利用甘肃省在中医药种植方面的自然资源优势，把药用植物种植与退耕还林、植树造林、生态保护相结合，建立中医药种植大棚基地。挖掘中医药服务的特色和优势，推动甘肃省有实力的中医馆、国药馆连锁化经营。积极发展社区健康养老服务；依托幸福寓所、日间照料中心、养老机构等阵地，加强医养结合，建立与居家养老服务体系相适应的医养护一体化服务体系，提高社区卫生机构为居家老年人提供日常护理、慢性病管理、康复、健康教育和咨询等服务的能力。坚持养老与养生相结合，将中医药养生保健和“治未病”理念融入养老全过程，发挥中医药在老年疾病预防、治疗、康复等方面的作用，提升老年人身心健康和生活质量。

（六）加强人才队伍建设，提升卫生服务能力

加强基层人才队伍建设，严格卫生技术人员岗位准入制度。推进乡村医生向执业助理医师和执业医师转化，加强村医培训。提升基层医疗卫生人员学历层次，到 2020 年，累计为农村培养 1 万名本土型、扎根型大专以上基层医学人才。加强以全科医师为重点的社区卫生人才队伍建设，建立临床培训基地和基层实践基地。医疗卫生机构加强继续医学教育和在职培训的功能，落实县级及以下医疗卫生机构卫生技术人员接受 3 个月以上的半脱产培训并实现培训全覆盖。每个县建立 1 个卫生计生人才培养基地，将老年医

学、康复、护理、儿科、妇产科、乡村医生作为急需紧缺人才纳入卫生计生人员培训规划。

加大实用型人才培养力度，支持有条件的卫生学校升级为卫生职业学院。鼓励高等医学院校预防医学类专业毕业生到基层公共卫生及计生机构工作，提高人员学历水平。加强中医药人才队伍建设。建立健全卫生监督人员培养体系，推进卫生监督员职位分级管理试点工作。认真落实护理岗位管理制度，加强专科护士培训，充实临床一线护士队伍，提高护理人员待遇。完善住院医师规范化培训制度。到 2020 年，全省各级各类医疗机构所有新进拟从事临床工作的临床医学类、口腔医学类、中医类和中西医结合类本科及以上学历毕业生均需接受住院医师规范化培训。

（七）提高全民健康素养，加大学校健康教育力度

推进全民健康生活方式行动，强化家庭和高危个体健康生活方式指导及干预，开展健康体重、健康口腔、健康骨骼等专项行动，到 2030 年基本实现以县（市、区）为单位的全覆盖。开发推广促进健康生活的适宜技术和用品。建立健康知识和技能核心信息发布制度，健全覆盖全国的健康素养和生活方式监测体系。建立健全健康促进与教育体系，提高健康教育服务能力，从小抓起，普及健康科学知识。加强精神文明建设，发展健康文化，移风易俗，培育良好的生活习惯。各级各类媒体加大健康科学知识宣传力度，积极建设和规范各类广播电视等健康栏目，利用新媒体拓展健康教育。

将健康教育纳入国民教育体系，把健康教育作为所有教育阶段素质教育的重要内容。以中小学为重点，建立学校健康教育推进机制。构建相关学科教学与教育活动相结合、课堂教育与课外实践相结合、经常性宣传教育与集中式宣传教育相结合的健康教育模式。培养健康教育师资，将健康教育纳入体育教师职前教育和职后培训内容。

群众认知篇

Mass Cognition

B.7

农民群体对精准扶贫及扶贫方式的评价和建议

侯万锋*

摘　要： 本报告以农民群体为调查对象，了解这一阶层对精准扶贫及扶贫方式的评价、看法和期盼。从调查数据分析看，大多数被访者认为甘肃精准扶贫的整体成效较为明显，对创新精准扶贫方式的总体评价较高，对通过精准扶贫改变贫困抱有信心和希望，但也有一些被访者认为在精准扶贫实践中还有一些问题和不足，存在诸多制约因素，亟须破解和消除。要持续纵深推进精准扶贫基本方略，必须树立精准思维，明晰扶贫思路，突出扶贫重点，创新扶贫机制，强化扶贫督查，增

* 侯万锋，甘肃省社会科学院科研处副处长、副研究员，主要研究方向为农村政治学、民族政治学、地方治理等。

强扶贫的内生动力。

关键词： 甘肃农民群众　精准扶贫　扶贫方式

“十三五”时期，全面小康是主旋律，脱贫攻坚是关键词。甘肃地处我国西北部，自然条件不佳，经济基础薄弱，历来是贫困多发地区。当前，甘肃58个片区县和17个“插花型”贫困县中，80%的贫困村和66%的贫困人口集中在六盘山片区、秦巴山片区和藏区三大片区，山大沟深，高寒阴湿，生态脆弱，灾害频发。近年来，甘肃省委、省政府深入学习贯彻习近平总书记扶贫开发重要战略思想，充分把握省情，立足贫困面大、贫困程度深、脱贫难度大的实际，坚持把脱贫攻坚作为“一号工程”统揽经济社会发展全局，最大限度地挖掘、整合、利用好有限的资源和力量，围绕贫困对象、目标、内容、方式、考核、保障“六个精准”，制定出台了“1+17”精准扶贫、精准脱贫工作方案，进一步健全完善了扶贫开发的责任体系、政策体系、制度体系、社会动员体系和督查考核体系。贫困地区党委和政府也把脱贫攻坚作为首要任务，全面有序推进了精准扶贫、精准脱贫的各项重点工作，取得了显著成绩。据统计，2016年，甘肃减贫100万人以上，贫困发生率降至9%左右，贫困识别准确率、贫困退出准确率、脱贫稳定率、因村因户帮扶工作群众满意度均在99%以上，已稳定实现了扶贫对象不愁吃、不愁穿。尽管如此，在精准扶贫、精准脱贫实践中仍存在县域经济发展缓慢、基础设施和公共服务滞后、基层基础工作还很薄弱等问题，还有不少“硬骨头”要“啃”。因此，要推进精准扶贫、精准脱贫向纵深发展，只有着力创新精准扶贫方式，方能补齐甘肃脱贫攻坚的突出短板。本报告以农民群体为调查对象，把农民群众对精准扶贫及扶贫方式的评价和建议作为专题予以实证分析，目的在于了解农民群体对精准扶贫及扶贫方式的评价、看法和期盼，提出推进精准扶贫精准脱贫、创新精准扶贫方式的对策建议，以期为省委、省政府提供一定的决策参考。

一　被访者的基本情况

课题组选取甘肃兰州市皋兰县、武威市凉州区、金昌市永昌县、庆阳市宁县、平凉市灵台县5市州5县区作为重点调查区域，以在村农民和进城务工人员为重点调查对象，以问卷调查为主要形式展开调查。本次调查共发放问卷210份，收回有效问卷204份，有效问卷回收率为97.14%。从性别比例看，男性148人，占72.55%；女性56人，占27.45%。从年龄分布看，18~25岁的15人，占7.35%；26~35岁的29人，占14.22%；36~45岁的55人，占26.96%；46~60岁的72人，占35.29%；60岁以上的33人，占16.18%。从政治面貌看，共产党员39人，占19.12%；群众163人，占79.90%；无党派或民主党派1人，占0.49%；共青团员1人，占0.49%。从文化程度看，不识字的18人，占8.82%；小学文化程度的60人，占29.42%；初中文化程度的69人，占33.82%；高中或中专文化程度的35人，占17.16%；大专及以上文化程度的22人，占10.78%。从婚姻状况看，未婚的17人，占8.33%；已婚的152人，占74.51%；丧偶的27人，占13.24%；离婚的8人，占3.92%。从家庭主要收入来源看，以种地为主的82人，占40.20%；以打工为主的83人，占40.69%；以经商为主的17人，占8.33%；以其他收入为主的22人，占10.78%。从家庭人数看，1人家庭的4人，占1.96%；2人家庭的28人，占13.73%；3人家庭的46人，占22.55%；4人家庭的59人，占28.92%；5人及以上家庭的67人，占32.84%（见表1）。

表1　被访者的基本情况

单位：人，%

调查项目		人数	百分比
性别	男	148	72.55
	女	56	27.45

续表

调查项目		人数	百分比
年龄	18～25岁	15	7.35
	26～35岁	29	14.22
	36～45岁	55	26.96
	46～60岁	72	35.29
	60岁以上	33	16.18
政治面貌	共产党员	39	19.12
	无党派或民主党派	1	0.49
	共青团员	1	0.49
	群众	163	79.90
文化程度	不识字	18	8.82
	小学	60	29.42
	初中	69	33.82
	高中或中专	35	17.16
	大专及以上	22	10.78
婚姻状况	未婚	17	8.33
	已婚	152	74.51
	丧偶	27	13.24
	离婚	8	3.92
家庭主要收入来源	种地	82	40.20
	打工	83	40.69
	经商	17	8.33
	其他	22	10.78
家庭人数	1人	4	1.96
	2人	28	13.73
	3人	46	22.55
	4人	59	28.92
	5人及以上	67	32.84

资料来源："2018甘肃蓝皮书·舆情篇"课题组"农民群体对精准扶贫及扶贫方式的评价和建议"的问卷统计结果。

二　对精准扶贫的评价与看法

（一）97.55%的被访者认为甘肃对精准扶贫是较为重视的，总体评价很高

就“您认为甘肃对精准扶贫重视程度如何”的调查项目看，选择“非常重视”的61人，占29.90%；选择“比较重视”的94人，占46.08%；选择“还可以”的44人，占21.57%；选择“不重视”的4人，占1.96%；选择“很不重视”的1人，占0.49%（见图1）。图1表明，97.55%的被访者认为甘肃对精准扶贫“非常重视”“比较重视”“还可以”，仅有2.45%的被访者认为“不重视”“很不重视”。总体评价很高，只是重视程度不同。

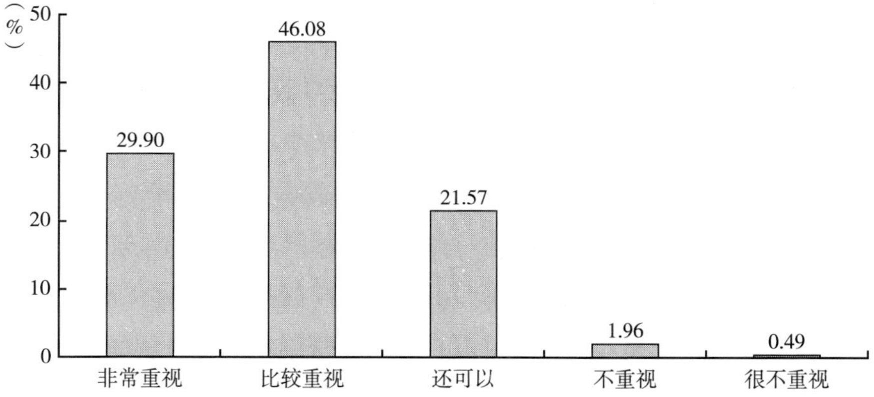

图1　被访者就甘肃对精准扶贫重视程度的总体评价

（二）95.10%的被访者认为十八大以来甘肃精准扶贫成效是明显的，整体效果不错

就“您觉得党的十八大以来甘肃精准扶贫的成效如何”的调查项目看，选择“成效显著”的35人，占17.16%；选择“成效较好”的109人，占

53.43%；选择“有一定成效”的 50 人，占 24.51%；选择“没有成效”的 8 人，占 3.92%；选择“不好说”的 2 人，占 0.98%（见图 2）。图 2 表明，95.10% 的被访者认为，党的十八大以来甘肃精准扶贫“成效显著”、“成效较好”和“有一定成效”，仅有 4.90% 的被访者认为“没有成效”和“不好说”。

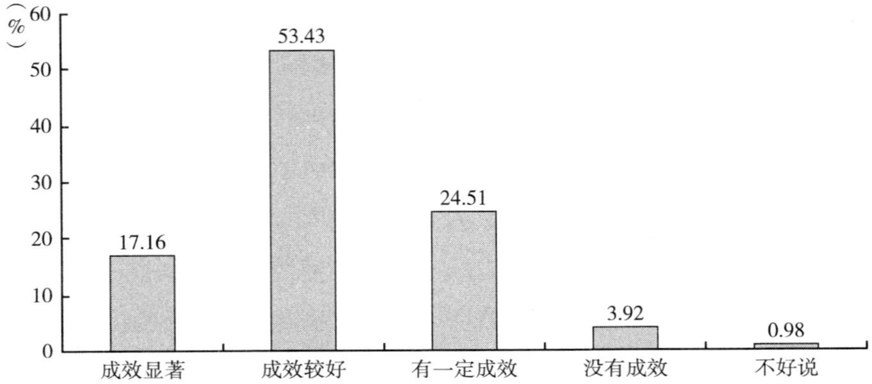

图 2　被访者对十八大以来甘肃精准扶贫成效的看法

（三）96.57% 的被访者认为精准扶贫政策对农村困难群体的帮助较大，持肯定看法

就“您觉得精准扶贫政策对农村困难群体的帮助如何”的调查项目看，选择“非常大”的 30 人，占 14.71%；选择“比较大”的 113 人，占 55.39%；选择“还可以”的 54 人，占 26.47%；选择“很小”的 4 人，占 1.96%；选择“不清楚”的 3 人，占 1.47%（见图 3）。图 3 表明，96.57% 的被访者认为精准扶贫政策对农村困难群体的帮助“非常大”“比较大”“还可以”，仅有 3.43% 的被访者认为“很小”和“不清楚”。

三　对精准扶贫方式的评价与看法

（一）89.22% 的被访者认为结对帮扶的整体效果不错

就“您觉得结对帮扶的效果如何”的调查项目看，选择“效果很好”

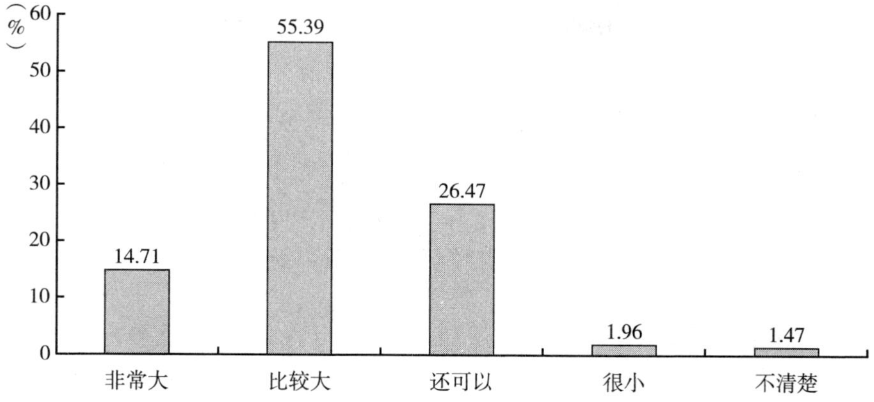

图 3　被访者对精准扶贫政策对农村困难群体帮助程度的看法

的 26 人，占 12.75%；选择“效果较好”的 92 人，占 45.10%；选择“效果一般”的 64 人，占 31.37%；选择“效果不大”的 17 人，占 8.33%；选择“没什么效果”的 5 人，占 2.45%（见图 4）。从图 4 可以看出，89.22% 的被访者认为结对帮扶的“效果很好”“效果较好”“效果一般”，仅有 10.78% 的被访者认为“效果不大”和“没什么效果”，总体评价高，持肯定看法。

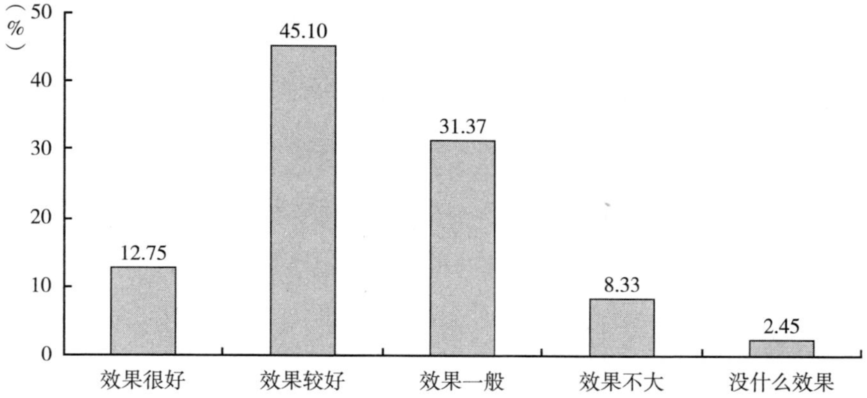

图 4　被访者对结对帮扶对农村困难群体帮助程度的看法

（二）92.65%的被访者认为加大教育投入对改变农村贫困面貌的成效明显

就“您认为加大教育投入对改变本村贫困面貌的成效如何”的调查项目看，选择“成效显著”的34人，占16.67%；选择“成效较好”的71人，占34.80%；选择“有一定成效”的84人，占41.18%；选择“没有成效”的8人，占3.92%；选择“不好说”的7人，占3.43%（见图5）。从图5可以看出，92.65%的被访者认为加大教育投入对改变本村贫困面貌“成效显著”“成效较好”“有一定成效”，仅有7.35%的被访者认为“没有成效”和“不好说”。

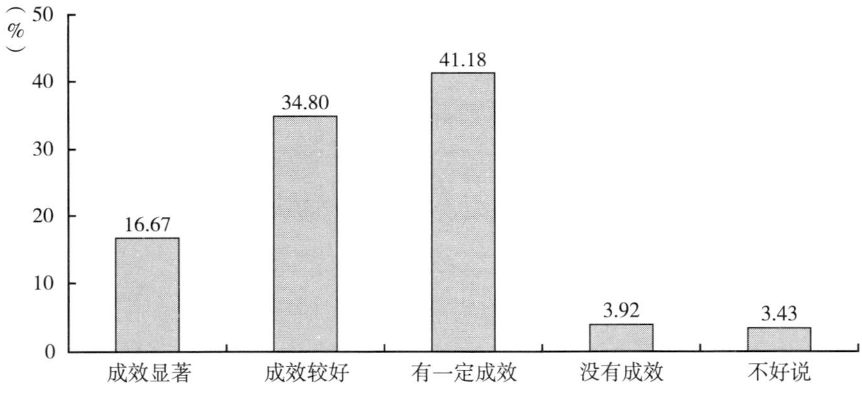

图5　被访者对加大教育投入改变本村贫困面貌的看法

（三）93.63%的被访者认为加强劳动技能培训对改变农村贫困面貌的成效较突出

就“您认为加强劳动技能培训对改变本村贫困面貌的成效如何”的调查项目看，选择“成效显著”的29人，占14.22%；选择“成效较好”的66人，占32.35%；选择“有一定成效”的96人，占47.06%；选择“没有成效”的8人，占3.92%；选择“不好说”的5人，占2.45%（见图

6）。从图 6 可以看出，93. 63% 的被访者认为加强劳动技能培训对改变本村贫困面貌“成效显著”“成效较好”“有一定成效”，仅有 6. 37% 的被访者认为“没有成效”和“不好说”。

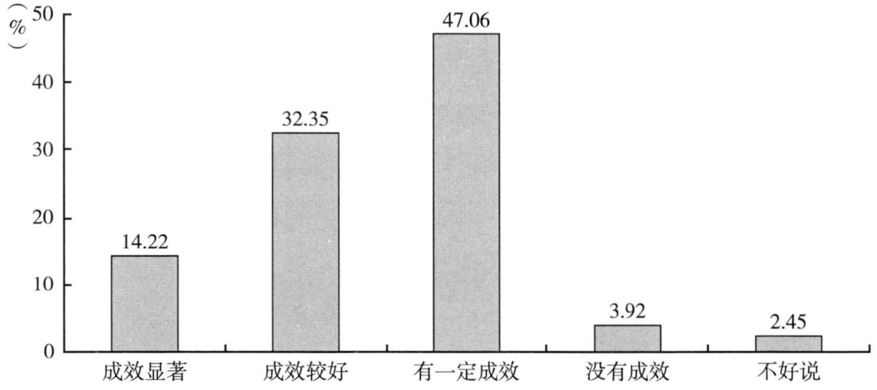

图 6　被访者对加强劳动技能培训改变本村贫困面貌的看法

（四）94.61%的被访者认为加强社会保障对改变农村贫困面貌的成效较为显著

就“您认为加强社会保障对改变本村贫困面貌的成效如何”的调查项目看，选择“成效显著”的 26 人，占 12. 75%；选择“成效较好”的 70 人，占 34. 31%；选择“有一定成效”的 97 人，占 47. 55%；选择“没有成效”的 7 人，占 3. 43%；选择“不好说”的 4 人，占 1. 96%（见图 7）。从图 7 可以看出，94. 61% 的被访者认为加强社会保障对改变本村贫困面貌“成效显著”“成效较好”“有一定成效”，仅有 5. 39% 的被访者认为“没有成效”和“不好说”。

（五）82.84%的被访者认为实施搬迁移民扶贫对改变农村贫困面貌的成效明显

就“您认为实施搬迁移民扶贫对改变本村贫困面貌的成效如何”的调

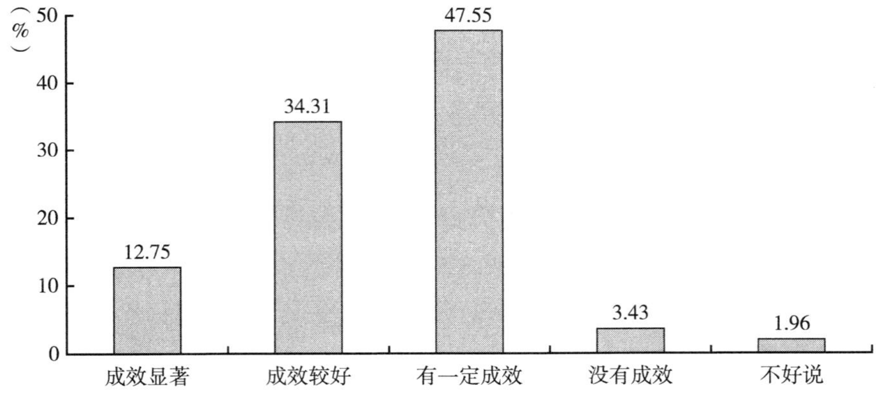

图7 被访者对加强社会保障改变本村贫困面貌的看法

查项目看，选择“成效显著”的14人，占6.86%；选择“成效较好”的54人，占26.47%；选择“有一定成效”的101人，占49.51%；选择“没有成效”的9人，占4.41%；选择“不好说”的26人，占12.75%（见图8）。从图8可以看出，82.84%的被访者认为实施搬迁移民扶贫对改变本村贫困面貌“成效显著”“成效较好”“有一定成效”，有17.16%的被访者认为“没有成效”和“不好说”。

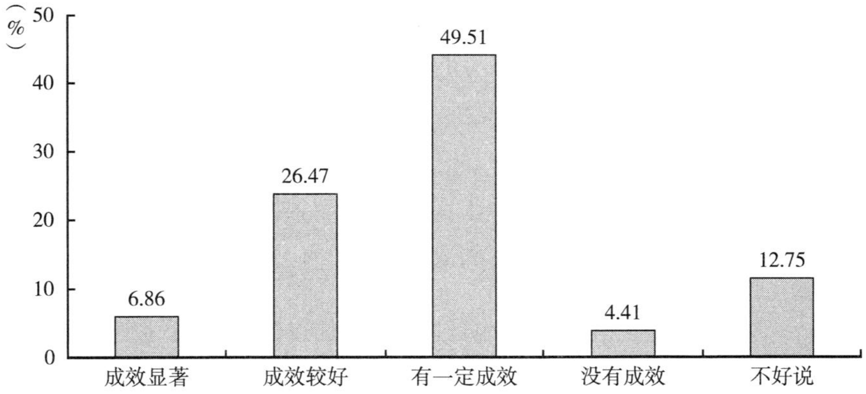

图8 被访者对实施搬迁移民扶贫改变本村贫困面貌的看法

（六）95.10%的被访者认为开展就业扶贫对改变农村贫困面貌的成效明显

就“您认为开展就业扶贫对改变本村贫困面貌的成效如何”的调查项目看，选择“成效显著”的13人，占6.37%；选择“成效较好”的77人，占37.75%；选择“有一定成效”的104人，占50.98%；选择“没有成效”的3人，占1.47%；选择“不好说”的7人，占3.43%（见图9）。从图9可以看出，95.10%的被访者认为开展就业扶贫对改变本村贫困面貌“成效显著”“成效较好”“有一定成效”，仅有4.90%的被访者认为“没有成效”和“不好说”。

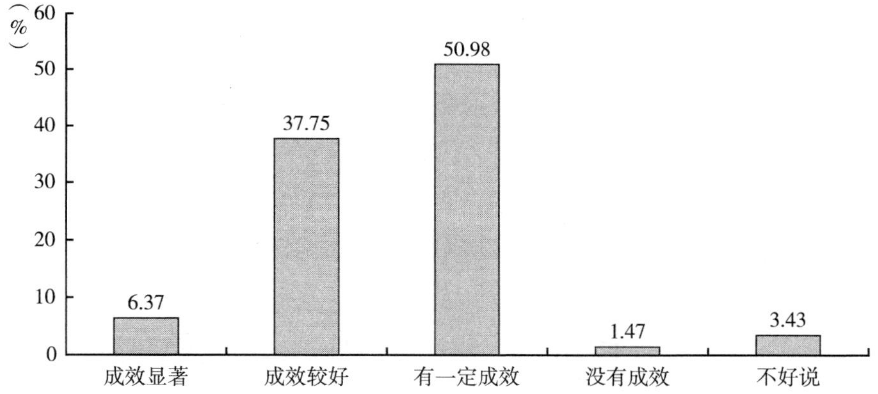

图9　被访者对开展就业扶贫改变本村贫困面貌的看法

（七）77.45%的被访者认为发展电商对改变农村贫困面貌的成效较明显

就“您认为发展电商对改变本村贫困面貌的成效如何”的调查项目看，选择“成效显著”的14人，占6.86%；选择“成效较好”的47人，占23.04%；选择“有一定成效”的97人，占47.55%；选择“没有成效”的18人，占8.82%；选择“不好说”的28人，占13.73%（见图10）。从图

10 可以看出，77.45%的被访者认为发展电商对改变本村贫困面貌“成效显著”“成效较好”“有一定成效”，有 22.55%的被访者认为“没有成效”和“不好说”。

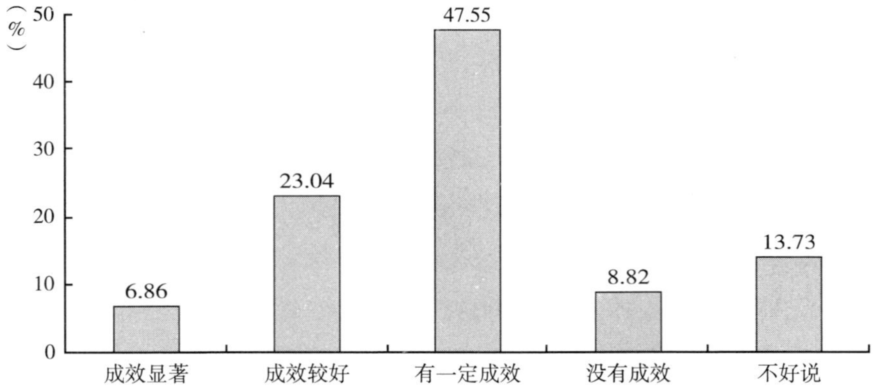

图 10　被访者对发展电商改变本村贫困面貌的看法

四　对精准扶贫改变贫困面貌的看法

（一）94.61%的被访者对精准扶贫改变农村落后面貌抱有信心，主体意识较强

就“您对精准扶贫改变农村落后面貌有多大信心”的调查项目看，选择“有很大信心”的 23 人，占 11.27%；选择“有较大信心”的 77 人，占 37.75%；选择“有一定信心”的 93 人，占 45.59%；选择“没有信心”的 7 人，占 3.43%；选择“不好说”的 4 人，占 1.96%（见图 11）。从图 11 不难看出，94.61%的被访者对精准扶贫改变农村落后面貌有“有很大信心”“有较大信心”“有一定信心”，仅有 5.39%的被访者认为“没有信心”和“不好说”。

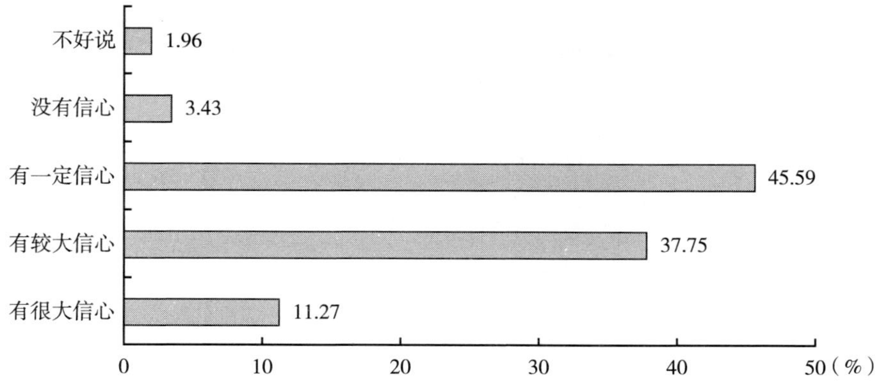

图 11　被访者对精准扶贫改变农村落后面貌的信心

（二）94.12%的被访者对精准扶贫改变家庭贫困面貌抱有希望，期望值较高

就“您对精准扶贫改变家庭贫困面貌抱有多大希望”的调查项目看，选择“抱有很大希望”的 26 人，占 12.75%；选择“抱有较大希望”的 75 人，占 36.76%；选择“抱有一定希望”的 91 人，占 44.61%；选择“不抱希望”的 7 人，占 3.43%；选择“不好说”的 5 人，占 2.45%（见图 12）。从图 12 不难看出，94.12%的被访者对精准扶贫改变家庭贫困面貌“抱有很大希望”“抱有较大希望”“抱有一定希望”，仅有 5.88%的被访者表示“不抱希望”和“不好说”。

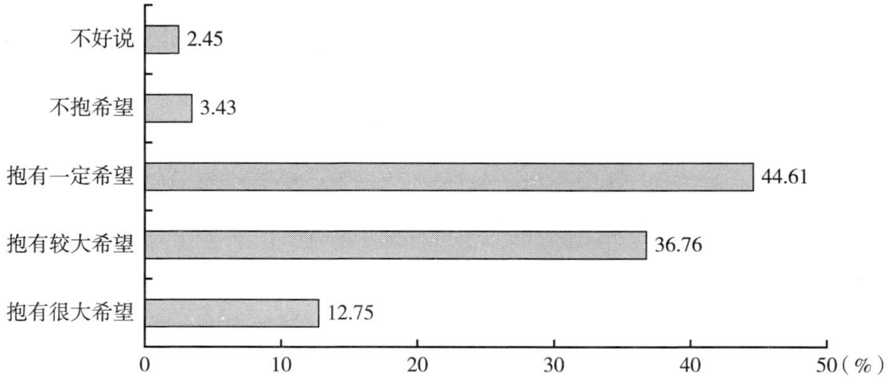

图 12　被访者对精准扶贫改变家庭贫困面貌的希望

五　对精准扶贫存在问题及制约因素的看法

（一）被访者认为目前甘肃精准扶贫存在的问题是多层面的，但扶智是第一位的，重点要通过培育富民产业增强发展的可持续性

就“您认为目前甘肃精准扶贫面临的主要问题”的多选调查项目看，选择“如何拓宽增加收入渠道”的114人次，选择“如何加强富民产业培育”的128人次，选择“如何加快帮扶方式转变”的84人次，选择“如何解决扶贫资金单一”的92人次，选择“如何摆脱干部被动应付”的91人次，选择“如何改变贫困群众态度”的131人次，选择“如何引导社会力量参与”的89人次，选择“其他”的7人次（见图13）。从图13不难看出，从被访者认为目前精准扶贫存在的主要问题看，排在前三位的分别是“如何改变贫困群众态度”“如何加强富民产业培育”“如何拓宽增加收入渠道”。这表明，甘肃推进精准扶贫、精准脱贫，既要扶贫先扶智，增强贫困群众的内生动力，又要注重富民产业培育，拓宽农民增加收入的渠道，确保贫困村的可持续发展。

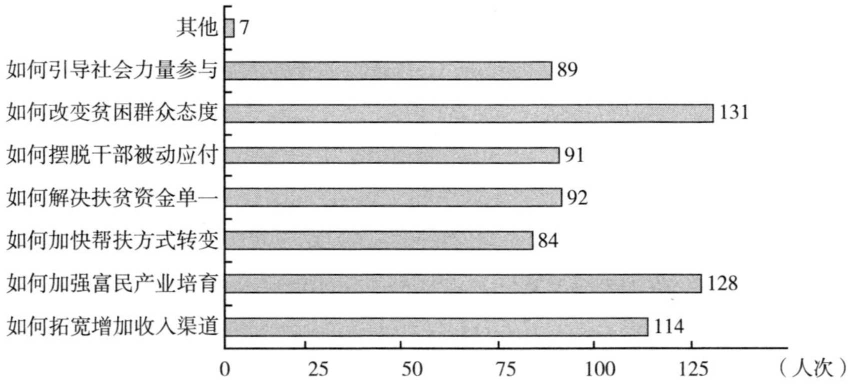

图13　被访者对精准扶贫面临主要问题的看法

（二）被访者认为导致农村贫困的因素是综合性的，但要把增强内生动力放在第一位，把着力点放在产业结构调整和增加科技含量上

就“您认为导致本村贫困的因素”的多选调查项目看，选择“自然条件恶劣”的91人次，选择“政府扶持力度不够”的88人次，选择“农村产业结构不合理”的111人次，选择“村干部能力不强”的63人次，选择“农村科技水平低下”的107人次，选择“农民缺乏资金支持”的96人次，选择“农村交通较为闭塞”的60人次，选择“农民致富意识不强”的120人次，选择“其他”的4人次（见图14）。从图14不难看出，被访者认为导致本村贫困的因素中，排在前三位的分别是“农民致富意识不强”“农村产业结构不合理”“农村科技水平低下”。这表明导致农村贫困的因素是综合性的，既有主观层面的，也有客观层面的，需要通盘考虑，逐一破解。

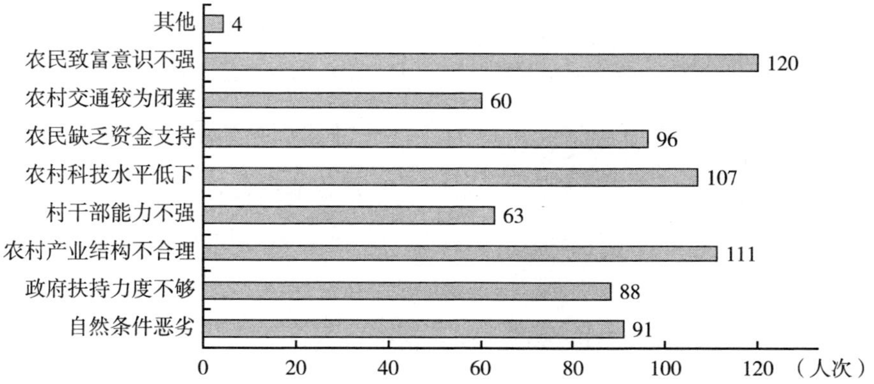

图14　被访者对导致农村贫困因素的看法

六　持续纵深推进精准扶贫、精准脱贫的对策建议

实施精准扶贫、精准脱贫基本方略，是党的十八大以来对扶贫开发做出的重大战略调整。实施精准脱贫战略的关键和重点是解决好扶持谁、谁来

扶、怎么扶、如何退的问题，最终目标就是到2020年，确保我国现行标准下农村贫困人口实现脱贫，贫困县全部摘帽，解决区域性整体贫困问题，确保贫困地区贫困人口在全面建成小康社会进程中不掉队。甘肃各地要充分认识脱贫攻坚的极端重要性和艰巨性，进一步落实脱贫攻坚主体责任，明确脱贫攻坚目标任务，进一步持续纵深推进精准扶贫、精准脱贫。

第一，要转变观念，树立精准思维。习近平总书记指出，消除贫困、改善民生、逐步实现共同富裕，是社会主义的本质要求，是我们党的重要使命。知是行之始，行是知之成。只有思想认识到位，才能找准工作定位。目前，甘肃仍有部分干部群众对精准扶贫存在“等、靠、要”等错误认识，把贫穷当作光荣，把吃救济当成有本事；一些贫困地区干部群众认为扶贫难度大、返贫因素多，脱贫攻坚战很难在短时间内彻底打赢，存在消极态度。要摒弃这些错误认识，首先要转变观念，树立精准思维。甘肃各地党委和政府要充分认识精准扶贫对于全面建成小康社会的重大意义，始终坚持把打赢脱贫攻坚战作为“十三五”时期甘肃最大的民生工程，以高度的政治自觉和行动自觉、强烈的责任意识和担当精神，纵深推进精准扶贫、精准脱贫。一方面，各地要实现由粗放式向集约化、分散式向精准化、单一式向整体化、输血式向造血式的思想转变；另一方面，各地要通过宣传引导使贫困人口树立起“我要脱贫”的主动脱贫信念，实现贫困人口内在潜能和外在帮扶条件的有机融合，实现贫困人口的脱贫致富。树立精准思维就是要通盘考虑精准扶贫，系统谋划精准脱贫，注重精准扶贫、精准脱贫各项工作和各类要素的系统性、整体性、协同性，统筹推进脱贫攻坚的重点领域和关键环节，实现精准扶贫各项政策举措有机衔接、良性互动。各级党委和政府要树立精准思维，避免喊空口号、搞形式主义，特别是要主动深入贫困地区和贫困户，找准“贫”根、寻找“困”因，开对药方、精准发力，在扶持对象精准、项目安排精准、资金使用精准、措施到户精准、因村派人（第一书记）精准、脱贫成效精准上想办法、出实招、见真效，使扶贫重点更聚焦、措施更到位、效果更明显，真正把扶贫扶到点上、扶到根上，有序推进脱贫、摘帽、增收。

第二，要统筹谋划，明晰扶贫思路。精准扶贫是各级党委和政府的应尽之责，也是全社会的共同责任。各级党委政府不能单打独斗，各行各业不能袖手旁观，必须注重统筹谋划，转变扶贫思路，形成整体合力。一是要实现精准扶贫规划的对接融合。各级党委和政府要把精准扶贫放到经济社会发展大局中来谋划，把精准扶贫规划放在地方发展规划、富民产业规划、土地利用规划、城镇建设规划等各项规划内进行谋划，并推动更多的扶贫项目在国家、省、市（州）“十三五”规划中来实施，做到上下对接、内外融合。二是要实现精准扶贫政策的有效衔接。各级党委和政府要在保持政策连续性的基础上，着力加强农村低保制度与扶贫开发政策的有机衔接，把重点放在农村低保和扶贫开发的认定对象衔接上、放在农村低保标准与物价上涨挂钩的联动机制上、放在低保信息管理系统和精准扶贫大数据平台的信息共享与无缝衔接上，加强部门协作，完善政策措施，健全工作机制，形成制度合力，充分发挥社会救助在打赢脱贫攻坚战中的兜底保障作用。三是要实现精准扶贫平台的协调配合。各级党委和政府要充分整合部门、行业、社会各类帮扶平台，推动扶贫信息互联、扶贫内容互补、扶贫力量互助、扶贫平台互动，做到长短结合、点面结合、主次结合，使扶贫资源分配更加合理，更好地体现扶贫的公平性，努力构建专项扶贫、行业扶贫、社会扶贫的“三位一体”大扶贫格局。

第三，要突出重点，注重挖掘优势。随着扶贫开发的深入推进，精准扶贫的重心由精准识别、精准帮扶阶段向精准帮扶、稳定退出阶段转移。各级党委和政府要聚焦重点领域，着力解决村组道路、易地搬迁、产业培育和县域经济发展等问题。特别是要突出产业扶贫这一重点，通过进一步扩大农产品种类和延伸农产品生产链、产品链的方式，突出农产品的精深加工和新产品开发，大力培育民营企业、县域旅游等区域性支柱产业，促进衍生产业的综合开发，培育乡村可持续发展的致富机制。要进一步发挥产业扶贫带动作用，围绕特色种养业发展、一二三产业融合、农民致富技能培训、农民合作社带动帮扶、村级集体经济示范工程等推进深度贫困地区脱贫攻坚。要按照国务院“十三五”脱贫攻坚规划关于实施“一村一品”强村富民工程的要求，积极实施贫困村“一村一品”产业扶贫，注重规划引导，加大资金投入，强化利益联结，加强典型示范，切实抓好贫困村“一村一品”产业扶贫行动。要坚持以市场为导向，以经济效益为中心，注重优势挖掘，因村因户因人施策，找准路子，突出特色，发挥新型经营主体的引领作用，强化典型引路，大力推进产业扶贫，实现贫困家庭与贫困区域协同发展。

第四，要创新机制，激发扶贫活力。实施精准扶贫必须改变以往扶贫资金和扶贫项目“多元、分散、低效”的传统配置方式，探索建立更优化的扶贫资源整合机制。各级党委和政府要将扶贫资金和扶贫项目的管理权下放到县级政府，赋予贫困地区县级政府整合使用扶贫资金的职责，明确规定权限和职责行使的具体范围和内容，提高扶贫资金和扶贫项目的针对性与实际效果，进一步细化实化帮扶协作，强化举措、改进工作，抓推进、抓落实、抓效果，提升帮扶水平。实施精准扶贫应与贫困乡村治理机制的再造相结合，联动推进贫困村专业合作社、资金互助社等合作组织发展，以提高贫困农户组织化程度为导向，探索建立非贫困户、已脱贫户与贫困户之间的合作帮扶机制，通过政策激励有效发挥先脱贫户对贫困户的示范带动作用。充分利用新兴信息化技术，加快建立精准脱贫数据库和联机检索系统，制定详细、规范、便于操作的贫困退出认定标准，以贫困人口精准脱贫为导向，探索构建贫困户评议、帮扶责任人评议、村民评议、第三方评议、政府职能评议等多元主体相结合的贫困退出评价指标体系，确保贫困退出的真实性、规范性和科学性。

第五，要落实责任，强化扶贫督查。各级党委和政府要强化底线意识和攻坚意识，分解细化、层层落实责任，重点抓好村组道路、易地搬迁、县域经济发展和产业培育等方面任务的落实工作。按照扶贫对象、目标、任务、措施、时限、责任等要求，进一步压紧压实工作责任，市、县两级要切实肩负起脱贫攻坚主体责任。建立健全精准扶贫工作台账，做到户有卡、村有簿、乡有册、县有档，加强督促检查，实施动态管理。健全扶贫资金审批、划拨、使用全程管理制度，大力推行扶贫资金项目公告公示制度、扶贫项目群众监督制度、专项审计制度，切实加强扶贫资金监管，确保专款专用、高效使用。建立扶贫工作绩效评估制度，对重大扶贫举措、重点扶贫项目、专项扶贫资金加强绩效评估，加大扶贫工作绩效考核力度，将精准扶贫工作作为党政领导干部实绩考核、乡镇和部门工作考核、机关干部年度考核的重要内容之一，科学设置考核指标，提高扶贫工作考核权重，完善考核奖惩措施，强化考核结果运用，促进精准扶贫工作落到实处、取得实效。

第六，要扶智扶志，增强内生动力。脱贫攻坚，贫困群众是主体，是其内因所在。随着脱贫攻坚不断推进，贫困群众内生动力不足的问题日益凸显。纵深推进精准扶贫必须充分发挥贫困群众的主体作用，激活贫困群众脱贫致富的内生动力。必须通过宣传引导，扶志立志，着力激发贫困群众脱贫致富的积极性，使贫困群众真正树立起自强自立的信心、脱贫致富的勇气和不甘贫穷的斗志，克服消极畏难情绪，自觉鼓足脱贫致富的精气神。要以帮助贫困群众发展产业、稳定增产增收和脱贫致富为目标，把精准扶贫与扶智、扶技、扶能相结合，综合采取产业扶贫、健康扶贫和教育扶贫等各种行之有效的手段，切实增强贫困群众脱贫致富的自我“造血”功能。切实加大市场知识培训力度，增强贫困群众把握市场规律的能力，积极培育困难群众驾驭市场的能力和本领，着力解决好贫困群众培育发展产业难、外出务工难和增产增收难的问题。从方式方法、制度机制入手，激发贫困群众脱贫致富的内生动力，引导广大群众用辛勤劳动实现脱贫致富。

B.8
民营企业、个体工商户对政府“放管服”改革的感受和评价

惠继飞*

摘　要： 党的十八大做出了深化行政体制改革，实现国家治理体系和治理能力现代化的战略部署。五年来，中央和地方各级政府持续推进“放管服”改革，不断释放改革红利。政府“放管服”改革的政策措施落地了吗？企业经营、群众办事更便利了吗？为了将政策和落实“对对账”，本报告以改革最大的受益对象——民营企业和个体工商户为调查对象，对此展开调查，以期促进此项改革向纵深推进。

关键词： 民营企业　个体工商户　政府“放管服”改革

一　调查的背景和基本情况

党的十八大做出了深化行政体制改革，实现国家治理体系和治理能力现代化的战略部署。本届政府上任伊始，就将消减行政审批作为施政的“先手棋”和“当头炮”，做出本届任期内在国务院各部门1700多项行政审批事项的基础上再消减1/3以上的郑重承诺。五年来，从中央到地方，各级政府大力推进简政放权、放管结合、优化服务（以下简称“放管

---

* 惠继飞，甘肃省社会科学院马克思主义研究所助理研究员，主要研究方向为行政法与法治政府建设。

服”）改革，不断加大力度，持续向纵深推进，取得了显著成效。在简政放权方面：国务院取消和下放行政审批事项的比例超过40%，不少地方超过70%；非行政许可审批彻底终结；国务院各部门设置的职业资格消减70%以上；中央层面核准的投资项目累计减少90%；外商投资项目95%以上已由核准改为备案管理。尤其是商事制度明显简化。工商登记由“先证后照”改为“先照后证”，前置审批事项压减87%以上，注册资本由“实缴制”改为“认缴制”，“多证合一、一照一码”改革深化，企业注册登记所需时间大幅缩短，便利化程度大为提高。同时，企业税费负担明显降低。全面推开“营改增”，出台中小微企业税收优惠政策，中央和省级政府取消、停征和减免收费1100多项，其中中央设立的涉企行政事业性收费项目减少69%、政府性基金减少30%。2013～2016年累计为企业减轻负担2万多亿元。在放管结合方面：事中事后监管得到加强。出台公平竞争审查制度，建立投资项目在线审批监管平台，建立国家企业信用信息公示系统和守信联合激励、失信联合惩戒机制，推进“双随机、一公开”监管和综合执法改革。在优化服务方面：政府服务不断优化。推行“互联网+政务服务”，推出“一窗受理、一站服务”等便民举措，取消、简化一大批不必要的证明和烦琐手续，大大减少了企业、群众奔波之苦和烦扰。①

近年来，甘肃省委、省政府按照中央决策部署，聚焦重点改革领域，真放严管重服务，扎实推进“放管服”改革。一是简化程序，下放权力。省级取消调整下放各类行政审批事项1000多项，达到90%以上；非行政许可审批彻底取消；清理规范行政审批中介服务。在商事制度改革方面，作为全国率先实行“三证合一”的省份之一，甘肃省于2016年9月正式启动“五证合一、一照一码”登记制度改革和个体工商户“两证整合”登记制度改革，工商注册便利化服务水平大幅提升。二是信息共享，实现

① 李克强：《在全国深化简政放权放管结合优化服务改革电视电话会议上的讲话》，中国政府网，2017年6月13日。

公正监管。大力推广“双随机”抽查机制，随机抽查事项占到市场监管执法事项的70%以上、其他行政执法事项的50%以上，不断规范随机抽查程序，优化抽查方式方法，实现了从规范市场主体活动资格向规范市场主体行为转变、从事前审批向事中事后监管转变、从权力管理向优质服务转变。三是转变职能，提升服务水平。积极推进政府系统政务数据共享共用，加快政务服务网建设，35个省直部门的310项行政许可事项全部实现网上行权，“政银便民通”业务正式启动。全省公共资源交易系统完成了国家电子招投标试点，省市公共资源交易实现了服务系统互联互通。2017年9月，省政府办公厅正式印发《甘肃省深入推进“放管服”改革重点任务分工方案》，从深化行政审批制度改革、提升投资项目审批效率、持续深化商事制度改革、强化事中事后监管、创新优化服务和打破“信息孤岛”、实现信息资源共享等方面，进一步明确了“放管服”改革中各项重点任务的责任单位和完成时限。同时，甘肃省政府发布《关于宣布失效一批省政府文件的决定》，废止了487件政府文件和18个政府规章，为“放管服”改革提供了更加完善的制度保障。这标志着甘肃省“放管服”改革正在向纵深推进。

五年来，“放管服”改革在顶层科学设计，在中央政府大力推动下，各级地方政府也积极探索、大胆创新、主动作为，展开“竞赛”。因此，需要在这一问题上准确研判，使改革既能顺利推进，又能合乎老百姓的需求和期待。正如李克强总理所言，“放管服”要体现在群众评价中。作为激发市场活力和社会创造力的重要举措，“放管服”改革的最大受益者是民营企业和个体工商户。那么，民营企业主和个体工商户是否享受了这一改革红利，他们对这一改革有何感受，评价如何？为此，我们在全省范围内以这两大群体为调查对象，展开舆情调研。本次调研，在全省范围内兼顾地域分布和民族分布的基础上，选定庆阳市、定西市、武威市、兰州市和临夏回族自治州，以问卷调查为主，辅之以个别座谈和访谈的形式进行。调研共发放问卷160份，收回154份，有效收回率为96.25%。其中，民营企业主占比42.86%，个体工商户占比57.14%。

二　调查问卷统计分析

（一）被访者对简政放权的感受与评价

“放管服”改革，首先是一场刀口向内的改革，简政放权是“先手棋”，也是“重头戏”。审批制度的精简、下放和取消以及商事制度的改革是对民营企业和个体工商户来说最大的改革红利。调查显示，大多数被访者认为甘肃省在简政放权方面取得了明显成效。根据多项选择分析，66.23%的被访者认为实行了“证照合一、一证一码”，50.65%的被访者认为减少了审批事项、简化了审批流程、缩短了审批时间，35.07%的被访者认为取消或下放了审批权限、清理规范了中介服务，27.27%的被访者认为清理了涉企收费，25.33%的被访者认为推行了权力清单制度，24.68%的被访者认为清理了职业资格许可认定，8.44%的被访者选择了其他（见图1）。

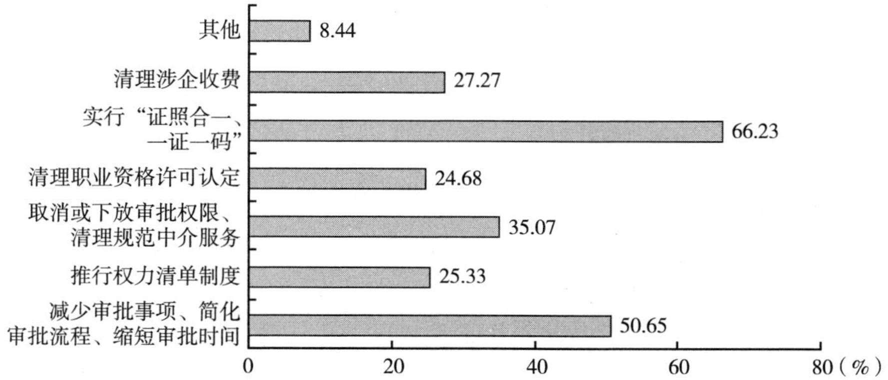

图1　被访者认为甘肃在简政放权方面成效较大的改革事项

数据表明，简政放权的各项举措均得到了被访者的认可，尤其是在商事制度改革和审批制度改革方面，被访者的认可度比较高。当前，甘肃在简政放权方面如何进一步向纵深推进？35.83%的被访者认为要精简冗余机构和人员，33.69%的被访者认为要彻底取消不必要的职业资格认定，24.60%的被访者认为要进一步取消、下放审批权限，5.88%的被访者选择了其他（见图2）。

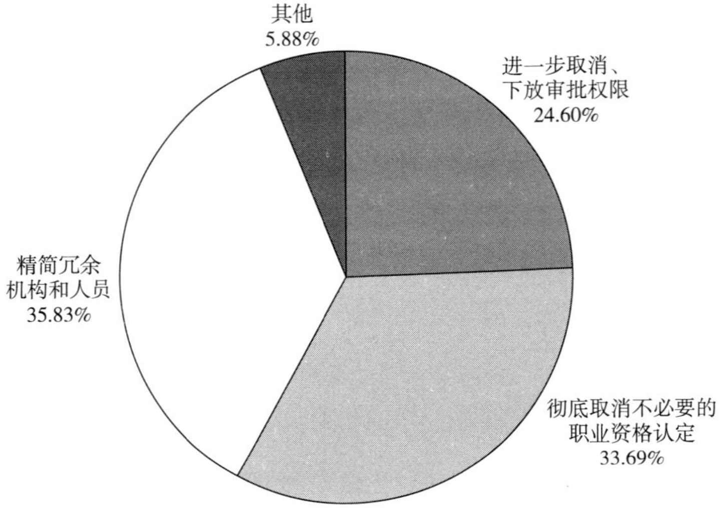

图2　被访者认为当前甘肃简政放权迫切要做的事

（二）被访者对放管结合的感受与评价

“放管服”改革不是让政府做“甩手掌柜”，而是要适应市场机制，进一步提升治理能力，实现治理体系和治理能力现代化。因此，在简政放权的同时必须做好放管结合。但是，甘肃在这方面显然还存在着较大的问题。在问到甘肃在放管结合方面是否做到了强化事中事后监管时，13.91%的被访者认为“是”，31.13%的被访者认为“不是”，54.96%的被访者“说不清”（见图3）。

仅有一成多的被访者认为甘肃在放管结合方面做到了强化事中事后监管，而三成以上的被访者认为没有做到，过半数的被访者表示说不清，表明在强化监管方面，无论是宣传、制度还是措施等，都存在一定的欠缺。放管结合主要体现为执法监管，那么，甘肃在这方面还存在哪些问题呢？25.77%的被访者分别认为是执法不公和多头管理、重复执法，25.26%的被

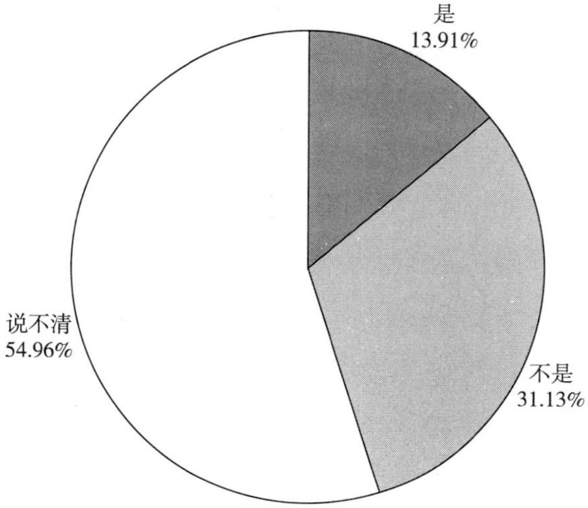

图 3　被访者对甘肃在放管结合方面是否做到强化事中事后监管的评价

访者认为没有实行有效的监管模式，23.20% 的被访者认为仍然重许可、轻监管（见图 4）。

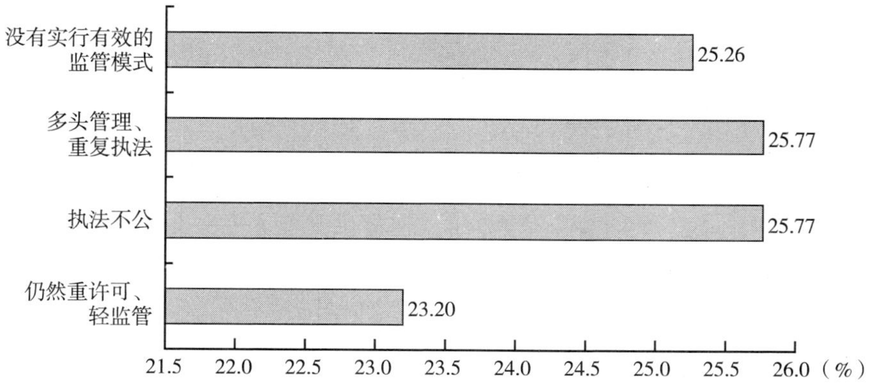

图 4　被访者认为甘肃在执法监管方面存在的主要问题

（三）被访者对优化服务的感受与评价

“放管服”改革，最终目的是要推进法治政府的建设，让政府在改革中自我革新、自我完善，释放更多的红利于民众、于市场主体。法治政府首先是效能政府，体现为政府办事效率的提高。在政府办事效率方面，10.40%的被访者表示大大提高，62.34%的被访者表示有所提高，18.83%的被访者表示没变化，5.20%的被访者表示有所降低，3.23%的被访者表示大大降低（见图5）。

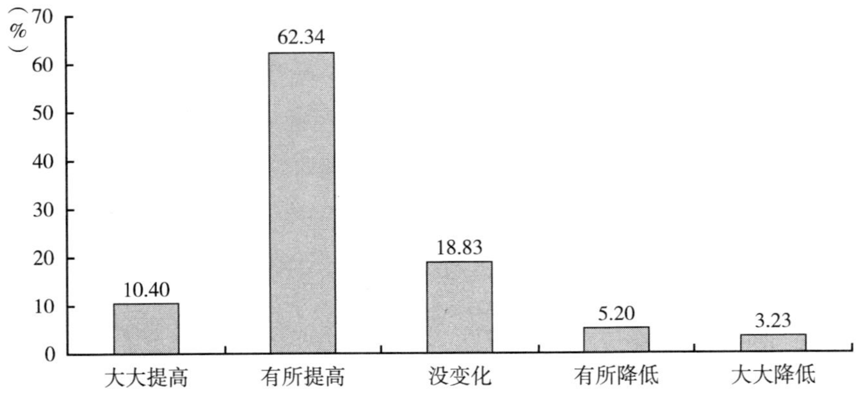

图5　被访者对“放管服”改革以来政府办事效率的评价

七成多的被访者认为当前政府办事效率大大提高和有所提高，表明近年来，甘肃在持续的效能风暴推动下，庸政、懒政、不作为现象大为减少，效能政府建设初见成效。同时，法治政府还必须是服务政府，给民众办事提供更大的方便，让民众少跑腿、快办事。在便民服务方面，4.61%的被访者认为企业和民众办事更加便捷，67.11%的被访者认为有所改善，20.39%的被访者认为没有变化，7.89%的被访者认为更加麻烦（见图6）。

有七成以上的被访者认为现在去政府办事更加快捷和有所改善，说明近年来政府出台的一系列便民措施基本上都落地见效，企业和民众对此感受明显。

近年来，甘肃政府在优化服务方面陆续出台改革措施，企业和民众对哪些改革感受最明显呢？从问卷调查来看，50.65%的被访者认为是改进了政府服务，42.86%的被访者认为是推行了“互联网+电子政务”，33.77%的

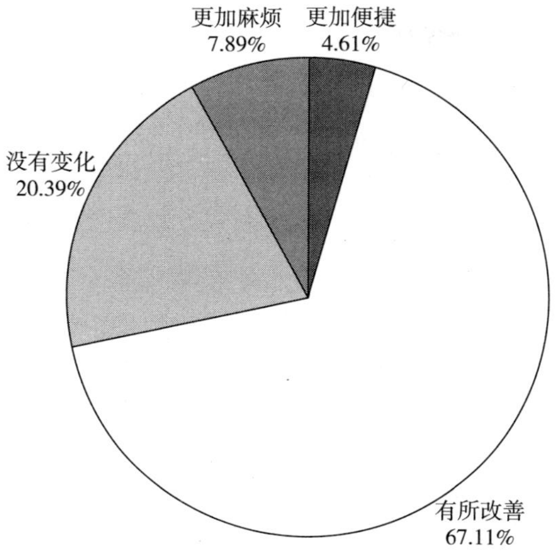

图 6　被访者对“放管服”改革以来便民服务的评价

被访者认为是实施了减证便民，32.47% 的被访者认为是多措推动创新创业，5.20% 的被访者认为是其他（见图 7）。

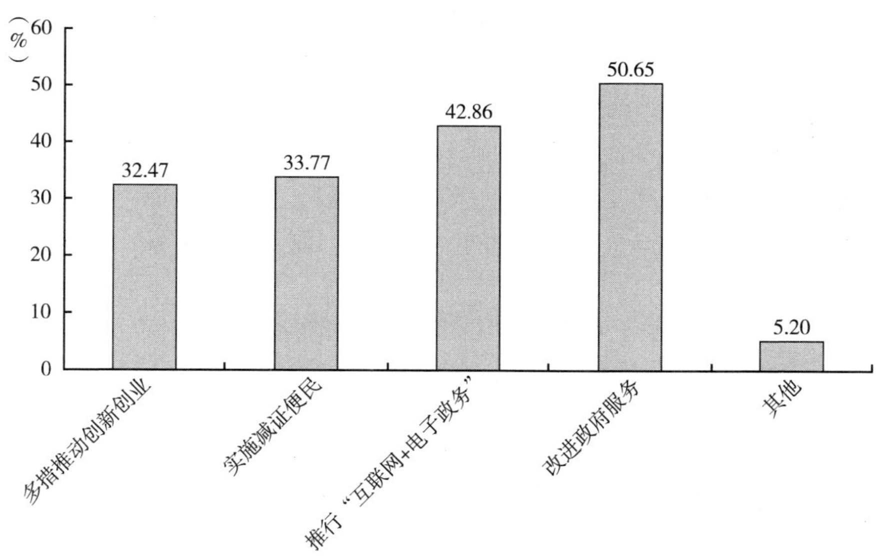

图 7　被访者认为在优化服务方面成效较大的改革事项

从上述数据可以看出，无论是办事效率、服务方式、便民措施还是在推动“双创”方面，改革都得到了被访者一定程度的认可，但认可比例都不高，说明甘肃建设服务型政府还有很大的提升空间。对于当前在优化服务方面存在的主要问题，根据调查问卷分析，39.36%的被访者认为还是审批材料多、环节复杂、流程不合理，22.34%的被访者认为办事人员态度蛮横、推诿扯皮，19.15%的被访者认为信息不共享、办事不便捷，还有19.15%的被访者认为网上办事少（见图8）。

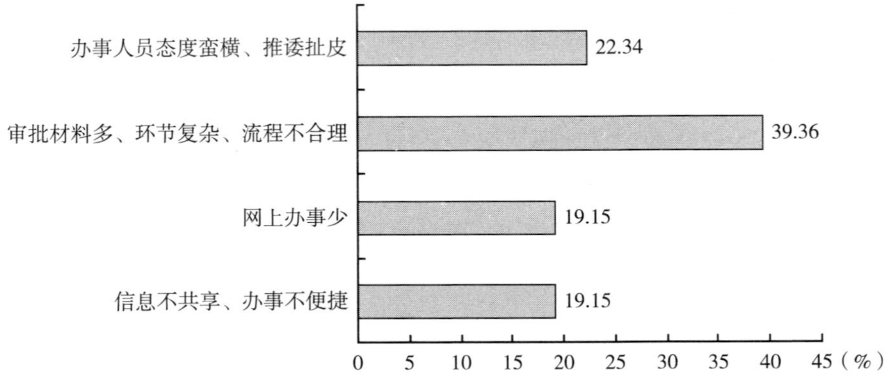

图8　被访者认为在优化服务方面存在的主要问题

这些问题不同程度地存在，说明甘肃在“放管服”改革中，还需要更加发力，优化服务。在大胆探索的基础上，积极借鉴其他省区市便民服务的创新举措，如天津和宁夏等地的“一枚印章管审批”、贵州等地的“人在干云在看”、浙江等地的“最多跑一次”、北京等地的“一网通办”等都值得我们借鉴。

（四）被访者对“放管服”改革的总体感受与评价

随着“放管服”改革向纵深推进，改革举措数量多、覆盖面广、含金量高，进一步激发了市场活力和社会创造力，人民群众的满意度在不断提高。调查显示，2.65%的被访者表示很满意，59.60%的被访者表示比较满意，13.25%的被访者表示不太满意，6.62%的被访者表示不满意，17.88%的被访者表示说不清（见图9）。

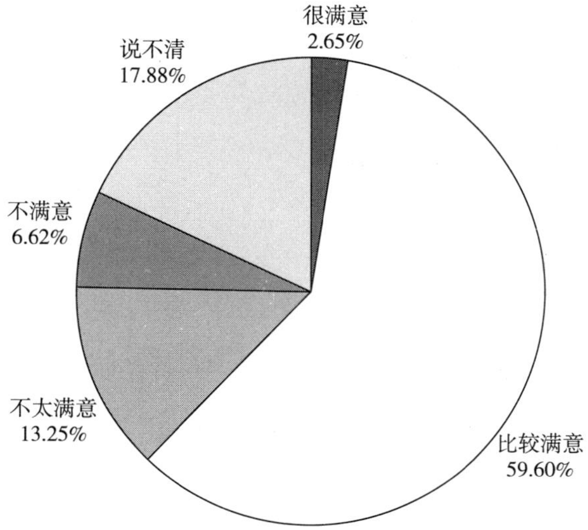

图9　被访者对“放管服”改革的总体评价

多数被访者表示肯定，说明甘肃在“放管服”改革领域确实迈出了较大的步伐，但与网民对全国“放管服”改革的满意度达89.9%相比，还有很大的差距，还需要进一步与其他省区市展开“竞赛”，这也是一场推动发展的“竞赛”。从当前来看，在“放管服”改革事项中，被访者最满意的是政务服务改革，占比48.08%，其他依次是审批制度改革、监管方式改革和商事制度改革，分别占比21.15%、19.23%、11.54%（见图10）。

“放管服”改革，其目的是激发市场活力和社会创造力，改善营商环境，促进大众创业和万众创新。改革是否起到了这样的作用呢？8.39%的被访者认为作用很大，64.52%的被访者认为有一些作用，20.00%的被访者认为作用不大，7.09%的被访者认为没有作用（见图11）。

七成多的被访者认为改革激发了市场活力和社会创造力，并对此做出肯定评价，这说明改革红利在持续释放，动能活力不断增强。《2017年甘肃省政府工作报告》显示，2016年共新增市场主体26.59万户、注册资金4583.32亿元，分别增长12.69%、40.02%，平均每天新增市场主体728

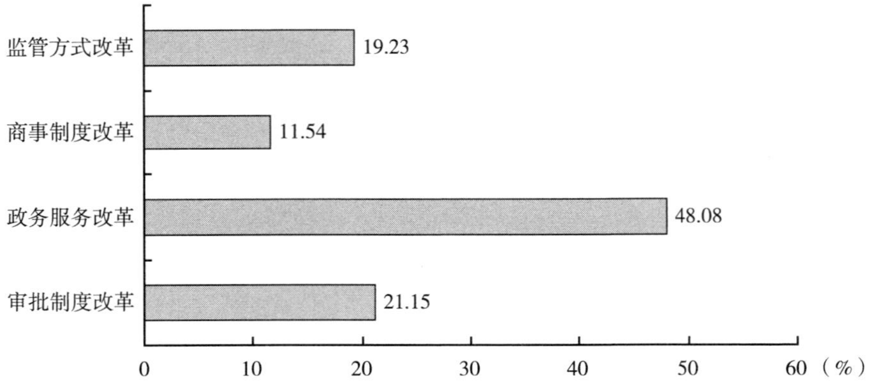

图10　被访者对“放管服”改革事项的满意度

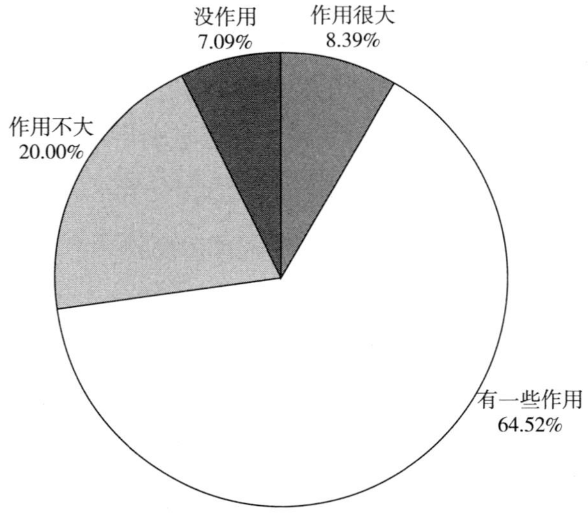

图11　被访者对“放管服”改革市场激励作用的评价

户。各类创新主体实现了爆发式增长，对加快新动能发展和吸纳就业发挥了重要支撑作用。

“放管服”改革，虽然历经五年，取得了显著成效。但作为一场刀口向内、事关政府自身的改革来说，才刚刚起步，改革中肯定也存在不少问题和不足。对此，我们也进行了调查，从调查数据来分析，当前甘肃在“放管服”改革中存在的问题主要有：改革事项没有落到实处，占比 47. 40%；改革监督机制不健全，占比 42. 86%；改革不够深入具体，占比 40. 26%；政府重视程度不够，占比 37. 01%；改革配套管理不同步，占比 34. 42%。仅有 7. 14 的被访者认为没有不足（见图 12）。

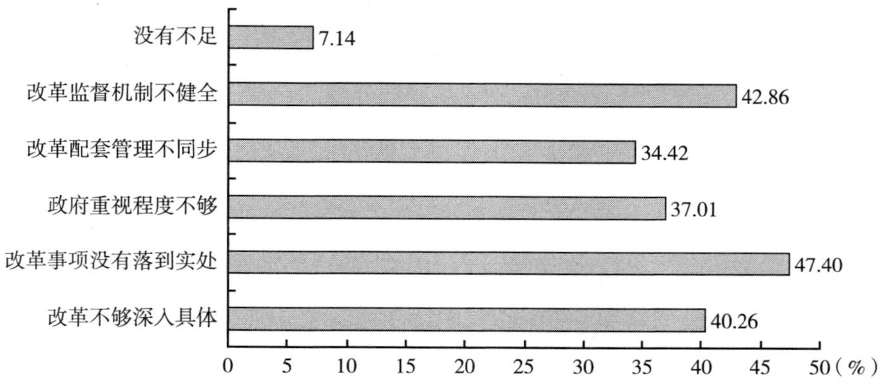

图 12　被访者认为甘肃在“放管服”改革中存在的主要问题

经过多年的持续努力，“放管服”改革已到了涉深水、触险滩的阶段。改革不但要有完善的制度安排，更需要各项政策都能够落地见效。问题也是推动改革的动力和方向，下一步，甘肃在“放管服”改革中，要针对这些问题打出组合拳，更显真功夫。

另外，调查数据还显示，被访者对“放管服”改革的了解程度比较低，自身的受益感也不强。在问到对“放管服”改革的了解程度时，仅有 3. 92% 的被访者表示非常了解，21. 57% 的被访者表示比较了解，而 47. 06% 的被访者表示不太了解，还有 27. 45% 的被访者表示不了解（见图 13）。在问及自己是不是“放管服”改革的受益者时，有 23. 03 的被访者认为“是”，26. 32% 的被访者认为“不是”，50. 65% 的被访者“说不清”（见图 14）。

一项改革，如果民众的了解程度很低，很难说是一场成功的改革。同样，如果民众自身的受益感不明显，改革的成效也会大打折扣。七成以上的被访者对“放管服”改革不甚了解，也表示自己并没有在此项改革中受益，

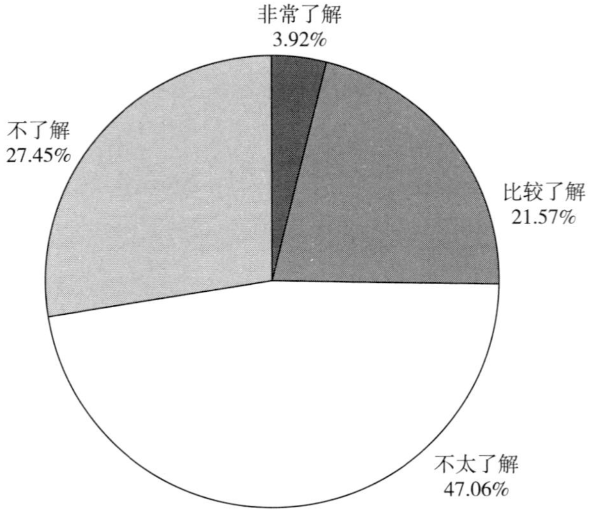

图 13　被访者对“放管服”改革的了解程度

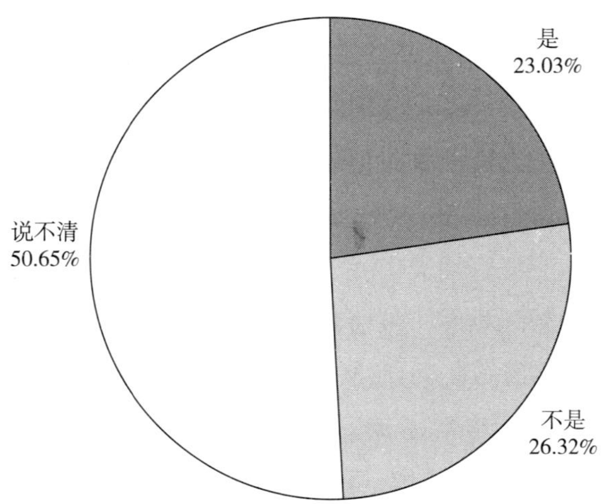

图 14　被访者对“放管服”改革受益感的评价

说明甘肃的“放管服”改革少了群众的参与，所以人民群众对改革也缺乏热情。因此，应进一步加强对“放管服”改革的宣传，释放更多的改革红利于民众。

三　推动“放管服”改革的几点建议

计利当计天下利，施策要施万年策。推进“放管服”改革是一项系统工程，是对政府智慧和能力的考验，也是一个艰巨复杂的过程，要克服种种困难和考验，持续深入推进。

2017 年 6 月 13 日，李克强总理在全国深化简政放权放管结合优化服务改革电视电话会议上强调，要紧扣重点，不断深化“放管服”改革，坚持不懈推动政府职能转变，并对今后“放管服”改革提出了五“为”重点，即为促进就业创业降门槛、为各类市场主体减负担、为激发有效投资拓空间、为公平营商创条件、为群众办事生活增便利。2017 年 9 月，《甘肃省深入推进“放管服”改革重点任务分工方案》中，也对下一步改革的重点任务做了划分。从舆情的角度来分析，今后甘肃“放管服”改革要在以下几个方面更加发力。

第一，深入推进行政体制改革，进一步简政放权。这是一场以“清权、减权、制权”为核心内容的权力自我革命。简政放权做的是减法，要念好“减”字诀，做好“放”字功。加强监管做的是加法，要清单化、法治化、常态化保障改革在阳光下运行。要深处着力，把“放管服”作为改革的根本之策，放开市场这只“看不见的手”，用好政府这只“看得见的手”。努力做到让市场主体“法无禁止即可为”，让政府部门“法无授权不可为”。

行政审批是政府权力的直接体现。公开审批事项，“晒”出“权力家底”，使简政放权过程中的改革目标被一步步锁定，公众曾经担心的审批权限边减边增、明减暗增的空间被进一步挤压。这样的公开方式与力度，正是“让人民监督权力，让权力在阳光下运行”理念的充分体现。相同、相近、关联事项一并取消或下放，把该取消的坚决取消、该放的彻底放到位，进一步增强放权的协同性和联动性。审批流程不公开或者公开不充分，是长期以来公众抱怨办事“跑断腿、磨破嘴”的重要原因，行政审批“下一站”该去哪里，靠“上一站”审批人员的“指引”，职责之外必然难以做到细致耐心，“脸难看、话难听”在所难免。借助现代传播方式进行公开行政审批流程，让办事的企业或个人事先知道，不仅能够有效提高办事效率，减少社会资源浪费，而且能够减少官民摩擦，促进社会和谐。

从目前来看，精简审批下放事项还可以增加。对于基层政府来讲，最主要的：一是承接好上面的精简下放；二是要公开，要有清单制度，让老百姓知道哪些下放了；三是效能建设，地方政府应该高效地办理、审批各项事项；四是把中央部署的几项机构改革推进到位，比如工商、质检、药检的职能整合下放，卫生和计划生育机构的职能整合下放等。

第二，以公正监管维护市场秩序，大力推动建立以“双随机、一公开”为特征的监管机制。以综合监管提高行政效能，克服“多顶大盖帽管一顶小草帽”“多龙治水、无人负责”的不正常现象。以创新监管提升政府管理水平，用大数据、云计算等现代技术为监管装上“火眼金睛”。以包容审慎监管助力新动能健康成长，为新产业、新业态、新模式规范发展留出充足空间。同样，在优化服务方面，要把企业和群众的痛点、堵点、难点作为改进政府服务的重点。大力推行涉企涉民的事项尽可能网上办，让信息多跑路、群众少跑腿。

强化事中事后监管，推动“双随机、一公开”监管方式实现全覆盖，防止一放了之，进一步提高监管水平；加快构建“互联网+政务服务”体系，推动实体政务大厅与网上服务平台深度融合，进一步提高服务质量和效率；加强对基层的培训指导，强化基础工作，进一步提高基层的承接服务能力。

第三，全面推行清单管理制度。这是巩固和拓展“放管服”改革成效的制度保障。现在省、市、县三级政府部门权力和责任清单已全部公布，初步效果是好的。但由于标准和规范不统一，各地清单长短、内容差别很大，谁来监督、谁来追责执行起来不明确，不少企业和群众反映看不懂、不了解，一些地方权力清单形式大于实际作用。针对这些问题，各地要继续对清单进行规范和完善。国务院各部门的权力和责任清单要在总结试点经验基础上加快制定出台，并向社会公开，把不该有的权力坚决拦在清单之外，任性用权要追究责任。

第四，强化“放管服”改革的法治保障。一项改革，如果没有健全的法制来护航，就难以行稳至远。当前，一要完善立法和改革决策衔接工作机制，发挥法治引领作用。建立重大改革方案与法律制度清理方案并行的工作联结机制，凡重大改革措施需要对现行法律法规进行调整完善的，在提出改革方案的同时，改革部门要一并提出法律法规清理的工作方案，同步梳理需要清理的法律法规，及时提出修订草案。建立重大改革与立法计划安排的衔接机制，根据重大改革措施推进的工作安排，综合改革部门按照立法程序，将法律法规的立、改、废、释要求，及时通报政府法制机构，由政府法制机构研究列入立法计划，保证与改革相匹配的立法有序开展。二要强化重大行政决策合法性审查，发挥法治保障作用。健全决策程序，加快推进决策程序立法进程，强化合法性审查的刚性约束，推进各级行政机关合法性审查机制全覆盖。创新审查方式，实行“开门审查”。借助外力提高审查质量，推行合法性审查提前介入，对法律关系复杂或存在较大法律风险的重大决策事项，予以充分研究和论证。严格审查标准，确保“放管服”改革决策法治化。重点加强对违法增加行政机关权力、增加行政相对人义务，违反公平竞争规则、搞地方保护或行业保护等内容的规范性文件的审查工作，做到有错必纠。加强分析研判，审查中可以灵活运用“不抵触”和“相一致”原则，对环境保护、安全生产、行政相对人权利义务保护等，严格适用“相一致”原则；对促进改革创新，有利于经济社会发展、增进社会福祉的，运用“不抵触”原则进行审查。三要强化行政执法监督，发挥法治规范作用。开展深化“放管服”改革专项督查。政府法制机构可以会同监察、机构编制管理、政务公开、效能办等部门，从推进依法行政的角度，重点做好政府职能转变、权责清单建立、权力运行监管细则落实、放权工作有效承接、加强事中事后监管、实行“双随机、一公开”监管全覆盖等事项的督导检查，及时发现“放管服”各环节中存在的问题，依法及时予以纠正。积极指导有条件的地方探索开展相对集中的行政许可权试点工作，提高行政执法效率，进一步优化服务。整合监督资源，将政府法制监督与党的监督、人大监督、司法监督、民主监督、新闻舆论监督等有机结合起来，形成监督合力，发挥行政监督的整体效应和作用，促进行政权力依法运行，保障“放管服”改革在法治轨道上顺利推进。四要加强考核评价，发挥法治促进作用。紧紧围绕服务保障“放管服”改革目标，完善依法行政考核指标体系，充分发挥考核“指挥棒”在服务保障“放管服”改革中的导向作用。将“放管服”改革要求纳入依法行政考核指标体系和省政府年度目标管理绩效考核体系，对落实不力的部门和地方核减相应分值，强化督查，跟踪问效，促进和保障“放管服”改革向纵深推进。

B.9

党政干部对纪检监察体制改革的评价与建议

王　瑾*

摘　要： 国家监察体制改革是以习近平同志为核心的党中央做出的重大战略决策，是一项事关全局的重大政治体制改革，根本目的是坚持和加强党对反腐败工作的统一领导，完善党和国家的自我监督，推进国家治理体系和治理能力现代化。通过本课题的研究，了解党政干部对纪检监察体制改革的基本认识、评价和建议，最终为自下而上参与纪检监察体制改革提供实践支持，探索党政干部支持和参与改革的有效途径。

关键词： 党政干部　纪检监察　体制改革

十八大以来的经验告诉我们，只有坚持全面从严治党，集中有效的反腐败力量，才能从根本上解决腐败问题。监察体制改革通过整合行政监察、预防腐败、检察机关查处贪污贿赂与失职渎职以及预防职务犯罪等工作力量，建立集中统一、权威高效的国家监察体系，实现对所有行使公权力的公职人员监察全覆盖。纪检和国家监察体制改革是全面从严治党、实现党内监督与人民监督有机结合的需要。推进国家监察体制改革，特别是设置国家监察委员会，是全面从严治党的需要，是加强党对反腐败统一领导，形成制度化、

* 王瑾，甘肃省社会科学院马克思主义研究所研究员，研究方向为宪法与行政法学、民商法学。

法制化成果的需要，有利于实现党内监督与人民监督有机结合。2016 年 11 月，中共中央办公厅印发《关于在北京市、山西省、浙江省开展国家监察体制改革试点方案》，部署在三省市设立各级监察委员会，从体制机制和制度建设上先行先试、探索实践，为在全国推开积累经验。2017 年 1 月，北京市、山西省、浙江省分别成立监察委员会，这标志着国家监察体制改革试点工作取得阶段性成果。习近平总书记指出："要积极稳妥推进国家监察体制改革，加强统筹协调，做好政策把握和工作衔接。"十八届中央纪委七次全会工作报告指出："扎实推进国家监察体制改革，完善党和国家自我监督"，并对这项工作提出明确要求。2017 年 8 月，甘肃省社会科学院舆情课题组对党政干部进行了专题调查，旨在了解和研究党政干部对推进纪检和国家监察体制改革的评价及建议，为自下而上参与纪检监察体制改革提供实践支持，探索党政干部支持和参与改革的有效途径。

一　调查的基本情况

本次调查对象为在甘肃省委党校和兰州市委党校行政学院参加培训的全省 14 个市州的党政干部，以及兰州市委的部分党政干部，包括厅局级、县处级和科级及以下三个行政级别。本次调查共发放问卷 189 份，回收有效问卷 186 份。

被访者中男性 143 人，占比 76.88%；女性 43 人，占比 23.12%。从年龄看，183 个有效数据中 20～30 岁的 11 人，占比 6.01%；31～40 岁的 35 人，占比 19.13%；41～50 岁的 57 人，占比 31.15%；51 岁及以上的 80 人，占比 43.72%。从文化程度看，178 个有效数据中大专 28 人，占比 15.73%；大学本科 124 人，占比 69.66%；硕士 20 人，占比 11.24%；博士 6 人，占比 3.37%。从参加党派情况看，179 份有效问卷中中共党员 158 人，占比 88.27%；无党派 19 人，占比 10.61%；民主党派 2 人，占比 1.12%。从行政职务看，168 份有效问卷中有厅局级干部 45 人，占比 26.79%；县处级干部 63 人，占比 37.50%；科级及以下 60 人，占比

35.71%。从民族看，174个有效回答中有汉族干部163人，占比93.68%；回族干部9人，占比5.17%；蒙古族干部1人，占比0.57%；藏族干部1人，占比0.57%。

二 问卷统计与分析

（一）党政干部对纪检监察体制改革的了解程度

1. 党政干部对纪检监察体制改革有了解，但了解不深

186位被访者中，有3.23%的被访者表示对纪检监察体制改革非常了解，表示比较了解、了解和了解一些的被访者比例都在30%左右，另有2.69%的被访者表示不了解（见图1）。

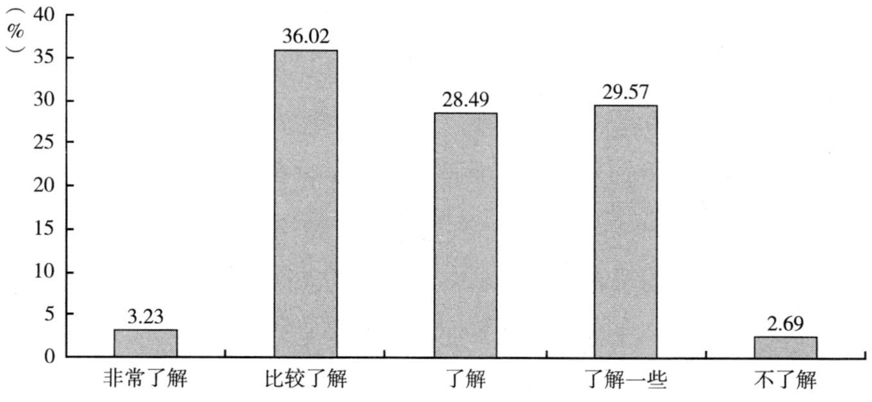

图1 党政干部对纪检监察体制改革的了解程度

注：本文全部图表数据均来自“甘肃舆情分析与预测”课题组的调查统计。

从被访者的行政职务看，县处级被访者表示非常了解的比例最高，占其总人数的6.35%，科级及以下被访者均表示不了解纪检监察体制改革，其他三个选项中各职务被访者的选择比例都比较接近。从文化程度看，博士文化程度的被访者选择非常了解和比较了解的比例最高，分别占其总人数的

16.67%和50%，硕士文化程度的被访者中无人选择非常了解。从参加党派看，民主党派和无党派被访者均无人选择非常了解，但民主党派选择比较了解和了解一些的比例最高，为其总人数的50%。数据显示出绝大多数党政干部知道纪检监察体制改革，但了解程度有限。

2. 党政干部通过多个渠道了解纪检监察体制改革

调查数据显示，五成以上的党政干部通过上级文件和规定、单位组织的学习和要求中了解到纪检监察体制改革，有四成左右的党政干部是通过报纸杂志、电视网络以及单位已经实施的行动来了解的（见表1）。

表1　党政干部了解纪检监察体制改革的渠道

单位：人次，%

了解渠道	上级文件和规定	单位组织的学习和要求	电视网络	报纸杂志	单位已经实施的行动	定期培训	合计
人次	111	108	82	73	69	15	458
百分比	59.68	58.06	44.09	39.25	37.10	8.06	246.24

从年龄看，31岁及以上各年龄段的党政干部，通过上级文件和规定了解纪检监察体制改革的比例普遍高于低年龄段的党政干部；与此相对应的是，通过电视网络了解纪检监察体制改革的党政干部中，20~30岁被访者比例普遍高于其他年龄段。整体来看，各年龄段通过定期培训了解的比例都非常低，20~30岁的被访者更无人选择此项。通过单位已经实施的行动了解纪检监察体制改革的人数占各年龄段的比例在20%到50%之间，其中30~40岁的被访者选择比例最高，达到该年龄段总人数的51.43%。从参加党派看，无党派和民主党派的被访者中，无人通过定期培训了解纪检监察体制改革，民主党派被访者也无人通过单位组织的学习和要求中了解这项改革的内容。因此，对无党派和民主党派进行宣传和培训，帮助了解和支持这项改革也很重要。无党派和民主党派仍然是党的干部，了解和执行党的政策方针和改革措施是应有的要求。从职务看，县处级、科级及以下被访者通过单位已经实施的行动了解纪检监察体制改革的比例明显高于厅局级被访者，纪

检监察体制改革中干部队伍吸收了不少有一定工作经验的年轻干部，这一调查数据与各年龄段显示的结果比较一致，也与纪检监察体制改革的实际情况相符。

（二）党政干部对纪检监察体制改革的认可和评价

1. 党政干部对纪检监察体制改革目的的认识比较一致

在可多选的六个选项中，除“其他”选项外，被访者对另外五个选项的选中率都比较高，都接近或者超过七成，选择改革目的是“完善监督制度，做好监督体系顶层设计”的比例达到了80%（见表2）。

表2　党政干部对纪检监察体制改革目的的认识

单位：人次，%

选项	完善监督制度，做好监督体系顶层设计	推进国家治理体系、治理能力现代化	实现治理体系和治理能力的制度化、法治化	坚持和加强党对反腐败工作集中统一领导	健全国家监察组织架构，形成全面覆盖国家机关及其公务员的国家监察体系	其他	合计
人次	148	134	141	134	126	13	696
百分比	80.00	72.43	76.22	72.43	68.11	7.03	376.22

从各选项较高的选中率可以看到，党政干部对纪检监察体制改革的目的有比较清晰的认识和较高的认可度。

2. 超过九成的党政干部认可纪检监察体制改革的重要性

在185份有效问卷中，有超过一半的被访者认为纪检监察体制改革非常重要，有接近一半的被访者认为重要，无人选择不太重要和非常不重要（见图2）。

从年龄看，40岁以上的被访者选择非常重要的比例高于40岁及以下被访者，20～30岁的被访者选择比较重要的比例高于其他年龄段，20～30岁、31～40岁两个年龄段中没有人选择“一般”，可见中青年党政干部对纪检监察体制改革的重要性也很认同。从文化程度看，博士文化程度的被访者均选

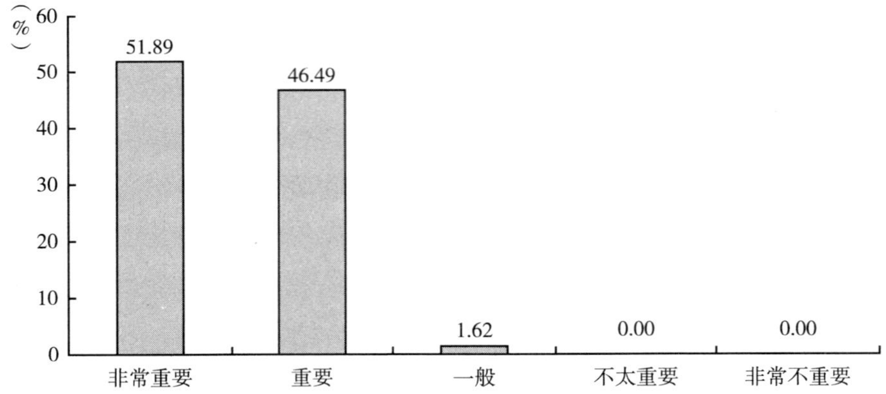

图 2　党政干部对纪检监察体制改革重要性的认识

择了非常重要，1.62% 选择“一般”的被访者均为大学本科文化程度。从党派看，选择“一般”的都是中共党员，无党派和民众党派无人选择该项。

3. 七成以上党政干部认同纪委和监察委合署办公的积极效果

根据中共中央办公厅印发的《关于在北京市、山西省、浙江省开展国家监察体制改革试点方案》，部署在北京、山西和浙江三地开展试点，由省（市）人大产生监察委，监察委与纪委合署办公，从体制机制和制度建设上先行先试、探索实践。基于此，课题组就合署办公后的情况对党政干部进行调查。只有不到 20% 的被访者选择合署办公会影响反腐效果，大多数干部则认可这种改革架构（见表 3）。

表 3　党政干部对纪委与监察委合署办公的评价

单位：人次，%

选项	人次	百分比
党纪检查、廉政调查和反腐侦查相互独立、相互衔接和相互配合	143	78.57
党纪检查、廉政调查和反腐侦查虽然独立但工作内容交叉，会影响反腐效果	33	18.13
优化纪检监察体制机制，提高反腐力度和效果	140	76.92
整合职能，集中反腐败资源力量	131	71.98
其他	5	2.75
合　　计	452	248.35

由于近八成的被访者认可合署办公的效果，因此仅就会影响反腐效果的数据做一分析。从年龄看，认为合署办公会影响反腐效果的被访者主要集中在31～50岁的两个年龄段，31～40岁年龄段的占其总人数的25.71%，41～50岁的占其总人数的21.82%，其他年龄段在10%左右。从文化程度看，大学本科和硕士选择合署办公会影响反腐效果的比例比其他文化程度的略高，分别为19.67%和20%，博士选择该项的比例为16.67%。从参加党派看，中共党员选择合署办公影响反腐效果的比例高于其他党派，为19.23%，无党派的选择比例为15.79%，民主党派无人选择该项。从职务看，科级及以下党政干部认为合署办公会影响反腐效果的比例最高，占其职级总人数的25.42%，其他职务的被访者选择该项的在10%左右。由此来看，认为合署办公会影响反腐效果的被访者主要集中于职务较低的中年党政干部，但总体来看，大多数党政干部持肯定态度。

4. 大多数党政干部能够正确理解国家监察体制改革的覆盖对象

在可多选的十个选项中，只有“民主党派各级机关工作人员”的选择比例为64.67%、“其他”为3.80%，其余各个选项的选择比例都在七成以上（见表4）。

表4　党政干部对国家监察体制改革覆盖对象的理解

单位：人次，%

序号	选项	人次	百分比
1	中国共产党各级机关工作人员	170	92.39
2	各级人民政府工作人员	173	94.02
3	各级司法机关工作人员	162	88.04
4	各级人大机关工作人员	149	80.98
5	各级政协机关工作人员	142	77.17
6	民主党派各级机关工作人员	119	64.67
7	法律法规授权组织内行使国家公权力的国家工作人员	167	90.76
8	科教文卫体等事业单位的工作人员	135	73.37
9	国有企业管理人员	147	79.89
10	其他	7	3.80
合　计		1371	745.09

选项比例在 80% 以下的分别是各级政协机关工作人员、民主党派各级机关工作人员、科教文卫体等事业单位的工作人员以及国有企业管理人员（除其他），我们仅就这几个选项进行进一步的分析。

从文化程度看，硕士文化程度的被访者选择覆盖对象包括各级政协机关工作人员的比例最低，占其总人数的 70%，同时选择民主党派各级机关工作人员和科教文卫体等事业单位的工作人员比例最低的也是硕士文化程度被访者，分别为 50% 和 60%；选择国有企业管理人员比例最低的是大专文化程度被访者，为 77.78%；博士文化程度被访者除第 8 和第 9 项的选择比例都是 83.33% 外，其余选项选择率均为 100%。从参加党派看，民主党派被访者选择人大、政协、民主党派各级机关和文教卫生体等事业单位的工作人员为覆盖对象的比例最低，均占其总人数的 50%。说明民主党派干部对纪检监察体制改革的覆盖对象还不够了解，这也可以从一个侧面说明过去非中共党员干部腐败现象频出的原因。

5. 超过五成的党政干部认为监察委员会可以采取的12项措施非常必要

根据中共中央办公厅印发的《关于在北京市、山西省、浙江省开展国家监察体制改革试点方案》，监察委员会可以采取“谈话、讯问、询问、查询、冻结、调取、查封、扣押、搜查、勘验检查、鉴定、留置”12 项措施，课题组调查了被访者对这些措施的看法，近六成的被访者认为 12 项措施都很有必要，但也有一小部分被访者认为并不是全部有必要（见图 3）。

从文化程度看，硕士文化程度的被访者认为有些措施不适用的比例高于其他文化程度，占其总人数的 15.79%；大专文化程度被访者的选择比例是 7.41%，大学本科被访者的选择比例是 8.94%，博士文化程度均选择前两项，无人选择该项。从参加党派看，选择有些措施不适用和不清楚的均为中共党员，民主党派和无党派均选择的是全部非常有必要和有些措施有必要。从担任职务看，认为有些措施不适用的被访者中，厅局级和县处级的选择比例基本一致，约为 11%，科级及以下的选择比例较低，为 3.33%；选择不清楚的也是厅局级和县处级比例高于科级及以下。以上数据显示，职务较高的中共党员对监察委可采取的措施有更多的疑虑和不

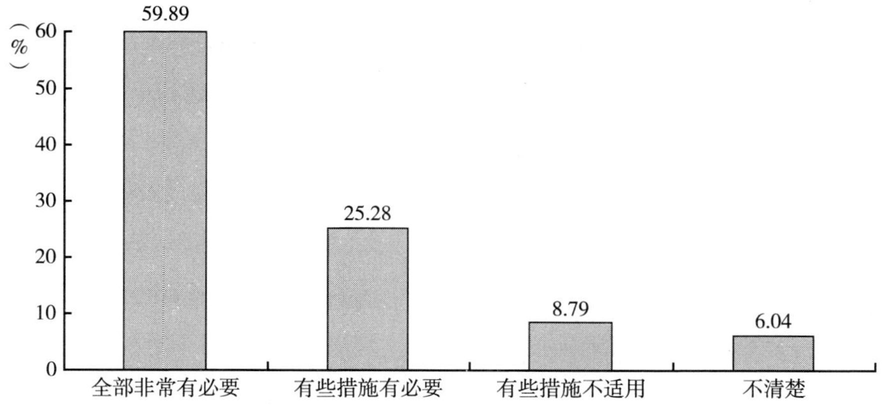

图3　党政干部对监察委12项措施的看法

理解。

从党政干部对哪些措施不适用进行的选择可以看到，被访者对各项措施的选择率差距不是很大，只是对“扣押”“搜查”“谈话”“留置”的选择比例略高，可见对不适用措施的看法比较分散（见表5）。

表5　党政干部认为不适用措施的比例

单位：%

选项	谈话	讯问	询问	查询	冻结	调取	查封	扣押	搜查	勘验检查	鉴定	留置
百分比	14.5	10.20	9.10	8.60	10.20	3.80	11.80	16.10	14.5	10.20	8.10	14.4

6. 党政干部认可的对监察委的监督方式首选党的监督

国家监察委员会是一个新的国家机关，其行使的监察权必须接受监督和制约，根据监督的有效性和重要性，被访者进行了选择，对监察委的监督方式中位列第一的是党的监督（见图4）。

认为人大监督最重要的被访者中，大专文化程度的比例最高，达到15.83%，博士文化程度的被访者无人选择该项；认为司法监督最重要的被访者比例比较均衡，在15%～26%；将自我监督排在首位的被访者中，硕士文化程度的比例最低，为5.26%，其他三个文化程度的比例都在15%左

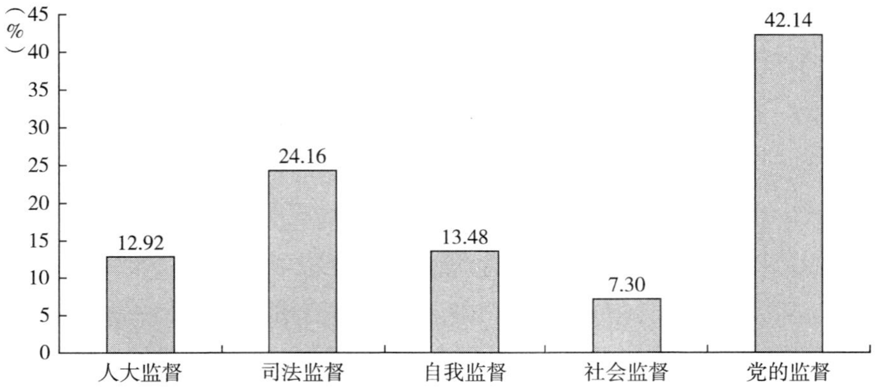

图4 党政干部对监察委接受监督方式的选择

右；认为社会监督最重要的被访者中，大专文化程度的被访者选择比例最高，为15.38%，大学本科和硕士的选择比例为5%左右，博士无人选择该项；认为党的监督最重要的被访者中，博士文化程度的选择比例最高，占其总人数的66.67%，大专文化程度的选择比例最低，也达到其总人数的38.46%。从年龄看，51岁及以上的被访者选择人大监督最重要的比例最高，为26.03%；认为司法监督最重要的被访者中，20～30岁年龄段的比例最高，为45.45%；选择自我监督最重要的被访者中，31～40岁的比例最高，达到25.71%；41～50岁被访者认为社会监督最重要的比例最高，为8.93%；51岁及以上年龄段选择党的监督最重要的比例最高，为45.21%，其他各年龄段选择该项的比例都在三到四成。

从职务看，厅局级被访者中选择人大监督的比例最高，达到21.95%；科级及以下被访者中选择司法监督和自我监督的比例最高，分别为35%、25%；县处级被访者选择社会监督的比例高于其他职务，为12.90%，厅局级选择该项的比例最低，为2.44%；厅局级被访者选择党的监督的比例最高，为56.10%，其他职级也达到三到四成。从参加党派看，无党派和民主党派无人选择人大监督，民主党派也无人选择司法监督和社会监督，无党派选择司法监督和党的监督的比例比较高。总体来看，选择党的监督和司法监督的被访者明显高于其他监督方式，一方面说明这两种方式在实践中已发挥重要作用，被访者对这两种监督方式的重要性和有效性认可度较高，另一方面也说明党政干部对十八届六中全会进一步完善党内监督顶层设计的认同，但同时要注意的是，民主党派的选择从一个侧面说明民主党派对监督及其作用的认识还有待提高。

（三）党政干部对改革难点的认识和对改革的建议

1. 党政干部认为改革前的纪检监察体制存在多方面的问题

调查列举了八个改革前纪检监察体制中可能存在的问题，根据调查结果，有五个选项的选中率在四成到六成，有三个选项在二成到四成，虽然选中比例不同，但被访者认为问卷列举的八种问题都存在（见表6）。

表6　党政干部认为改革前纪检监察体制存在的问题

单位：人次，%

序号	选项	人次	百分比
1	监察工作缺乏独立性	108	59.02
2	缺乏对纪检部门的监督	102	55.74
3	职能重叠	95	51.91
4	监察手段有限	79	43.17
5	边界不清	76	41.53
6	监督主体不明	60	32.79
7	监察范围过窄	57	31.15
8	监察程序缺失	50	27.32
合　计		627	342.63

2. 党政干部认为纪检监察体制改革的难点不少

调查列举了纪检监察体制改革中可能存在的难点，在可多选的七个难点中，除“其他”选择比例极低外（1.10%），其他选项的选中率都在四成以上，认为双重领导体制的落实和效果问题是难点的被访者比例更是达到75.82%（见图5）。

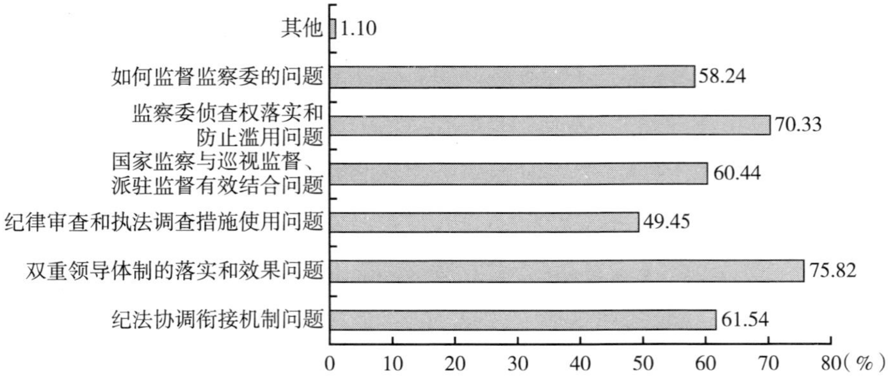

图 5　党政干部对纪检监察体制改革中难点问题的认识

3. 党政干部认为推进纪检监察体制改革需要做好多个方面的工作

调查列举了六个方面的工作，通过这六个与纪检监察体制改革密切相关的工作，了解被访者对推进纪检监察体制改革的建议和意见。可以看到，被访者认为要进一步推进纪检监察体制改革，这六个方面的工作都需要加强和完善，其中要做好纪检监察体制与国家法律、法规的衔接位列第一，要明确和完善监察程序位列第二，选中率都超过了八成（见表 7）。从调查数据可以发现，经过多年的法治教育和培养，党政干部树立了基本的法治理念，重视用法治理念解决问题，同时也开始重视程序合法问题。

表 7　党政干部认为推进纪检监察体制改革要做好的工作

单位：人次，%

序号	选项	人次	百分比
1	树立党员干部“信任不能代替监督”的理念	137	74. 86
2	纪检监察干部要提高业务能力	139	75. 96
3	要做好纪检监察体制与国家法律、法规的衔接	162	88. 52
4	明确和完善监察程序	159	86. 89
5	进一步强化人大监督权	114	62. 30
6	监察委员会必须完成自身监督机制建设，把国家监察权关在法律的笼子里	120	65. 57
7	其他	10	5. 46
合　计		841	459. 56

4. 七成党政干部对纪检监察体制改革充满信心

在 183 份有效问卷中，有超过七成的被访者认为纪检监察体制改革会成功，有 18.03% 的被访者认为会有些效果，各有 0.55% 的被访者认为效果一般和没有显著效果，另有 6.56% 的被访者表示说不清楚（见图 6）。

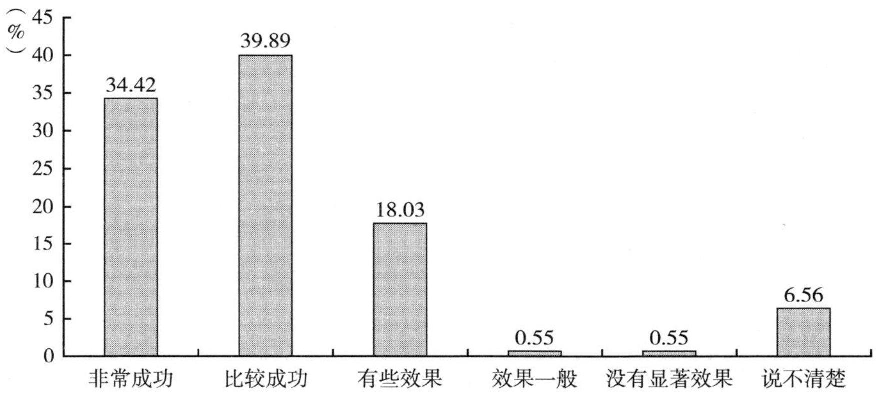

图 6　党政干部对纪检监察体制改革的效果预测

从年龄看，20～50 岁的三个年龄段中无人选择“效果一般”和“没有显著效果”；31～40 岁的被访者中选择“非常成功”的比例最高，达到该年龄段总人数的 51.43%；20～30 岁年龄段中选择“比较成功”的比例最高，为 45.45%，同样，这个年龄段的被访者选择“有些效果”的比例仍然高于其他年龄段，为 27.27%；51 岁及以上被访者中选择“说不清楚”的比例最高，为 10.39%，显示出中青年干部对纪检监察体制改革持更加乐观的态度。从文化程度看，各文化程度中选择“非常成功”的比例比较接近，在 33% 到 43% 之间；博士文化程度的被访者选择“比较成功”的比例高于其他被访者，为 50%；硕士文化程度被访者选择“有些效果”的比例最高，为 31.58%；博士文化程度被访者表示“说不清楚”的比例高于其他被访者，为 16.67%。总体来看，文化程度高的被访者对纪检监察体制改革的效果持更加肯定的态度。从参加党派看，无党派和民众党派被访者无人选择“效果一般”、“没有显著效果”和“说不清楚”这三项。说明民主党派和无党派干部对纪检监察体制改革成效持肯定的态度。从职务看，县处级中认为“效果一般”、“没有显著效果”和“说不清楚”的被访者比例高于其他职级，其中认为“说不清楚”的占其总人数的11.29%。纪检监察体制改革开始不久，县处级干部对改革的认识还需要通过实践和参与来改变。

5. 九成以上党政干部表示支持纪检监察体制改革

在184个有效回答中，有110位被访者非常支持纪检监察体制改革，65位被访者比较支持，只有9位被访者表示不支持也不反对，无人选择反对和非常反对（见图7）。

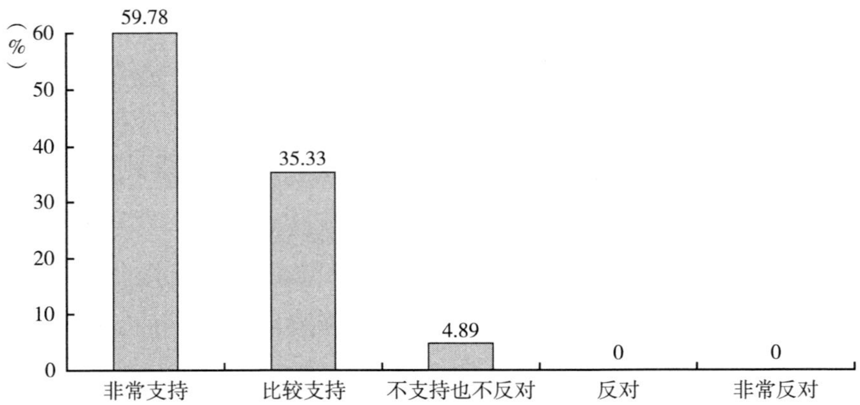

图7　党政干部对纪检监察体制改革的支持度

从年龄看，31~40岁年龄段被访者选择非常支持的比例最高，为77.14%，其他年龄段的都在50%以上；31~40岁的被访者选择比较支持的比例低于其他年龄段，其他年龄段的选择比例在30%到40%之间。从文化程度看，博士文化程度的被访者选择非常支持的比例较其他被访者高，为83.33%，大专文化程度的位列第二，为75%，其他文化程度的在50%到60%之间；硕士文化程度被访者选择比较支持的比例高于其他被访者，达到42.11%，表示不支持也不反对的被访者集中在大学本科和硕士文化程度被访者中。从职务看，科级及以下被访者选择非常支持的比例最高，达到70%，县处级被访者的选择比例最低，为46.77%；表示不支持也不反对的被访者比例比较均衡，在4%到7%之间。总体来看，文化程度高、比较年轻的党政干部对纪检监察体制改革的支持率相对而言更高一些。年轻干部对改革的支持意味着改革有了更有活力的干部基础。

三　思考与建议

纪检监察体制改革是以习近平同志为核心的党中央做出的重大战略决策，是一项事关全局的重大政治体制改革，根本目的是坚持和加强党对反腐败工作的统一领导，完善党和国家的自我监督，推进国家治理体系和治理能力现代化。监察体制改革通过整合行政监察、预防腐败、检察机关查处贪污贿赂和失职渎职以及预防职务犯罪等工作力量，建立集中统一、权威高效的国家监察体系，实现对所有行使公权力的公职人员监察全覆盖。纪检监察体制改革把党内反腐和国家反腐有机地统一起来，体现了中国共产党反腐败的决心，体现了依法治国的要求，体现了把从严治党和反腐败纳入国家治理体系、把提高党的建设水平纳入提高国家治理水平的总体要求。① 要继续在不断总结和实践的基础上推进纪检监察体制改革，最终形成党纪和国法的高度统一。

（一）加强纪检监察人才队伍建设

纪检监察体制改革的顺利推进关键在人。由于纪检监察部门的工作具有特殊性，纪检监察干部的影响力可能要远远超过其他党员干部，俗话说“打铁必须自身硬”，对纪检监察干部的要求势必应更高，干部任用标准和用人导向应更为严格。一是要选拔具备良好思想品德的党政优秀干部进入纪检干部队伍；二是要选拔政治觉悟高、政治敏锐性强的干部，对党忠诚，始终与党保持一致；三是要选拔精通业务的干部，纪检监察工作涉及法律法规

① 龚亮、王昊魁：《深入推进纪检和国家监察体制改革》，《光明日报》2017年2月14日，第015版。

和党的纪律，尤其在改革伊始，会面临许多过去没有遇到的问题，更应当选拔精通法律和党纪以及纪检监察业务的干部充实纪检监察干部队伍；四是要加快培养年轻干部进入纪检监察队伍。调查结果显示，年轻干部对纪检监察体制改革充满热情和认可，同时中青年干部中的高学历干部也对改革给予肯定和支持，应珍惜和利用好这个充满活力的干部基础，使他们早日成为纪检监察队伍的生力军。

（二）切实加强对党政干部的教育培训是推进纪检监察体制改革的重要方面

调查显示，党政干部对纪检监察体制改革的了解程度不够，对纪检监察体制改革的许多方面虽然有一定的认识，但认识还不够全面和深入，无党派和民主党派干部在这方面的问题更为明显。因此，一是要加强现有纪检监察干部的教育培训，从各方面加强干部对纪检监察体制改革的了解，掌握基本内容，同时利用过去长期进行纪检工作的经验，发现改革中需要进一步厘清和完善的问题，创造性地开展工作。二是要强化对无党派和民主党派党干部的教育培训。调查显示，民主党派对监督及其作用的认识还有待提高。民主党派和无党派干部虽然不是共产党员，但都是党的干部，也属于纪检监察体制中的监督对象，更是监督主体，加强对他们的教育培训，有利于从各个层面推进纪检监察体制改革。三是要加强对“关键少数”的教育和培训。调查结果显示，各级干部中都还存在对纪检监察体制改革不了解的现象，作为“关键少数”的地方和部门“一把手”对改革抓和不抓大不一样，虚抓和实抓大不一样，要做好这项工作，就要从根本上学习、了解纪检监察体制改革，提高真抓实抓的能力，进而推进纪检监察体制改革。四是要在常规培训中有意识地加强有关纪检监察的理论培训，让更多的党政干部从理论深度理解和熟悉这项改革。

（三）健全信息公开制度，重视纪检监察工作信息公开工作

过去由于涉及的内容和数据较为敏感，纪检监察工作一度被神秘化，绝

大多数纪检监察机关不能有效披露民众关心的信息，公布的数据流于形式，公开程度非常有限，民众感触不深；同时，由于信息公开的渠道和方法比较单一，不利于公众及时获取和了解，这些情况都成为公众甚至党政干部对纪检工作不重视、不理解的原因。因此，在纪检监察体制改革中，要重视信息公开工作。一是健全信息公开制度，对信息的来源、统计、处理、公开和反馈形成一套严密有序的公开制度，对可以公开的尽可能公开；二是充分利用网络平台记录和展现纪检监察工作进程和实绩，利用电视等媒体宣传纪检监察改革工作成效，让群众和党政干部熟悉纪检监察工作，同时也便于公众监督纪检监察工作。

（四）切实解决好对国家监察机关进行有效监督和制约的问题

国家监察体制的改革是权力配置体系的重大调整。国家监察委员会是一个新的国家机关，其行使的监察权必须接受监督和制约；纪检监察人员增多，手段措施更多，权力更大，对其进行有效的监督就更为重要。党内监督、行政监督、司法监督以及国家监督，都是党和国家监督权行使方式的变革，在这一变革中，要从制度上对监督权进行合理制约和限制，避免纪检监察部门出现“灯下黑”的情况，同时要防止监督权使用不当侵害干部权利，或者影响干部积极性造成改革创新动力不足的问题。

B.10 专业技术人员对创业创新及就业环境的感受和建议

王　荟*

摘　要： 近年来，我国重视并加大鼓励创业创新力度，致力于营造良好的就业环境。根据国家的安排部署和各项制度设定，甘肃省政府一直在进行适合本省省情的探索和实践，连续出台了多项鼓励创业创新、促进就业的政策，充分显示出对双创和就业的重视。专业技术人员作为自主创业、独立创新的主要群体之一，是这一系列政策的受益者，其对就业环境变化的敏感度亦较高。课题组以专业技术人员为主要调查对象，通过汇总分析其对创业创新及就业环境的感受和建议，发现其中存在的问题，并提出若干建议。

关键词： 专业技术人员　创业创新　就业环境

近年来，我国重视并加大鼓励创业创新力度，致力于营造良好的就业环境。2015 年 3 月 5 日，李克强总理在政府工作报告中指出：推动“大众创业、万众创新”。2016 年“两会”期间，涉及创业创新的一些新词如“大众旅游时代”“人地钱”挂钩和“工匠精神”“众创、众包、众扶、众筹”“分享经济”“互联网 + 政务服务”“容错纠错机制”“海外仓”等新鲜出

* 王荟，甘肃省社会科学院决策咨询研究所助理研究员，主要研究方向为信息经济与区域经济发展。

炉，一些旧词如“大众创业、万众创新”则继续火热，充分显示出国家对此的重视和行业自身蓬勃的生命力。2017 年，十二届全国人大五次会议闭幕后，国务院总理李克强在会见中外记者并回答记者提问时提到，要向市场主体发出“前行、前行、再前行”的信号，向依靠劳动创业创新者亮起“可以、可以、再可以”的绿灯。

甘肃也连续出台多项鼓励创业创新的政策，将双创纳入“十三五”规划，实施陇原双创千亿元行动计划，出台了一系列政策措施。不断完善体制机制，加大双创制度供给，培育了一批众创空间和产业孵化器，落实了税收优惠政策，加大新兴经济领域资金投入，举办各类创业创新大赛。“双创”已经成为甘肃省新旧动能转换的重要加速器，培育新经济新业态的重要孵化器，稳增长、调结构、促就业的重要助推器。而专业技术人员作为自主创业、独立创新的主要群体之一，是这一系列政策的受益者，其对就业环境变化的敏感度亦较高。课题组以专业技术人员为主要调查对象，通过汇总分析其对创业创新及就业环境的感受和建议，发现双创和就业方面存在的问题，提出建议意见。

一　调研目的、方法和样本概况

（一）调研目的

一是了解甘肃省创业创新及就业环境方面的政策宣传推广力度；二是了解专业技术人员这一创业创新主体对甘肃省创业创新及就业环境的主观认识；三是发现甘肃省创业创新及就业工作方面存在的一些瓶颈和桎梏；四是针对调研暴露出的问题提出意见建议。

（二）调研方法

选择合适的调研方法直接关系到调研工作开展，本课题主要运用以下几种社会学调研方法：问卷调查法——以获得调查对象书面的社会信息；访谈调查法——由于舆情调查的问题比较深入，而我们的调查的样本数量有限，故运用个别访谈的形式来发现双创和就业方面存在的新事物、新情况和新问题；抽样调查法——本课题的调研范围广、耗时长、难度大，故在全省范围开展调研时采用随机抽样的方式选取了调查样本。

（三）样本概况

调研工作于2017年7月至8月间开展，调研区域主要包括：兰州市、庆阳市、武威市、平凉市，共发放问卷192份，收回有效问卷180份，问卷回收有效率为93.75%；男性比例为67.22%，女性比例为32.78%；汉族比例为92.77%，回族比例为6.67%，蒙古族比例为0.56%；20~30岁的比例为26.11%，31~45岁的比例为55.56%，46~60岁的比例为13.89%，60岁以上的比例为4.44%；文化程度方面，大专的比例为7.22%，本科的比例为67.78%，硕士及以上的比例为25.0%；初级职称的比例为28.89%，中级职称的比例为47.22%，高级职称的比例为23.89%；被访者所从事的行业涵盖教育培训、建筑施工、医疗、财务管理等。

二　调研信息汇总与分析

通过对调查问卷的数据进行汇总，做如下具体阐述及分析。

（一）专业技术人员对国家和甘肃省出台的鼓励创业创新以促进就业的具体政策了解程度偏低

在问及“您对于国家和甘肃省出台的鼓励创业创新的多项政策的了解程度”时，有1.11%的被访者选择“都很清楚”；有5.0%的选择“部分了解”；有28.33%的选择“个别了解”；有54.45%的“听说过但不了解”；有11.11%的选择“不知道”（见图1）。对于选填了“都很清楚”和“部分了解”的一些被访者，通过再次询问，发现他们了解政策的途径主要为媒体、单位文件、同事和朋友介绍等，对政策的具体使用和各种优惠条件等方面的了解程度其实也相当有限；仅有个别事业单位的离岗创业人员对有关政策较为清楚，但也局限于自己所在行业和所从事的专业方面。整体看来，被访者对国家及地方政府对促进创业创新方面的一些政策举措相关内容的熟悉程度偏低。

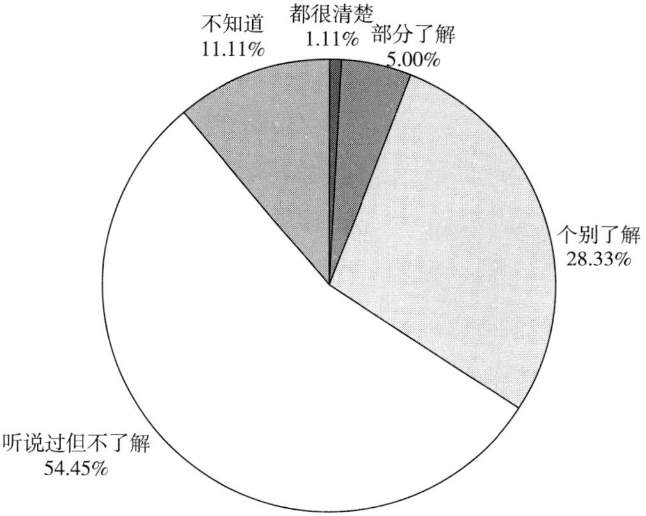

图1　专业技术人员对国家和甘肃省出台的鼓励创业创新的多项政策的了解程度

（二）专业技术人员所在单位在鼓励创业创新方面给予的支持力度有限

在问及“您就业的单位在鼓励创业创新方面给予的支持力度如何”时，有3.89%的被访者选择“很好”；有16.67%的选择“较好”；有47.78%的选择“一般”；有24.44%的选择“不好”；有7.22%的选择“很差”（见图2）。选择“很好”和“较好”的合计比例为20.56%，同时，选择“不好”和“很差”的合计比例为31.66%。可见，根据专业技术人员所处的行业和单位的差异，其可获得单位支持创业的动力是有限的，部分单位由于人才紧缺，并没有积极地促进专业技术人员的再创业，这无形中消减了他们的创业创新热情。

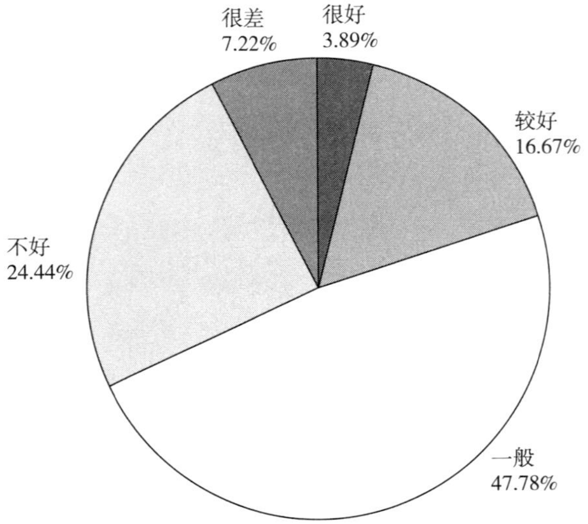

图 2　专业技术人员所在单位在鼓励创业创新方面给予的支持力度

（三）专业技术人员的创业或再就业倾向情况较复杂

在问及“您在短期内（一年内）有没有创业或跳槽的打算”时，有 18.33% 的被访者选择“有”；有 81.66% 的选择“没有”。在问及“您在长期内（一年以上）有没有创业或跳槽的打算”时，有 23.33% 的被访者选择“有”；有 76.67% 的选择“没有”。

上述两题是考察被访者的潜在创业或再就业意愿的，也能从侧面考察其所面临的创业创新和就业环境的整体状况。从选择情况来看，不论是短期选择还是中长期的预判，这一比例都不是很高。对选择有创业或再就业意愿的被调查对象进行问卷数据的交互分析，发现有九成左右的被访者都是年龄段在 30～45 岁、拥有高级职称的技术专家。可以说这部分人才是甘肃省创业创新方面的排头兵，但是他们的创业或再就业并不一定就选择落户甘肃。如何将这有限的既有创新能力，又有创业创新意愿的人才留在甘肃，是课题要重点考虑的问题之一。

（四）专业技术人员在创业创新及就业方面面临的困难较多

在问及“导致您没有创业或跳槽的主要原因”时，有48.89%的被访者选择“资金问题”；有14.44%的选择“政策问题”；有21.67%的选择“市场风险问题”；有8.89%的选择“劳动力问题”；有6.11%的选择“个人原因”（见图3）。

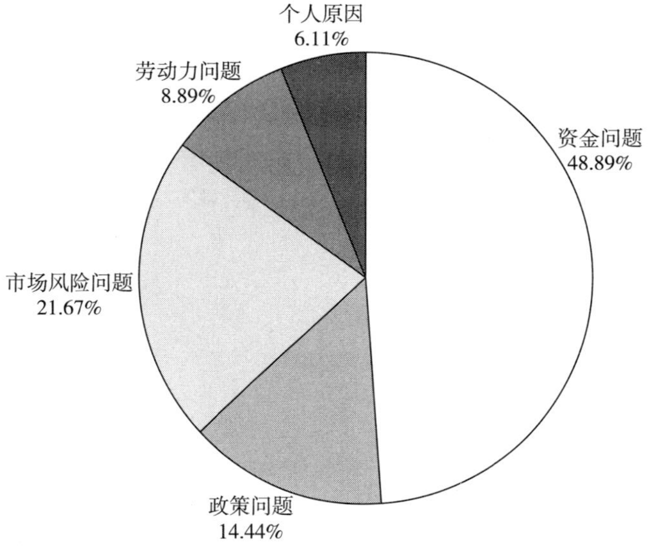

图3 专业技术人员在创业创新及就业方面面临的困难

由此可见，影响创业或再就业选择的第一原因在于经济因素——或是没有项目启动资金，或是没有风投机构的投资，或是家庭经济收入限制了创业或再就业的选择范围；影响创业或再就业选择的第二原因则在于对市场风险的判断，甘肃省主要依赖的投资拉动型经济增长模式面对产业升级的要求并不占优势，服务业的发展水平相对滞后主要表现在传统服务业比如餐饮、娱乐、教育培训等方面的市场基本饱和，同时新兴服务业比如金融、计算机服务业、软件服务业、租赁业、科技交流业、推广服务业等方面则发展动力不足，整体疲软。这一系列因素也掣肘了专业技术人员的创业热情。

（五）专业技术人员对促进创业创新具体政策的认可支持度分析

1. 专业技术人员更关注离职创业的“后路”和各项优惠政策

在问及“您认为下列哪些推动创业政策较好（多选）”时，有48.33%的被访者选择“平等对待各类创业主体”；有60.56%的选择“重点扶持城镇未就业人员通过自主创业实现就业、带动就业”；有67.22%的选择“加强对初始创业人员培训”；有72.22%的选择“培训扶持各类就业困难人员自主创业”；有66.11%的选择“做好自主创业人员人事社会保障代理服务”；有73.19%的选择“放宽自主创业人员工商注册条件”；有80.56%的被访者选择“鼓励事业单位人员创业，离职创业保留三年待遇”；有48.33%的选择“降低创办企业注册资金门槛”；有56.67%的选择“简化创办企业经营场所证明手续”；有69.44%的选择“减免对创业人员的行政性收费”（见图4）。选择比例最高的三项依次为：“鼓励事业单位人员创业，离职创业保留三年待遇”“放宽自主创业人员工商注册条件”“培训扶持各类就业困难人员自主创业”。可见，专业技术人员更关注离职创业的“后路”和各项优惠政策，相应的，对这方面政策的认可度就较高。

2. 专业技术人员的创新热情需要更大力度的政策支持来激发

在问及“您认为下列哪些促进创新的政策较好（多选）”时，有52.22%的被访者选择“营业税企业所得税采取‘先征后奖’”；有84.44%的选择“以股份或出资比例等形式奖励科技人员暂不征个税”；有58.33%的选择“5年内争取筹资20亿~50亿元发展高新技术产业”；有88.33%的选择“科技人员离岗创业保留3年待遇”；有79.44%的选择“在兰州新区设立国家级工程技术研究中心，国家奖励500万元”；有80.56%的被访者选择“突出贡献科技人员可获股权奖励”；有39.44%的选择“引进国内外公益机构将免费用地”（见图5）。选择比例最高的三项依次为：“科技人员离岗创业保留3年待遇”“以股份或出资比例等形式奖励科技人员暂不征个税”“突出贡献科技人员可获股权奖励”，选择比例都超过了80%。可见，专业技术人员的创业热情是有潜力可挖的，这需要更具体的激励政策来激发。

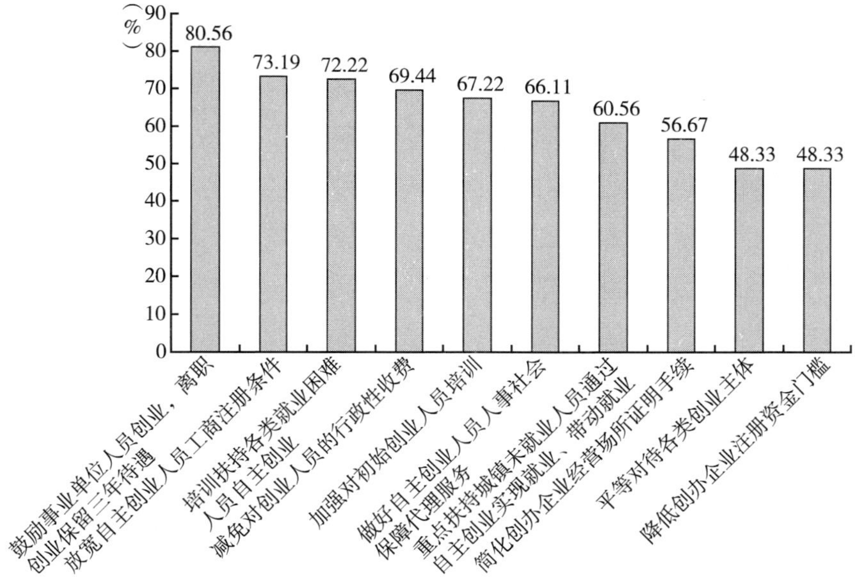

图 4　专业技术人员对促进创业创新具体政策的认可支持度

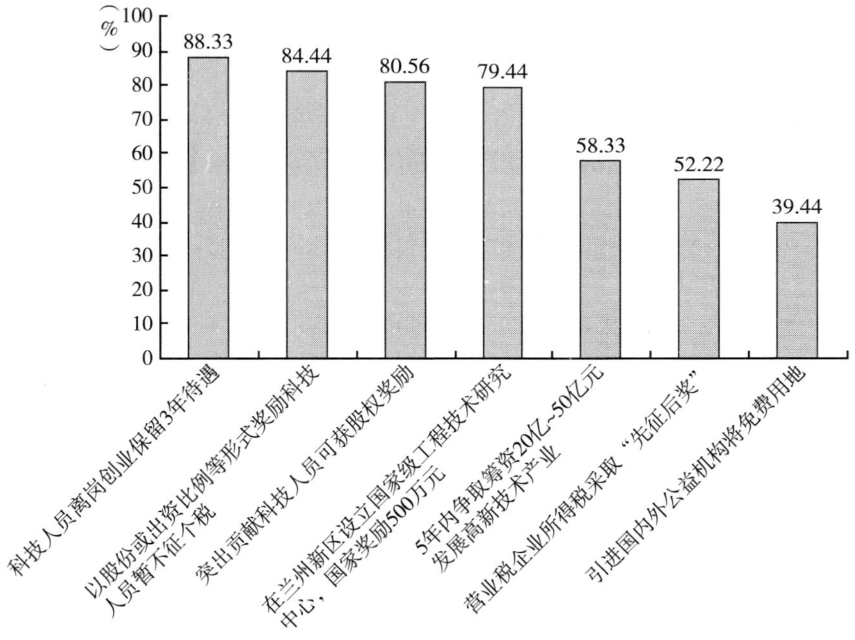

图 5　专业技术人员对促进创新的政策的认可度

（六）专业技术人员对甘肃就业环境的主观感受

在问及“和您专业相同的初级专业技术人员在就业时压力大吗”，有62.78%的被访者选择“很大”；有19.43%的选择“较大”；有6.67%的选择“一般”；有8.33%的选择“不大”；有2.78%的选择“很好就业”。

在问及“和您专业相同的中级专业技术人员在就业时压力大吗”，有18.89%的被访者选择“很大”；有23.33%的选择“较大”；有41.67%的选择“一般”；有12.22%的选择“不大”；有3.89%的选择“很好就业”。

在问及“和您专业相同的高级专业技术人员在就业时压力大吗”，有3.33%的被访者选择“很大”；有3.33%的选择“较大”；有22.23%的选择“一般”；有53.33%的选择“不大”；有17.78%的选择“很好就业”。

通过对上述三题的综合分析，整体看来，拥有高级职称的专业技术人员在择业时选择面较大，中级和初级的选择面就相对较窄，这符合人才市场的供需曲线。但是，也要看到初级职称或首次就业的专业技术人员所面临的就业形势是比较严峻的，在这样的情况下，通过推进创业创新最终实现相当比例的自主就业就显得更有意义。

（七）专业技术人员对甘肃省创业创新及就业环境的整体评价偏低

在问及“请您对甘肃省当下的创业创新及就业环境给出整体评价”时，没有被访者选择“很好”；有16.67%的选择“较好”；有56.67%的选择“一般”；有17.22%的选择“不好”；有9.44%的选择“很差”（见图6）。认为偏好的比例为16.67%，认为一般和偏差的比例合计为83.77%，整体看来，专业技术人员对甘肃省当下的创业创新及就业环境的满意度是偏低的，依然有较大的提升要求。

（八）专业技术人员对发展甘肃省创业创新及就业环境的建议

课题组在选择题为主的基础上，设计了一道开放式的问答题：“请您就如何进一步改善甘肃创新环境，鼓励开展创业，促进就业谈一谈自己的看

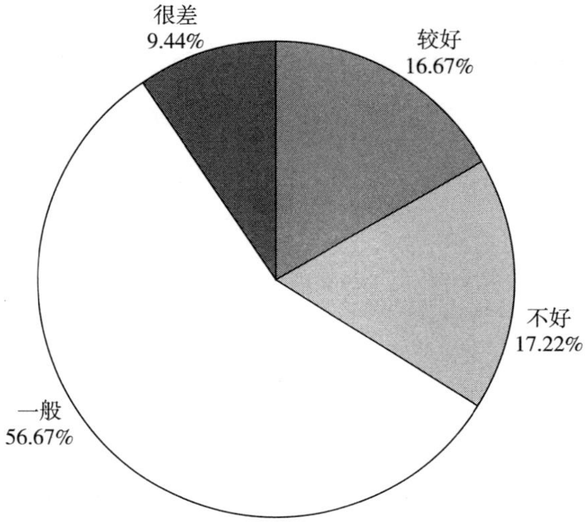

图 6 专业技术人员对甘肃省创业创新及就业环境的整体评价

法”。希望更详细地了解民众的意见，请其就政府在进一步改善甘肃创新环境、鼓励开展创业方面还应该如何作为来谈一谈自己的看法和建议。通过梳理，在 180 份有效问卷中，一共有 76 人提出了一些较为具体的问题和建议，主要内容汇总见表 1。

表 1 专业技术人员对发展甘肃省创业创新及就业环境的建议汇总

单位：人，%

主要内容	人数	比例
全面创新创业的社会氛围偏弱	17	22.37
以双创推进自足就业的难度较大，人们普遍求稳不愿冒险	12	15.79
创业贷款的审批过程较长，审批额度较小	16	21.05
对鼓励在职在岗的专业技术人员自主创业方面的支持政策力度不够	23	30.26
创新创业型人才流失严重	8	10.53
合　　计	76	100

梳理被访者的具体回答，主要可归为五个方面的问题：认为“对鼓励在职在岗的专业技术人员自主创业方面的支持政策力度不够”的占

30.26%；认为“全面创新创业的社会氛围偏弱”的占22.37%；认为“创业贷款的审批过程较长，审批额度较小”的占21.05%；认为“以双创推进自足就业的难度较大，人们普遍求稳不愿冒险”的占15.79%；认为“创新创业型人才流失严重”的占10.53%。这五个方面的问题可以说就是专业技术人员在创业创新及就业过程中所遇到的主要瓶颈和桎梏。解决好这几个方面的问题对于改善甘肃省的创业创新及就业环境将产生重要影响。

三　调研结果分析与发现的主要问题

通过梳理问卷调查数据，汇总各方的意见与建议，基本可以研判出专业技术人员对甘肃省创业创新及就业的感受与要求。整体看来，虽然近年来甘肃省一直在促进双创、提高就业方面做着不懈的努力，但囿于甘肃自己的经济发展水平和诸多因素，甘肃的双创一直有着政府大力推广和支持、民间却热度短缺的尴尬境地。结合调研结果，究其原因，我们认为主要有以下几点短板亟待补齐。

一是创业创新、自主就业的社会氛围不够热烈，“双创土壤”亟待加肥夯实。二是创业的方式和运营模式层次偏低，造血功能不强，很多仅依靠收取租金或提供技术附加值很低的劳动服务为生，其他高附加值的创业模式比例小。三是国家和省财政资金对中小微企业创业创新的支持力度不够，占财政资金的比例较低。四是在推进双创和培育发展新动能方面的探索和实践不够，高水平、高质量的创新供给与产业转型升级的需求还有差距，在一定程度上制约了“双创”的规模效应。五是优质的双创和就业服务平台较少，服务功能不强，创业专业服务人才紧缺。

四　甘肃省进一步推进就业和双创工作的几点建议

课题组通过对专业技术人员就甘肃省创业创新及就业展开的问卷调查数据进行汇总和分析，从中发现了甘肃省在双创和就业方面存在的一些普遍性问题。在创业创新环境的营造以及自主就业意识的提升过程中，主体不仅包括专业技术人员，还涵盖有大中专毕业、失业人员等多个阶层。在此，针对调查中暴露的主要问题，结合甘肃省双创和就业中需要着力的几个方面，提出几点建议。

（一）人——从“创”字解读看创业者层面的制度设计

“创”字的金文，像一个躺着的人，手上脚上都有小竖，表示受了创伤，是个指事字。“创伤”与“创业”同用“创”字，便可看出创业创新过程中创业者这个“人”作为双创工作的主观能动主体，难免遇到困难和挫折。如何发挥好“人”的作用，如何培育“人”的创业意识，如何鼓励刺激出“人”的双创热情等问题，需要重点关注。

1. 对“双创”主体做分层研究，健全多样化的创业创新培育机制

虽然提倡全社会“大众创业、万众创新”，但必须认识到“双创”的主体一是大学生，二是专业技术人才，三是归国留学人员。无论是打造“众创空间”，还是建设“孵化器”，人才于其都是不可或缺的重要因子。在这样的“双创”主体分层的基础上，根据这三类主体在“双创”中的不同定位与选择，研究制定有的放矢的人才培育政策，才能从根本上助力“双创”行为落地生根结果。

一是针对大专院校在校学生，建议从大一就开始开设就业、创业、创新方面的课程或讲座，制定相关的鼓励政策，督促大学生早早尝试兼职就业，早早培育创业意识，早早发现创新苗头，而不是等到大三、大四临近毕业、直面就业的严峻现实之时才意识到“双创”的重要意义。二是针对专业技术人员，建议进一步细化“双创”鼓励政策，解决创业创新的后顾之忧，激发创新热情。要深化科研管理体制改革，营造良好的创新生态。建议以“放管服”改革为重点，清理废除科研管理全流程中一切妨碍创新活动的规定和做法。完善科研经费管理办法，简化预算编制，下放预算调剂权限，合理有效地配置和利用好科研经费。三是针对归国留学人员。当前我国迎来了新一轮的留学人才归国创业热潮，甘肃省亦不例外，虽然这部分人才基数不

是很大，但要及时乐观地抓住这一趋势。建议研究制定更为优厚的留学人员回国创业创新支持计划并通过高端媒体广泛宣传甘肃的创业政策及环境，以竞争意识和兄弟省份争夺这部分人才资源，为甘肃发展储备高端人才做好政策先行工作。

2. 畅通人才双向流动渠道，最大限度提升人才利用水平

建议改革科技人员薪酬、职称和岗位管理制度，完善社保关系转移接续政策，促进人才在事业单位和企业间合理流动。一是建立“双师流动兼职制度”，支持企业工程师兼职当教师、教师到企业兼职当工程师。建议将企业任职经历作为高等院校新聘工程类教师的必要条件。二是选择部分科研院所、高等院校开展从事科研工作的“双肩挑”领导人员科技创新改革试点，准许其在完成岗位任务的前提下，在甘兼职从事技术研发、产品开发、技术咨询、技术服务等成果转化活动，并取得合法报酬，或在甘创办、领办、联办科技型企业，并取得相应合法股权或薪资。三是鼓励“双肩挑”人员离岗转化科技成果、创办领办科技型企业。

（二）财——“双创”的政府资金扶持广度和深度需要进一步扩展

资金层面的扶持和鼓励是非常关键的，但囿于甘肃省各级财政的支持能力，需要在资金分配和使用过程中寻找最优配置，以实现最终的经济效益和社会效益最大化。

1. 在“大批培育”和“重点培育”之间找到资金配置最优点

创业创新工作的开展不可能是一蹴而就，而是有一个零—量变—质变的过程的。目前甘肃省还处于量变—质变的阶段，尤其是在“双创”的总体规模和范围上还有很大的发展空间。只有在“双创苗圃”中培育出大量苗子，这些苗子中的一部分才可能最终成长为支持“双创”、推进甘肃就业和经济发展的中流砥柱。建议在“大批培育”和“重点培育”之间找到资金配置最优点。要全面放宽初次创业的贷款准入门槛，附以较低额度的贷款支持；而对深度创业和有一定发展前景的项目和企业，要全面地考察贷款指标、创业团队的成熟度、创业效益预期等多项指标制定差距较大、不同

额度的贷款政策；对于个别创业前景和效果较好的项目，可安排具体部门跟踪考察，对于达到一定标准的创业项目和企业给予特批的各项优惠政策。

2. 在“短期效果”和“长期愿景”之间留置财税支持缓存点

一是要根据创业创新的项目，制定不同的财税政策。创业创新的项目种类繁多，有些项目属于“短频快”，投资水平较低，经济效益见效快；有些项目属于“高大上”，投资规模较大，经济效益巨大但回收期长、社会效益深远。针对这两种不同类型的项目，建议设置不同的资金支持和财税制度安排，并实施长效考核和动态管理，通过实施项目年度评估，重点考察项目服务提供情况、企业或项目的存活率、带动就业情况、年营业额等，视情况予以奖补。二是重视产业培育，重点打造科技型创新园区体系。加快科技型创新园区建设，积极塑造更多依靠创新驱动、更多发挥先发优势的引领型企业，制定实施技术能级提升、产业提质升级、高端人才会聚等政策，助力甘肃省产业升级。

3. 在“落实贷款”和“贷款偿还”之间构建信用担保最优模式

甘肃经济发展水平相对较低，财政负担较重，在“双创”中提供的贷款金额必须实现较高水平的利用率，这就在确保贷款资金安全和偿还能力方面有着更高的要求，需要在“落实贷款”和“贷款偿还”之间构建信用担保最优模式。建议进一步健全“政担银”金融服务机制，让创业者有资金创业。一是优化扶持政策。在同国家和省政府各项政策保持同步的情况下，可会同省人社厅、科技厅、发改委等部门，由各地市出台符合本地区情况和特点的具体资金担保贷款方案。进一步优化创业担保贷款政策，提高贷款额度上限和小微企业贴息比例，将个人保证范围从公务员扩大到事业单位、大型国有企业工作人员，同时，重点凸显对网络创业等新业态和科技型小微企业的支持。二是健全服务模式。不断健全“政担银”金融服务新模式，积极推行“政策性 + 商业性”组合贷款，探索实施无抵押物、无保证人优质创业项目担保工作，降低贷款门槛，提高放贷效率，畅通融资渠道。三是尝试放宽创业创新的人员准入门槛。在不违反国家相关政策的前提下，建议考虑出台针对中高级技术、管理岗位的人才创业创新的鼓励政策，除单位法人和党组成员外的其他干部均可鼓励在岗、在职创业。

（三）政——服务型政府一定要做到实处

1. 健全多样化的创业培训机制，让创业者有能力创业

建议在全省范围的科研院所、企业、事业单位等专业技术人员密集的部门扎实推进 GYB（创业意识） + SYB（创业培训） + IYB（改善企业）的“阶梯式”创业培训，通过整合全省的职业技能培训机构（包括创业培训机构），组建省级培训联盟，运用“行政 + 市场”的手段，引入第三方搭建培训服务平台，提供从需求掌握、生源组织到看展培训、帮扶创业的全程服务。建议不断创新培训形式，丰富培训内容，增强创新实效。可以以兰州市为试点，开展网络创业培训，将“互联网 + ”引进培训讲堂，邀请知名企业家、投资机构负责人等专家举办创业名师大讲堂，举办创业引领者——创业培训师师资赛课活动。建议以 2016 年 7 月事业单位调整工资结构为契机，放开事业单位绩效工资构成比例的限制，允许事业单位自主确定绩效工资构成比例，扩大分配自主权，激发专业技术人员的创业创新能力。

2. 营造创客文化环境，深化创业型城市创建

一是建立完善创客空间。支持各类机构建设低成本、便利化、全要素、开放式的创客空间。支持创客空间减免租金为创客提供创新创业场所。支持创客空间完善软件、硬件设施，提升服务能力和服务功能。二是营造创新、开发、互联、共享的创客创新文化氛围。鼓励创客在“互联网 + ”、大数据、人工智能等新技术框架下，开展产品众筹、研发众包等商业模式创新。

3. 以市场化导向为主，灵活变通地提升项目转换能力和速度

一是强化科研项目立项的市场化导向。建议设立以企业家和产业专家为主体的技术创新战略咨询委员会，参与技术创新规划、计划、政策的制定和科研项目立项决策。建议采用财政后补助、间接投入等方式，引导支持企业先行投入。二是下放科研成果使用、处置和收益权。建议将科技成果转化所得全部留归项目承担单位，处置收入不上缴国库。允许高校、科研院所以协

议方式确定科技成果交易价格和作价入股比例。在三年内未能转化的科技成果，可依法通过强制许可、权利让渡等措施促进其加速转化。

4. 健全体系化的政策扶持机制，让创业者有创业支撑

一是做好政策“加法”。不断优化创业培训补贴、创业担保贷款、创业孵化基地（园区）认定管理、网络创业认定扶持、领金失业人员一次性就业创业补助、大学生在校求职创业补贴、高校科研院所专业技术人员保留人事关系带项目带成果离岗创业或作为科技特派员从事农村科技公益服务或深入农村开展科技创业、鼓励应届高校毕业生到基础创业等一批直接扶持创业政策。二是做成本“减法”。加大社保补贴、岗位补贴、稳岗补贴、失业保险降费等就业政策打包落实力度，引导初创企业吸纳重点群体就业，降低用工成本。

专 题 篇

Special Subjects

B.11
供给侧改革背景下企业政治思想工作的调查

魏 静*

摘 要： 在我国当前推进供给侧结构性改革的背景下，企业，特别是国有企业面临着去产能、促研发、提升和优化产品结构、完善管理模式、增强市场竞争力等艰巨的任务。本文以实地问卷调查为研究方式，以国有企业政治思想工作现状为研究内容，针对企业当前政治思想工作中存在的问题，认为应从完善企业薪酬分配机制、强化企业党建工作、提升工会职能、提高企业干部思想水平以及创新企业文化和提升管理水平等方面着手，使政治思想工作能够顺应时代的发展，助推企业改革的进程。

* 魏静，甘肃省社会科学院丝绸之路研究所副研究员，主要从事地方史研究。

关键词： 供给侧改革　国有企业　政治思想工作

2015 年 11 月中央财经工作小组十一次会议上，习近平总书记着重强调要加强我国经济的供给侧结构性改革。供给侧结构性改革是在我国经济发展进入“新常态”的背景下提出的，改革开放 30 多年来，我国经济发展虽取得了令人瞩目的成绩，但随着人口红利的衰退、“中等收入陷阱”风险的加大、世界经济格局的变化等一系列内外因素的出现，一系列问题正制约着我国经济的进一步发展，过度依赖“三驾马车”来拉动经济的模式已经不能适应新的形势。当前制约我国经济发展的突出问题明显，如在供需关系方面，企业生产力变革滞后，利润下滑，亏损严重，产能严重过剩。在产品供给方面，缺乏科技含量，创新力不够，导致中低端产品过剩，高端产品不能满足需求。在产业结构方面，“三高”企业明显偏多，绿色低碳产业以及高附加值的产业较少。另外，城乡二元结构改革的制约性因素突出、生产要素的不合理配置、收入差距的持续扩大等都是明显制约我国经济社会进一步发展的障碍。在此背景下，企业的供给侧结构性改革势在必行，一要加快去过剩产能的进程；二要以创新的精神加快企业转型升级的步伐，实现从低端产业向高端产业的迈进，以提高产品的市场竞争力；三要创新思维加强自身管理，提高工作质量和效率，控制成本费用，通过合理合法的方式实现企业利润的最大化。

在我国供给侧结构性改革的背景下，企业的政治思想工作如何？本课题的研究正是基于此背景进行的，主要是调查分析在供给侧结构性改革的影响下，企业政治思想工作的内容、现状以及存在的问题。本项研究以 ×× 集团公司为研究个案，采取问卷调查和深度访谈的方式，共向在职职工发放问卷 200 份，收回有效问卷 194 份，问卷有效率为 97%。

一 调查内容

（一）被访者结构

本次问卷调查涉及194位在职被访者，表1分别从性别、年龄、学历以及政治面貌四个方面对被访者的结构进行了归类统计。

表1 被访者结构比例

单位：人，%

项目	类别	统计数量	比重
性别	男	105	54.12
	女	89	45.88
年龄	21~30岁	34	17.53
	31~40岁	21	10.82
	41~50岁	67	34.54
	51~60岁	72	37.11
学历	初中及以下	18	9.28
	高中、中专、技校	44	22.69
	大专	37	19.07
	本科	72	37.11
	硕士及以上	23	11.86
政治面貌	共产党员	53	27.32
	民主党派及无党派人士	8	4.12
	群众	133	68.56

表1反映了被访者的结构状况，被访者总数为194人，其中男性占54.12%，女性占45.88%；年龄分布上，51~60岁以及41~50岁的群体较多，分别占37.11%和34.54%；学历结构方面，本科人数居多，占37.11%，初中及以下和硕士及以上者为少数，分别是9.28%和11.86%，高中、中专、技校占22.69%，大专占19.07%。学历结构方面呈现的特征是中等学历的偏多，硕士及以上的高学历人才偏少。政治面貌方面，共产党

员占 27. 32%，群众居多，占 68. 56%，民主党派及无党派人士偏少，占 4. 12%。

（二）供给侧改革背景下，职工思想问题的突出表现

在企业深化供给侧结构性改革的背景下，去产能、促研发、部门和利益格局的变化等一系列因素都对职工的思想产生了深刻的影响，及时了解职工思想问题的突出表现，对于进一步提高企业职工政治思想工作的针对性，顺利实现供给侧改革具有不可低估的意义。图 1 是针对此项问题的调查数据结果。

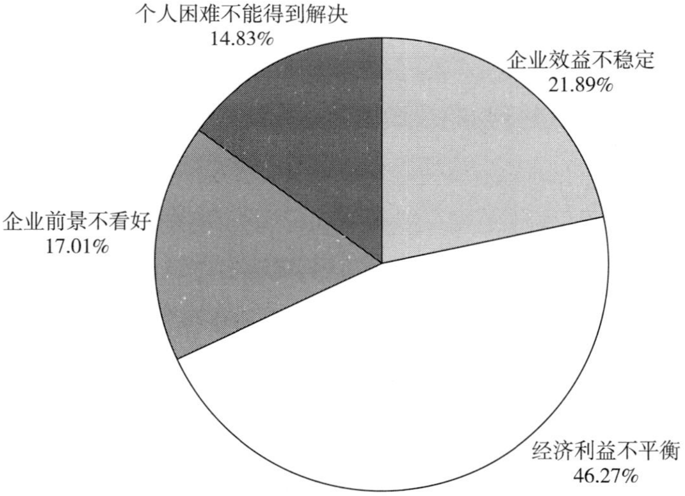

图 1　职工思想问题最突出的表现

图 1 表明，有 46. 27% 的被访者选择“经济利益不平衡”，其次是“企业效益不稳定”（21. 89%）、“企业前景不看好”（17. 01%）、“个人困难不能得到解决”（14. 83%）。近年来，我国国有企业内部薪酬差距逐渐加大，在改革深入推动的背景下，国有企业普遍实行经营责任制，企业部门经营者虽然承担了更多的经营风险、担当了更多的责任，但较高的收入年薪制以及股权激励制却拉开了与普通职工的收入差距，国有企业在体制上虽已改制多年，但从根本上讲不同于私有制企业，企业经营者承担的责任与风险和真正

意义上的私有老板是不一样的，然而他们的薪酬却与普通职工相差几十倍。这种收入差距使普通职工付出的劳动与得到的回报极其不相应，企业的激励机制不能有效形成，在党委和工会职能日渐衰退的局面下，国有企业的收入分配机制形成了“内部控制”的局面，劳资关系问题突出。正是由于这些因素的存在，在对职工思想问题的调查中，有占据多数（46.27%）的被访者选择“经济利益不平衡”这一选项。有21.89%的被访者选择“企业效益不稳定”这一选项，从当前经济形势看，国有企业存在的突出问题如研发创新能力低、产品在市场上缺乏竞争力、负债率高等诸多因素导致企业利润下滑，甚至出现负增长，有些行业，特别是有色金属行业，亏损局面尤为严重，这些因素都导致职工经济利益波动较大，对企业前景缺乏信心。

（三）职工思想问题的反映途径调查

随着企业改革的不断深入，绝大多数职工都或多或少存在一定的思想问题。比如，企业内部管理日趋严格，工作标准要求越来越高，监督禁令也越来越多，这些都导致一些职工认为企业管理缺乏人性化。又如，由于企业内部薪酬差距大，一些职工在工作中的消极心理日渐增强，没有将精力放在提升工作能力上，而是寻找机会和人事关系想办法到较轻松或工资待遇稍好一些的部门去。企业中一些部门劳动强度较大、节假日加班加点的现象普遍存在，而企业又不能按《劳动法》给予职工以相应的补偿，致使职工怨声载道。另外，职工之间也会因各种经济利益而产生纠纷、矛盾，有些困难职工因家庭经济上的困难或身体疾病上的因素导致各种思想或心理上的问题。以上这些，都在职工思想上造成了不同程度的影响，企业政治思想工作者只有及时摸清这些问题，在不断改进工作机制的基础上，有的放矢地展开职工思想工作，才能营造团结凝聚、奋发上进的工作氛围。那么，职工出现思想问题，通常向什么部门反映，这正是本项研究要着力要考察的内容之一，图2是相关调查数据结果。

从图2可以看出，企业职工出现思想问题主要是找单位领导解决，占被访者的57.02%。企业部门领导一般负责部门的各项管理工作，是本部门生

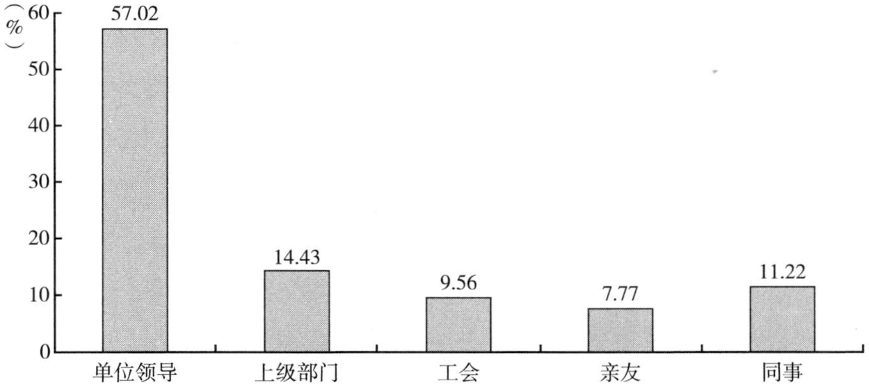

图2　职工思想问题的解决途径

产、质量、安全、管理及各项指标完成的第一负责人，企业部门负责人还负责组织实施本部门年度生产计划及生产任务，对各类报表、资料的真实性负责，负责员工的日常管理、组织纪律和奖惩措施，有权调整本部门的职工配置，有权对不合格产品提出异议等。总之，部门负责人（部门经理）是本部门的全权责任人，一般情况下，应具有较高的生产技术和能力，擅长处理人际关系和职工思想问题。部门负责人是一个承上启下的作用，上面有相关的生产管理部门，下面有班组和一线劳动者，是一个十分重要的角色。正是基于这些理由，职工一般出现什么思想问题，或是需要实际解决的问题、困难，都会找部门领导来解决。调查发现，找亲友诉说困难和问题的占最少数（7.77%），其主要是不愿意增加亲友的思想负担，另外对于解决实际问题也起不到明显作用。工会发挥的作用也不大，只有9.56%的被访者选择找工会解决问题，这主要是因为随着国企改革的深入，国企从原来的全民所有制变为国家所有制企业，企业管理者有了更多的自主权，厂长经理负责制强化了企业负责人对职工的管理和处置权，职工和部门负责人之间的矛盾、职工内部纠纷以及职工自身的思想问题或实际困难，都只能找企业负责人或上一级负责人解决。作为代表工人利益和解决劳资纠纷的工会却往往成为摆设，不能发挥实际作用。由于工会自身不是独立地监督和维护工人利益的组织，而是企业领导下的部门，因此就不能真正成为职工权益的维护者，而在解决职工思想问题方面，也就不能发挥什么实际的作用了。

（四）职工对企业政治思想工作的认知度调查

企业政治思想工作是企业管理工作中一项重要的内容，包括针对广大干部群众的对国家大政方针的宣传教育和学习，对企业文化创新的学习和践行活动，对改革背景下企业转型发展战略的学习和讨论交流，对依法治企和现代企业管理的专题知识学习，对党风廉政建设的学习交流，对困难职工群体的帮助活动等。企业政治思想工作的及时开展，对职工及时了解国家方针政策、企业发展战略规划、产品市场动向、企业文化建设、企业各类活动等都具有重要意义。另外，作为企业管理的重要内容，企业政治思想工作也是一种双向的实践活动，既有自上而下的学习宣传教育，也有自下而上的来自广大干部职工的思想心声、问题困惑、建议意见等。可见，做好企业政治思想工作对于企业上情下达和下情上达，理顺各种利益关系、营建和谐上进的企业文化，调动各方面工作积极性，增强企业的市场生命力具有重大作用。关于企业政治思想工作，广大干部职工又是怎样认知的？表 2 是具体的调查结果。

表 2　企业职工对开展政治思想工作的认知

问题	选项及统计结果			
您认为当前企业职工总体的思想状况如何？	稳定(22.07%)	比较稳定(51.14%)	不稳定(13.65%)	很不稳定(13.14%)
您认为政治思想工作对企业发展有用吗？	有用(60.83%)	有一些用(24.47%)	没用(10.43%)	不清楚(4.27%)
您认为当前企业开展的政治思想工作成效如何？	很显著(11.01%)	比较显著(26.55%)	一般(10.11%)	不显著(52.33%)
企业是否经常开展政治思想教育活动？	经常(17.84%)	不太经常(25.06%)	较少(54.48%)	很少(2.62%)

从表 2 可以看出，在问到“您认为当前企业职工总体的思想状况如何”这一问题时，多数被访者（51.14%）认为呈比较稳定状态。在当前去产能改革背景下，企业在严抓生产质量，营建安全生产环境的同时，也能较为重视和关心职工切身利益和职工合法权益，按时发放职工工资和劳保福利，及时上缴“五险一金”，从而确保了职工思想较为稳定的局面。在问到“您认为政治思想工作对企业发展有用吗”这个问题时，有多数被访者（60.83%）认为有用。企业的政治思想工作为企业顺利推进改革，实现发展提供了精神动力和思想保证，通过政治思想工作，多数职工认为政治思想教育工作能将职工的思想统一到企业的发展和企业的大政方针上，有利于提升职工的凝聚力和提高职工的整体素质，同时也有利于营造健康和谐的工作氛围。对于当前“企业开展政治思想工作的成效”这一问题，有多数被访者（52.33%）认为成效不显著。当前，企业虽然将思想政治工作纳入了绩效考核体系，实行量化打分制，但是针对广大一线员工政治思想工作的情况并不多。对于“企业是否经常开展政治思想教育活动”这个问题，有多数被访者（54.48%）认为较少开展。

（五）企业政治思想工作中存在的问题

当前，国有企业虽然十分重视政治思想工作，但仍然存在一些不容忽视的问题，如工会职能弱化，不能切实维护职工利益，在政治思想教育工作方面不能担当重要作用，只能履行各类文体活动的职责。单位基层党组织本应是最了解本部门情况的组织，然而近年来，基层党组织也不能发挥担当意识，积极主动和创新意识少，在本部门政治思想工作方面不能有所作为。当前，企业的政治思想教育工作一般都是由企业行政部门如宣传部门来承担的，这种工作机制只能从宏观和大局上开展工作，而不能使工作做到细致入微，这就致使思想政治工作相对于一线劳动者来讲，产生了一定的疏离感。那么，关于企业政治思想工作中存在的问题，可以从图 3 的调查结果中得到一定的反映。

从图 3 可以看出，就企业政治思想存在的问题，调查数据比例从高到低

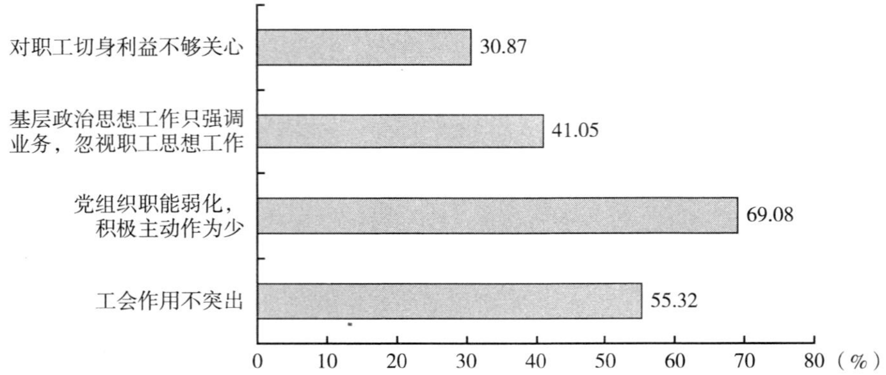

图3　企业政治思想工作中存在的问题

依次是“党组织职能弱化，积极主动作为少”（69.08%）、“工会作用不突出”（55.32%）、“基层政治思想工作只强调业务，忽视职工思想工作”（41.05%）、“对职工切身利益不够关心”（30.87%）。可以看出以上这些问题都或多或少地存在，企业基层党组织职能弱化是因为现代企业不同于传统的党委领导下的厂长负责制。在现代国有企业中，股东会是最高权力机构，董事会对总经理实行委托制，企业的重大决定由董事会决定，原来的党组织由领导地位变为从属地位，没有实权。在此背景下，党建工作严重弱化，政工部门人员精简，部门压缩，甚至将政治思想工作作为相关行政部门、处室的兼职工作，这使得党建部门不能切实履行职责。在深抓产品质量、开拓市场、提升经济效益的管理理念和意识下，基层党组织和工会所做的事情被认为是生产经营之外的编外事情，不能创造经济效益，这使得其权利和地位出现了一定程度的虚化和弱化。党建组织和工会人员少、经费低，又不受到重视，不能很好地履行本职工作也就在所难免了。在企业基层部门，由于党组织职能弱化，领导能力低下，职工在出现思想问题时首先想到的不是党委，而是部门负责人（经理），但是部门负责人主要关心的是职工工作业务、产品质量、生产任务的完成情况，将部门政治思想的学习、宣传和教育工作作为分外之事，对于职工自身的思想问题更是无暇顾及，遇到问题，就向党委推脱，而党委也因长期不受重用而敷衍了事，这就使得基层政治思想工作没有了依托，职工的思想问题和切身利益也得不到切实解决。

（六）企业干部如何提高政治思想水平调查

国有企业干部包括企业经营者、党委政工干部，企业干部整体素质的好坏对国有企业的兴衰成败具有关键性作用。对于企业经营者来讲，政治思想水平的高低主要体现在是否能够树立正确的人生观和价值观，是否能够持续不断地加强对自身党纪、政纪和法纪的学习和教育，是否能够遵守职业道德、增强自身拒腐防变的能力和素质等。对于企业党委政工干部来讲，针对当前企业政工干部工作职责普遍弱化的情势，2016 年 10 月，在国有企业党建工作会议上，习近平总书记强调坚持党对国有企业的领导不动摇，发挥企业党委的政治和领导核心地位，坚持党委对企业选人用人的领导和把关作用不动摇，努力提高企业领导干部的整体素质，以增强企业的市场竞争实力。作为企业党委政工干部，应牢牢掌握企业意识形态工作的领导权和主动权，具备高度的思想洞察能力，善于发现问题，并能及时解决问题，通过不断地学习，提高素质，顺应时代的要求。另外，企业党政干部应具备与职工群众融洽相处的能力，不断提高与一线群众的亲和力，提高政治思想工作的有效性。政工干部还应具备较强的责任感，发挥党员模范带头作用，积极协调好各个部门职工之间的团结协作，协调好企业领导层之间的团结协作，以配合企业的生产，提升企业的生产效率。对于企业干部如何提高自身的政治思想水平，本课题设计了开放式的问卷题目，以期进一步了解被访者是如何认识这一问题的，调查结果见图 4。

“清正廉洁”“务实的工作作风”“管理知识和管理水平”“改革创新的工作意识和能力”四个评价指标是衡量企业领导干部政治思想水平最基本的参照。图 4 显示，选择“清正廉洁”的占多数（82.45%），选择其他几个指标的比例也都比较高，这说明被访者对用这四个指标来衡量领导干部政治思想水平是认可的。清正廉洁是国有企业领导干部最基本的道德准则和行为规范，在国有企业中以权谋私、渎职侵权的问题较为突出，每年都会有大

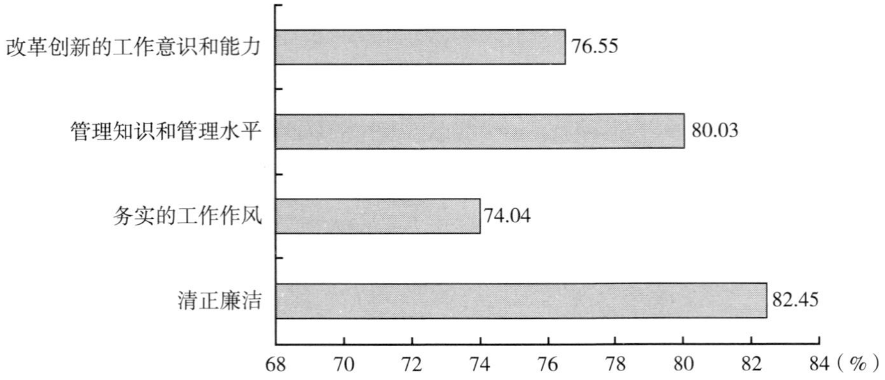

图 4　企业干部如何提高自身的政治思想水平

量贪污腐败案件发生，这主要是由国企缺乏完善的监督机制、党建工作滞后、监督部门缺乏独立性、企业经营管理不透明等原因造成的，因此国有企业应不断加强廉政建设，突出企业监察部门的职能，增强其独立性。政工部门应做好廉政宣传教育工作，引导和教育领导干部时刻保持清廉的心态。另外，国有企业还应建立起完善的责任考核和奖惩机制，对企业管理者的业绩和勤勉状况做重点考核，通过民主测评、个别谈话、跟踪调查等渠道了解领导干部的工作情况，及时杜绝腐败的滋生。国企领导干部还应具备求真务实的工作作风，在工作中坚决抵制打着扩大再生产的旗号，盲目投资、粗放扩张、滋生腐败、没有经济效益的行为；同时也坚决抵制不顾市场规律、不权衡企业实力、急功近利的政绩工程。这些投机务虚的行为没有将工作的重心放在提升企业研发创新能力、提升产品市场竞争力上，严重阻碍了企业的健康良性发展。企业领导干部还应不断提高个人知识水平和能力素质，将新知识、新技术和创新的工作和管理理念运用到实际工作中，以适应时代的发展，推动企业经营能力和管理水平的提高。

（七）企业职工对政治思想工作满意度的调查

针对职工，尤其是一线职工的政治思想宣传教育活动是国有企业政治思想宣传教育活动中一项十分重要的内容，针对职工的政治思想宣传教育不应仅仅停留于形式层面，应切实推进思想宣传教育工作进入生产一线，进车间班组，开展面对面的谈心交流，及时了解职工的思想动态，理顺情绪，化解矛盾，排除隐患，消除职工与政治思想工作的疏离感，营造健康向上、稳定和谐的工作氛围。国有企业应将深入一线进行政治思想工作作为一种长效机制，使其发挥持续的效应。在政治思想工作内容上可以形式多样，除了谈心交流，了解职工思想问题，还可以结合自己实际工作交流讨论对国家大政方针、企业生产任务和发展前景、企业文化建设等的认识理解和心得体会。另外，还可以经常举办各类技术比武、业务培训和文体活动，鼓励职工积极参与，以提高职工的素质和能力，丰富职工的业余文化生活。据此，针对职工群众的政治思想宣传活动究竟开展得如何、职工的满意度如何做了调查，图5是调查数据结果。

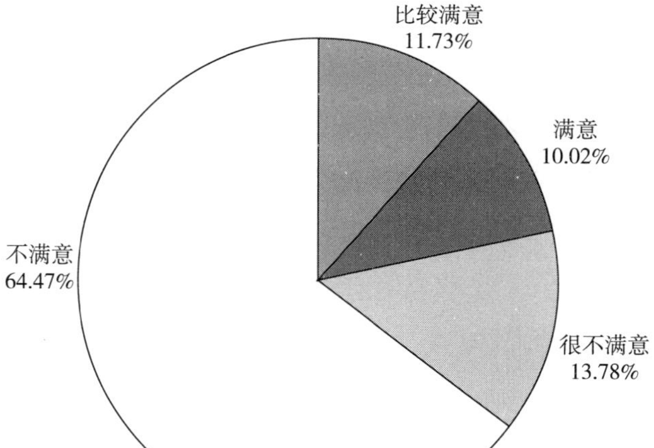

图5　职工对政治思想工作满意度调查

图5显示，有64.47%的被访者对企业政治思想工作持“不满意”态度。经调查访谈，这是因为企业党政部门针对职工的政治思想教育活动偏少，在工作中将大部分精力用在了以下几个方面：一是党委中心组、党员干部的政策理论学习和企业生产形势任务宣传学习；二是普法宣传教育；三是

企业精神文明建设工作，包括文明单位、文明车间、文明班组的创建规划和实施方案，职工的行为准则和道德规范；四是道德模范人物的评选活动；五是对外宣传工作；六是企业文化建设和宣传活动；七是统战工作。对于企业政治思想宣传教育工作，虽然上述内容十分重要，但针对职工的政治思想工作也不容忽视，职工是企业的生力军，是企业发展的支柱，忽视了对这一群体的政治思想工作，容易增长职工群众工作中的负面情绪，进而阻碍企业的健康发展。在调查中发现，职工群众多数表示希望在思想政治宣传教育中，首先多举办一些职工的座谈活动，加强与他们的沟通，倾听他们的心声，并解决他们存在的困惑；其次多举办一些业务培训以提高个人的实际工作能力；最后经常举办一些有奖类文体活动，以丰富职工文化生活。

（八）供给侧改革背景下做好企业政治思想工作的途径调查

做好企业政治思想工作是一项系统而重大的工程，涵盖到方方面面的内容，总体来讲，应进一步加强企业党、团和工会组织的建设，使党政干部能切实担当起企业政治思想工作的重任，使政治思想工作的开展能够有一个坚实的依托，使广大职工群众能够找到排忧解难和心理倾诉的渠道。那么，供给侧结构性改革背景下，企业应如何做好政治思想工作？通过问卷访谈，得到了如下调查结果，见图6。

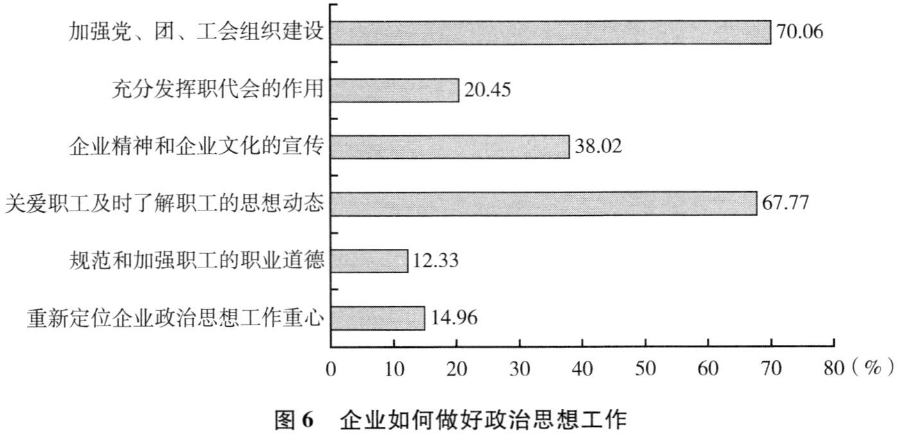

图6　企业如何做好政治思想工作

图6显示，有多数的被访者（70.06%）选择“加强党、团和工会组织建设”，其次是“关爱和及时了解职工的思想动态”，占67.77%。这说明加强党委、团组织和工会建设是搞好企业政治思想工作的前提和基础。关爱职工、了解职工的思想状况，及时为他们分忧解难是搞好企业政治思想工作的核心之一，职工是企业的主体，忽视了对这一群体的政治思想工作，企业政工工作只能是流于形式，得不到广大职工的真心支持和拥护，同时也增加了职工工作中的消极应对心态。

（九）如何增强企业凝聚力调查

企业政治思想工作最终的目标就是要激发广大干部群众爱岗敬业的工作精神，通过创新企业文化建设来提升职工凝聚力，对增强企业的市场竞争力发挥积极作用。那么，如何增强企业凝聚力？本项问卷给出了四个开放式选题，其调查结果见图7。

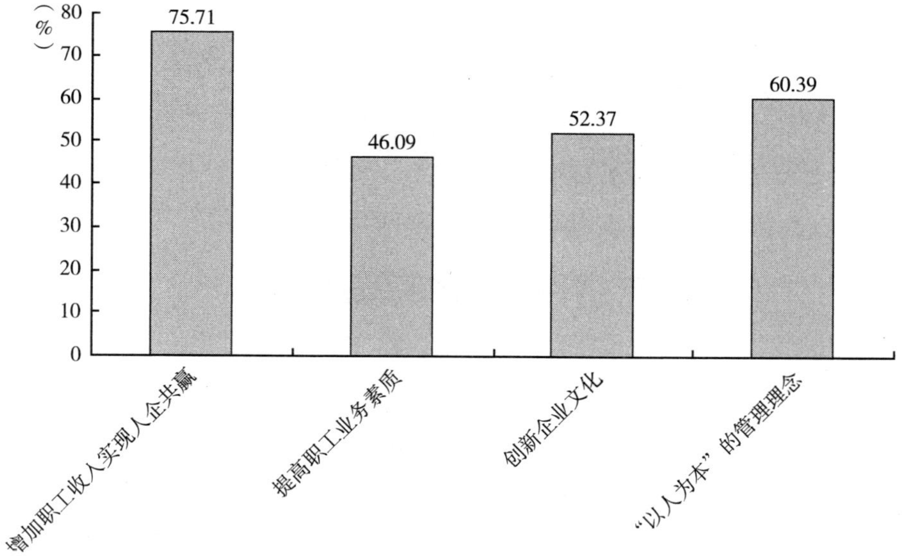

图7　如何增强企业凝聚力调查

图7显示，有75.71%的被访者选择“增加职工收入实现人企共赢”，有60.39%的被访者选择“‘以人为本’的管理理念”，有52.37%的被访者

选择“创新企业文化”，46.09%的被访者选择“提高职工业务素质”。目前，我国国有企业职工收入普遍偏低，在普遍的态势下也存在特殊，表现为企业管理层薪酬与普通职工之间差距十分明显，垄断企业与普通国企之间职工收入差距大，东部沿海和偏远边疆地区收入差距大。可以看出，国有企业工资薪酬总体来讲分布不均衡，收入差距明显，绝大多数普通国企员工工资较低，特别是亏损企业更是明显。目前，普通国企职工工资低已成为普遍现象，一般情况下，国企职工工资的增长要与企业经济效益挂钩，按国家相关部门规定，对国有企业每年都制定职工工资增幅指导线，经调查，绝大多数企业都没有按这个规定执行。企业经营无论亏损还是盈利，企业管理层的年薪和承包奖都不少一分，这就造成企业经济利益分配极不平衡。国企历史发展表明，没有广大职工群众的付出和牺牲，国企是不可能得到发展的。应当承认，适当拉开分配差距具有合理性，但是也应认识到，任何一家国有企业经营的资产都是国有资产，取得的经济效益，往往是全体员工的劳动而不仅仅是少数人的智慧；企业亏损时有国家的补贴，所以作为国企出资人代表，在进行利益分配时应多向一线员工倾向。与此同时，企业也应建立“以人为本”的管理理念，把企业的改革发展与广大职工的根本利益融合起来，树立职工主人翁意识，只有这样才能最大限度地提升企业的凝聚力。

三　调查结果和存在的问题

（一）调查结果

（1）46.27%的被访者认为供给侧改革背景下，职工思想问题的突出表现是经济利益不平衡。

（2）57.02%的被访者认为出现思想问题时一般向部门领导反映。

（3）51.14%的被访者认为当前改革背景下，企业职工思想状况比较稳定。有60.83%的被访者认为政治思想工作对企业发展有利。

（4）69.08%的被访者认为企业政治思想工作中存在的最突出的问题是

党组织职能弱化，积极主动作为少。

（5）绝大多数被访者认为企业领导干部应从清正廉洁、改革创新的工作意识和能力、求真务实的工作作风等方面提高自身的政治思想水平。

（6）对于如何做好企业政治思想工作，绝大多数被访者认为应加强企业党、团及工会组织的职能和作用，同时应关爱职工，及时了解职工的思想动态。

（7）对于如何增强企业凝聚力，绝大多数被访者认为应从提高职工收入实现人企共赢、建立“以人为本”的管理理念、创新企业文化等方面下功夫。

(二)存在的问题

1. 国有企业薪酬分配机制有待改进

国有企业改革过程中，薪酬分配机制不合理，主要表现在：国有企业经营管理者的年薪制、承包奖等是国资委建立的一种薪酬激励机制，是对企业管理者经营管理的一种经济回报，目的在于激励企业管理者为企业在市场中的生存发展多做贡献。这种薪酬分配是模仿西方现代企业薪酬分配的产物，必须承认对企业高管适当的经济酬报有利于企业的竞争发展，但是，我国的国有企业又不完全等同于西方现代企业，国有企业资产的性质并非私有，国有企业在市场的竞争又往往处于优势，企业管理者一般并不承担企业经营的风险，这和私有制企业管理者大不相同，因此，国企内部过高的收入差距就显得极不合理。此外，国企内部职工常常为弱势群体，对薪酬分配制度和方案缺乏影响力，而经营管理者对员工的管理和使用具有绝对的自主权①，在职工代表大会基本形同虚设，股东大会、董事会又不能维护职工权益的情况下，就导致了“薪酬内控”和内部收入差距过大的局面。

2. 党组织职能存在部分弱化

国有企业党组织本是企业的领导核心和政治核心，但是近年来，国有企

① 方同：《当前国有企业薪酬分配制度中存在的主要问题及对策》，《管理纵横》2009 年第 17 期。

业党建工作不受到重视，党组织职能弱化、边缘化，形成了“基层党建工作任务较软，内容较虚，中心、业务工作为主，党建工作为辅”的局面。在这种重生产经营、不重政治思想工作的氛围下，基层党委不能有效展开对职工的政治思想工作，职工的思想问题不能得到有效解决，导致党委对企业的经营发展不能发挥积极的助推作用。由于片面强调经济工作的重要性，国有企业中党建工作特别是职工政治思想工作不同程度地有所弱化。国有企业在企业建置分配上将党政部门与生产经营部门区别对待，导致在职政工人员要求转行的越来越多。另外，由于党政工作的考核指标大多无法量化，政工人员中“干而无效，忙而无功”的埋怨思想时有表现。①

3. 工会等组织不能有效发挥作用

随着国企改革的不断深化，很多企业对工会等组织工作的重要性认识不够，认为这些组织不能创造效益，还需投入大量人力、物力、财力，同时认为工会等党团组织是职工利益的代表，会影响企业的经营管理效果。因此，很多工会等党团组织被精简，干部的构成以兼职、年老人员为主，导致其管理水平低下，无法正常有效地开展工作。② 在一些企业中，工会等组织行政资金支持力度小，导致其无法有效开展各类活动，进而影响到工会职能的充分发挥。工会等组织工作不受到重视，导致这些部门机关化、行政化的趋势更加明显，日常工作仅限于下发文件、开会、活动安排等自上而下的推动，缺乏自下而上的与职工的互动交流，在切实维护职工权益和合理诉求等方面则显得较为欠缺。

4. 企业领导干部素质有待提高

由于国企党建工作的弱化，出现了党员干部队伍结构不合理、知识能力低下的局面。一些党员干部在工作中虚张声势，不讲实效，管理水平和创新能力低下，形式主义严重。在政治思想工作中，脱离群众，不关心群众疾苦，官僚主义倾向明显。基层高管只抓生产业务，在工作中独断专行，无视

① 谭晓宏：《国有企业党建工作存在的主要问题及对策》，《传承》2010 年第 7 期。

② 张菁：《深化国企改革背景下工会工作创新初探》，《办公司业务》2017 年第 3 期。

职工的合法权益，漠视职工的利益诉求。领导干部素质的低下严重阻碍了国企的健康发展。

5. 基层政治思想工作力度小

国有企业党委工作的虚化、形式化，工会等党团组织机关化、行政化，职代会和股东大会的形式化，企业高管只重生产任务，这些都导致企业政治思想工作只停留于面上，无法深入展开。企业党组织的领导核心地位的丧失，导致基层职工出现了思想问题找不着合理的诉求渠道，正当的权益得不到维护，政治思想工作与职工的疏离感渐趋强烈，进而造成企业内部高管权力的绝对化和基层职工的弱势化的局面不能得到有效遏制。

四　对策建议

（一）改革和完善国有企业薪酬分配机制

我国国有企业隶属于国资委，但国资委对企业的收益不具有索取权，这导致对企业监督代理人的监管不足。国资委对国有企业的信息也常处于不对称状态，从而导致企业在利益分配上的内控局面。虽然在形式上高管的薪酬由股东大会、董事会决策决定，但通常还是由高管自己决定的。国有企业虽然为国家上缴了巨额税费，但企业的运转和盈利主要来自垄断的优势和对国家资源廉价的占有，因而，企业的业绩也并不都是高管创造的。基于此，应尽快建立和完善企业的薪酬分配机制，加强董事会的独立性，切断董事与高管的裙带关系，增强企业职工董事在高管薪酬上的话语权。此外，应建立政府对国企薪酬分配的适当干预机制，使国企的利益分配能够控制在一个良性合理的范畴内。

（二）加强企业的党建工作，强化党政干部的工作职能

应加强党政部门的独立性和领导性，加强对各级党委政治思想工作经费的保障，优化政工队伍知识和能力结构，充分发挥党政干部在企业政治思想

工作方面的积极作用。改革和创新企业党政部门的工作机制，转变务虚不实的工作作风。形成完善的政治思想工作的绩效考核机制，应从自上而下和自下而上两个方面来开展工作，既注重意识形态领域的学习宣传教育工作，也注重和广大职工群众的深入交流互动。通过各种途径和方式，不仅将国家大政方针、企业经营前景和生产任务规划、企业精神与职工实际工作有机结合起来，还应以高度的思想洞察力，及时了解职工群众的意见建议和思想问题，密切和群众的联系，以创新的管理理念来营造团结向上的工作氛围。

（三）加强工会等组织在开展企业政治思想工作中的地位和作用

工会是国有企业党和广大干部群众之间的桥梁和纽带，是职工权益的代表和维护者。在国有企业改革进一步深化的背景下，工会等组织的地位和作用日益式微，削弱了职工利益诉求的渠道。应加强和完善工会等组织的职能，建立工会等组织的财务预算和监督机制，保障工会有充足的业务经费支持，建立工会与企业行政部门合作分工和民主协商机制，在涉及职工利益的重大事项决策、重要规章制度的制定方面，能够及时将职工群众的意见、心声传达上去。工会等组织在维护职工合法权益的同时，还应积极开展各类科学技术知识和岗位专业知识的学习讲座和竞赛，开展有益的文体活动，对提高职工队伍的道德素质和业务能力发挥积极作用。

（四）企业领导干部在选用上应具备较高的政治思想水平

国有企业领导干部应具有较高的政治思想水平，一方面政治素养要强，另一方面要有较强的市场意识和经营管理水平。国企领导干部素质低、作风差、贪污腐败的现象普遍存在，常常受到广大职工群众的诟病。因此，企业在各级领导干部的选配上，应严格把关，加强党委选人用人的领导地位，增强董事会的独立性和监督性，对那些政治上过硬、经营管理水平高、群众反映好的干部应予以提拔和重用，对群众反映差、以权谋私、损公肥私的干部应及时清除，使干部的选用能真正反映民意。

（五）加大政治思想工作力度，提升企业凝聚力

政治思想工作的目的就是要通过宣传、学习、教育、交流、沟通等来实现知识、信息、思想的互动，提升干部群众的思想道德和理论素质，及时清除企业发展的负面因子，创造和谐上进的工作氛围，对提升企业凝聚力和增强企业的实力发挥积极作用。在政治思想工作中，应注意发现问题，特别是涉及职工利益方面的问题，要及时解决，职工的经济利益问题不能得到有效解决，企业的凝聚力则难以形成。各级党委应把持续改善职工待遇福利、维护职工权益等作为工作的重心之一，以此来凝聚人心。此外，国有企业还应加强企业文化建设，企业文化是企业经营理念和价值追求的凝练总结，深刻涵盖了企业的奋斗历程和时代精神，企业文化的打造有利于增强和激发广大干部职工的职业自豪感和爱岗敬业的精神，是提升企业凝聚力的重要途径，因此，国有企业在政治思想工作中应注意企业文化的打造、宣传和教育活动。

B.12
民众对发展现代职业教育的认识和建议

李巧玲*

摘　要： 2017年是甘肃加快发展现代职业教育的攻坚之年，围绕“发展现代职业教育，提高劳动者素质，推动经济社会发展和促进就业”这一主题，现代职业教育再次成为甘肃民众热议的焦点话题。本报告对此进行了调查与分析，结果显示，大多数被访者对职业教育取得的成绩给予了充分的肯定和较高的评价，七成被访者认可现代职业教育的重要地位和作用，六成被访者认为职业教育让更多的人掌握了技能和本领，另有六成被访者认同农民接受职业教育后可以在城镇找到待遇较好的工作这一观点。但是，在职业教育尚未得到社会的普遍重视和支持的现实中，仅一成被访者了解《国务院关于加快发展现代职业教育的决定》，被访者普遍对选择接受职业教育持消极被动态度，六成被访者认为家长主动选择子女上职业学校的积极性不高。回顾过去、展望未来，大多被访者对我国现代职业教育的发展前景充满信心，近七成被访者认为家长希望子女在读完职业院校后还有继续升学的机会，五成多被访者主张加快普教与职教并轨的步伐，建立普教与职教的相互沟通机制势在必行。建议政府从营造重视职业教育的社会环境，提高职业教育品质，健全地方投入机制，加强师资队伍建设，因地因城施策五个方面着手推动并加快职业教

* 李巧玲，甘肃省社会科学院资源环境与城乡规划研究所副研究员，研究方向为法社会学。

育发展。

关键词： 现代职业教育 劳动力素质 职业学校

教育是民族振兴和社会进步的基石，现代职业教育[①]是面向大众、面向社会、面向实践的教育。自1996年《职业教育法》颁布以来，我国开启了以“科教兴国，提高劳动者素质，推动经济社会发展和促进就业”为目标的职教改革帷幕。之后，经过2009年和2015年的两次修订，尤其是2014年国务院颁布的《关于加快发展现代职业教育的决定》，进一步推动并加快了现代职业教育发展的进程。2009年7月甘肃颁布实施了《甘肃省职业教育发展条例》，迈出了大力促进职业教育发展的重要一步。经过十多年的发展，甘肃职业教育取得了很大的进展，但是，随着时代和经济社会的发展，职业教育的总体发展水平已不能适应经济社会发展的需求，与人民群众的期盼还有较大差距。2017年又是甘肃加快发展现代职业教育的攻坚之年，由此，现代职业教育再次成为甘肃民众热议的焦点话题。

2017年7~8月，甘肃省社会科学院舆情调研组在全省范围内抽选调研地区就民众对现代职业教育的认识与评价等问题进行了调查，通过走访也听到了部分民众的相关建议。调研问卷通过SPSS软件处理，结合调查第一手数据对相关问题进行梳理论证，从民众对职业教育的关注、认知和态度，分析了民众对改革和发展职业教育的期盼，并就政府制定相关制度和政策，提高现代职业教育水平等方面给出了对策建议。以期能够提高民众支持职业教育发展的积极性，提升社会对发展职业教育的关注度，以及加强地方政府对

① 职业教育（vocational education）是指让受教育者获得某种职业或生产劳动所需要的职业知识、技能和职业道德的教育。如对职工的就业前培训、对下岗职工的再就业培训等各种职业培训以及各种职业高中、中专、技校等职业学校教育等都属于职业教育。职业教育的目的是培养应用人才和具有一定文化水平与专业知识技能的劳动者，与普通教育和成人教育相比较，职业教育侧重于实践技能和实际工作能力的培养。

职业教育的重视并落实与此相关的各项制度和政策，营造出有利于发展现代职业教育的社会环境。

一　被访者的基本情况

本次调查以庆阳市、定西市、武威市和临夏州四个市州为主要调研区，采用问卷与访谈结合的方式展开。调研组共发放问卷650份，收回问卷645份，其中有效问卷627份，问卷有效回收率为96.46%。从被访者所在地构成看：庆阳市174人，占样本总数的27.75%；定西市178人，占样本总数的28.39%；武威市178人，占样本总数的28.39%；临夏州97人，占样本总数的15.47%。从民族结构看：汉族573人，占样本总数的91.39%；回族54人，占样本总数的8.61%。从被访者的政治面貌看：中共党员247人，占样本总数的39.39%；无党派人士371人，占样本总数的59.17%；民主党派9人，占样本总数的1.44%。调查样本的其他详情见表1。

表1　被访者的基本情况

单位：人，%

基本情况		人数	百分比
性别	男	371	59.17
	女	256	40.83
年龄段	18~25岁	75	11.96
	26~35岁	226	36.04
	36~45岁	157	25.05
	46~60岁	155	24.72
	60岁以上	14	2.23
文化程度	不识字	6	0.96
	小学	33	5.25
	初中	107	17.07
	高中(职中)	141	22.49
	大专	154	24.56
	大学本科	177	28.23
	研究生及以上	9	1.44

续表

基本情况		人数	百分比
阶层	国家与社会管理者阶层	59	9.41
	经理人员阶层	33	5.25
	私营企业主阶层	48	7.65
	专业技术人员阶层	75	11.96
	办事人员阶层	84	13.41
	个体工商户阶层	58	9.25
	商业服务业员工阶层	38	6.06
	产业工人阶层	68	10.85
	农业劳动者阶层	135	21.53
	失业人员阶层	29	4.63

注：本文图表数据均源自专题问卷统计结果。

二　民众对职业教育的认知与评价

（一）民众对职业教育的认知与反响

现代职业教育是我国教育体系的重要组成部分。20 世纪 90 年代以来，随着职业教育的改革深化和创新，我国职业教育发展取得了重大的进展。从职业教育法律法规的逐步完善，到职业教育保障制度的逐步建立，从职业资格证书制度日益健全，到职业教育在农村、贫困和民族地区越来越得到重视和加强，无一不展示出职业教育服务经济社会发展能力的与日俱增。

1. 七成被访者认可现代职业教育的重要地位和作用

当问及“您认为，现代职业教育在整个教育体系中的地位是否重要”时，认为“非常重要”和“比较重要”的被访者占被访总数的 74.31%，认为“一般”的占被访总数的 19.07%，认为“不重要”和“不太重要”的占被访总数的 6.62%（见图 1）。可以看出，七成被访者认同高素质的劳动者是国家发展和进步的基石，更是社会主义现代化的建设者和专门人才。

因此，提高劳动者的素质就需要通过职业教育来实现对大多数民众的技术技能培训，以此来促进劳动就业。

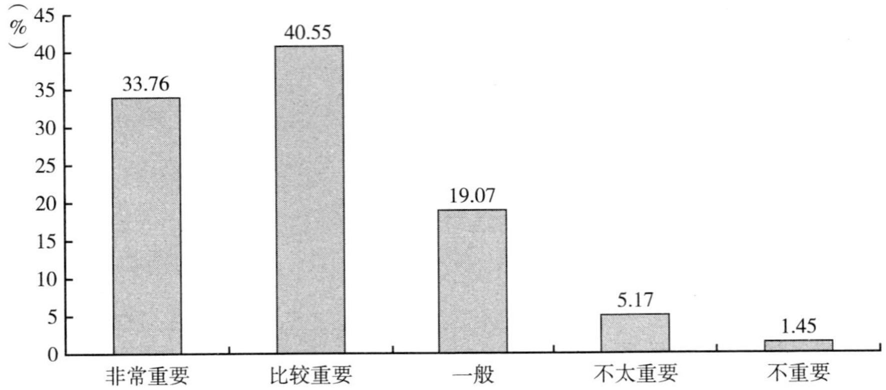

图 1　被访者对现代职业教育地位和作用的认可分布

2. 六成被访者认为职业教育让更多的人掌握了技能和本领

在国民教育体系中，职业教育与经济社会发展的联系最为直接与密切。现代职业教育承担着培养多样化人才、传承技术技能、促进就业创业的职能。2015 年 8 月在第 43 届世界技能大赛上，中国代表团取得了 4 金 6 银 3 铜以及 12 个优胜奖的优异成绩，见证了我国新一代产业工人技能水平的提升。① 当问及"您如何看待现代职业教育"时，被访者对五个选项进行了选择，各项的选择次数占总选择次数的比重基本均衡，在 47% ~61%。选择次数按由多到少排列依次为：第一位，职业教育使更多的人掌握了技能和本领（60.65%）；第二位，职业教育培养的是工作一线的技能型人才（55.45%）；第三位，职业教育推动了本地经济社会的进一步发展（53.33%）；第四位，职业教育缓解了社会就业压力（52.68%）；排在最末一位的是接受职业教育的是升普通高中无望或者高考落榜学生（47.15%），见图 2。

① 《中国制造呼唤更多技能"金牌"》，《经济日报》2015 年 8 月 24 日，第 9 版。

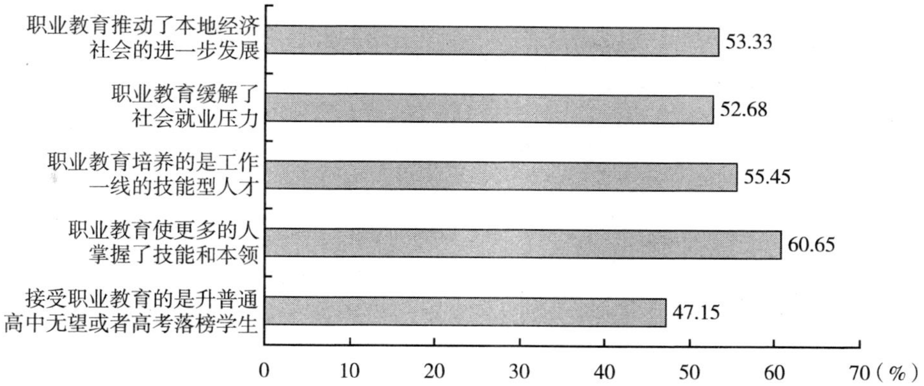

图 2　被访者对职业教育的功能和作用的认知分布

这组数据反映出，大多数被访者认为现代职业教育取得的成绩是有目共睹的，大家都看到了职业教育带来的经济社会效益。说明现代职业教育已经拥有良好的、广泛的群众基础和较高的社会认可度，而且，随着政府对职业教育体系建设的加强和投入，民众对职业教育及其社会效益的感受和认识愈发清晰。

3. 仅一成被访者了解《国务院关于加快发展现代职业教育的决定》

随着现代产业结构的变化，特别是外资引进，新兴产业和企业的发展需要大量懂技术、会经营、能管理的基层人才。但是，目前我国的职业教育远远落后于现代社会企业、事业发展的需要。因而，2014 年《国务院关于加快发展现代职业教育的决定》就我国职业教育改革发展提出了一系列指导性战略，明确了加快发展现代职业教育的方向、指导思想、基本原则和可行举措。当问及“您阅读过或听说过《国务院关于加快发展现代职业教育的决定》的文件吗”，有 10.75% 的被访者选择了“看到过，很了解”；62.54% 的人选择了“听说过，但不太了解”；26.71% 的人选择了“没有听说过，不了解”（见图 3）。

这组数据表明，仅一成被访者了解《国务院关于加快发展现代职业教育的决定》这一职业教育改革发展的顶层设计的具体内容。一项好的制度，如果民众不了解或者不清楚，就不能发挥很好的作用，就不能收到良

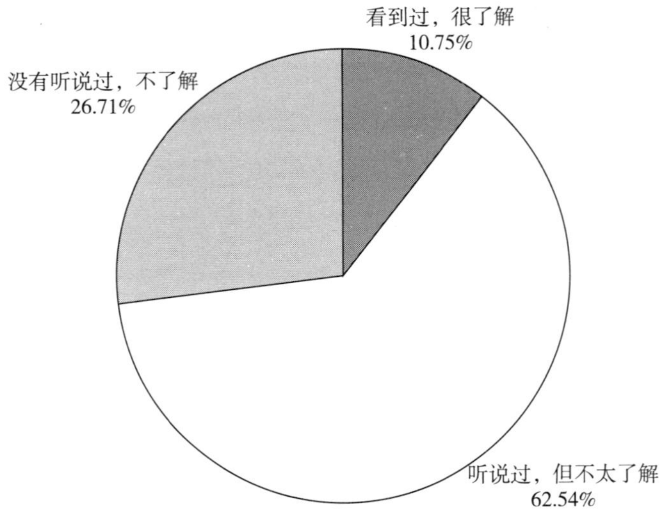

图3　被访者对《国务院关于加快发展现代职业教育的决定》的了解程度分布

好的效果。可以看出，要扩大职业教育的社会影响力，让这项制度深入人心，需要通过多渠道多形式来开展和加强宣传工作，进一步营造出有利于发展现代职业教育的社会环境，从而提高民众关注和支持职业教育改革发展的积极性。

（二）民众对职业教育的反响与评价

1. 近六成被访者认为农民接受职业教育可以在城镇找到待遇较好的工作

2012 年以来，中央 1 号文件多次就农业农村建设发展、新型职业农民培育和农民职业教育培训工作做出部署。2015 年党的十八届五中全会再次明确提出了培养新型职业农民的战略要求。同年，面对贫困面积大、贫困人口多、贫困程度深等甘肃省省情现状，甘肃按照定点、定向的原则，对接建档立卡的贫困村、贫困户和贫困人口，大力实施职业教育精准扶贫，制定了“精准扶贫职业教育专项支持计划”，规划在每个县区重点建设 1 所各具特色的职业技术学校（职教中心），成为面向贫困家庭开展智力扶贫的主阵地。①

此次调查中，被访者普遍认为职业技术教育与就业关系密切，当问及“您认为职业技术教育与就业有什么样的关系”时，被访者给出的答案按选择次数由多到少排列依次为：第一位，农民接受职业教育，掌握了实用技能、技术，可以在城镇找到待遇较好的工作（59.16%）；第二位，职校毕业生多从事体力和低层次劳动，收入偏低（47.00%）；第三位，职校毕业生比普通大学毕业生更容易找到工作（46.68%）；第四位，大部分职校毕业生是中高级技能型人才（35.33%）；第五位，职校毕业生技术应用能力弱，找不到工作（31.44%）；第六位，不清楚（3.73%），见图4。

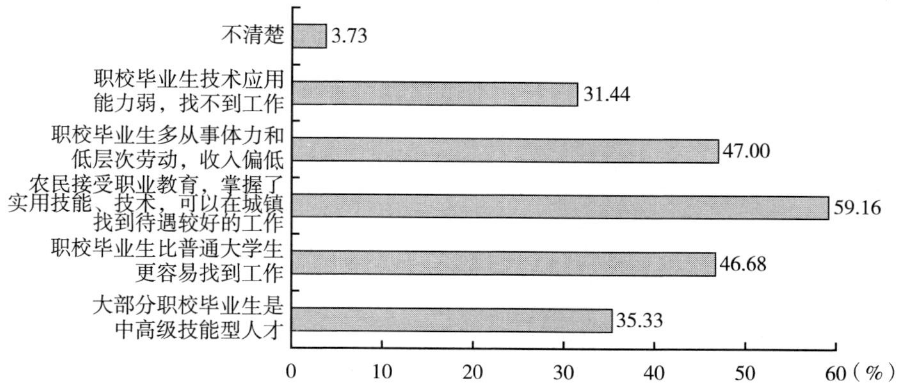

图4　被访者对职业技术教育与就业关系的认知分布

这组数据说明，大多数被访者已经认识到职业教育与社会就业息息相关。尽管，由于各种因素制约，我国职业教育水平和层次有待提升，但是从整个劳动力市场角度考虑，未来职校毕业生就业所占份额还是比较可观的。尤其伴随着城镇化建设的不断加快，职业教育对提高农民劳动技能和劳动素质的作用愈发凸显出来。通过推广普及农民职业教育，培养出越来越多的爱农兴农的新型职业农民，从根本上促进农民持续增收、推动农业农村工作、

① 《甘肃职业教育精准扶贫　智力技能帮扶贫困户》，中国新闻网，http：//www.chinanews.com/sh/2016/11－10/8059072.shtml，2016年11月10日。

带动农村经济发展，从而解决农民平均受教育年限较短、人才存量不足等制约未来农村发展的问题。访谈中，一些被访者也反映说，本地在调动社会力量兴办职业教育方面，还缺乏有针对性的引导政策和操作办法，尤其在部分历史欠账较多的农村和民族地区，职业教育的多渠道筹资机制尚未建立起来，很大一部分职业院校办学条件未达到国家办学基本标准。

2. 六成被访者认为，职业教育尚未得到社会的普遍重视和支持

在国家和政府的大力推动和支持下，甘肃职业教育事业也加快了发展步伐，通过培养培训出大批高级技能型人才来提高劳动者素质，以此推动经济社会发展和促进就业。但是，随着经济社会的发展，职业教育从外部环境到自身发展均发生了很大变化，面临的诸多困境和问题制约其进一步发展。当问及“您认为哪些因素会阻碍国家推动现代职业教育加快发展”时，在五个选项中，被访者的选择按选择次数由多到少排列依次为：第一位，民众对职业教育的认可程度偏低，得不到社会的普遍重视和支持（65.85%）；第二位，职业学校办学机制僵硬、教学模式陈旧，现有的实训等基础条件跟不上现代职业教育的转型发展（53.04%）；第三位，职业学校入学门槛低、生源单一、质量不高，学生学习积极性低，职业教育质量不高（50.57%）；第四位，职业学校专业设置普遍滞后，服务国家和地方经济社会发展的能力不强（46.14%）；第五位，国家政策支持不到位，职业教育资金投入来源渠道单一、总量不够（39.74%），见图5。

由此可以看出，职业教育至今没有得到社会的普遍重视和支持，是被访者对制约未来职业教育进一步发展的首要因素的基本判断。现实状况中，社会对职业教育和职业院校毕业生的偏见依然存在，一些用人单位存在以学历为门槛歧视职业院校毕业生的现象，技术技能人才的社会地位和待遇长期得不到提高。长期以来，受到“学而优则仕”“劳心者治人，劳力者治于人”等传统思想的束缚，形成了“重普轻职”的普遍社会意识。加之，多年来“学历社会”和招生制度的影响和限制，职业教育仍然处于边缘地位。

3. 五成被访者认为家长主动选择子女上职业学校的积极性不高

从世界范围看，我国职业教育发展起步较晚，但是职业教育发展速度

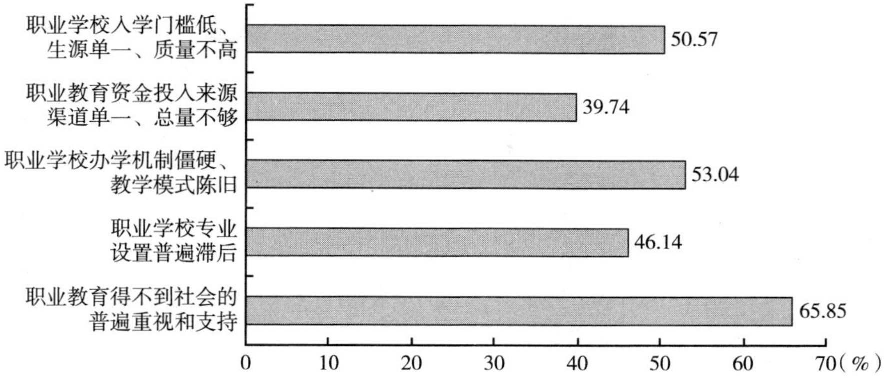

图5　被访者对阻碍国家推动现代职业教育加快发展因素的认知分布

快、规模大，具有很强的生命力。那么，通过多年的实践，人们对职业教育的刻板印象和偏见等根深蒂固的传统观念是否有所改观？当问及“您自己或亲朋邻里有初中生或高中生，在孩子升学时有什么样的考虑”时，被访者给出的答案按选择次数由多到少排列依次为：第一位，成绩理想，一定要上普通高中或普通本科，不会选择上职业教育学校（49.35%）；第二位，看个人兴趣，喜欢从事技术技能工作，就选择上职业教育学校，不一定要上普通高中或普通本科（24.51%）；第三位，成绩不够理想时，中考落榜可以选择上中职，高考落榜可以选择上职高（22.08%）；第四位，成绩不够理想时，初中毕业也不选择上中职，高考落榜也不选择上职高（占3.41%），见图6。

这组数据表明，在我国职业教育一直不受重视，往往被贴上“低层次、低水平、低质量”标签。由于受“应试教育”模式下人才选拔导向影响，固守着一种“初中—高中—大学”的人才成长模式，几乎所有人眼里盯着的都是大学升学率。在这样一种社会氛围与环境熏陶和影响下，对于“非官非商、非贵非富”的一般民众而言，上了大学才可能最终获取一份比较体面的职业，才是唯一可能打通上升通道的途径。因此，绝大多数家长对子女的期望不得不被拔高，选择职业学校仅仅是一种不得已而为之的办法，只有成绩达不到普高或高考录取标准的学生才选择去职业学校就读。尽管，国

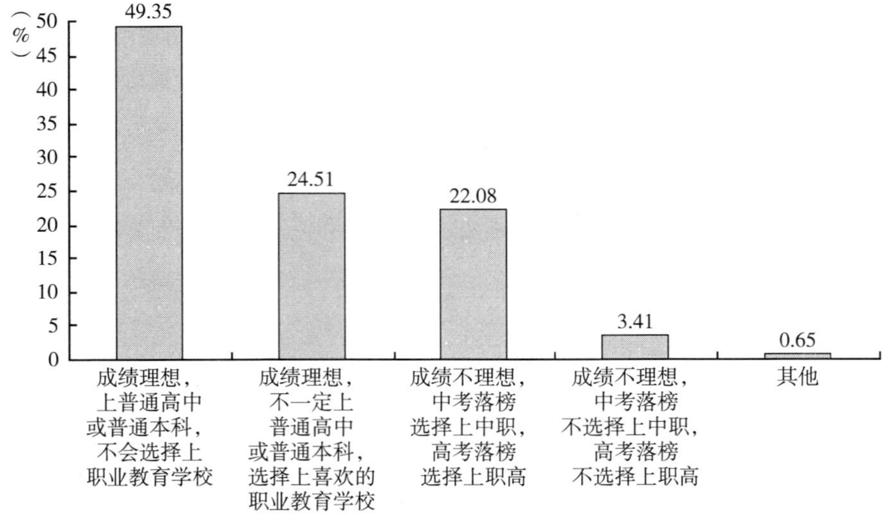

图6　被访者对家长如何选择职业教育的认知分布

家非常重视并已经规划着职业教育发展的远景，地方政府也加大了落实力度，但是，民众似乎依然不为所动，可以预见未来一段时间，职业教育与普通教育相比，仍是“剃头的挑子一头冷一头热”。

（三）民众对职业教育的期盼与建议

1. 八成多被访者对我国现代职业教育充满信心

目前，我国已经建成了世界上规模最大的职业教育体系，共有职业院校13300多所，在校生近3000万人，每年毕业生近1000万人，累计培训各类从业人员2亿多人次。[①] 当问及“您对‘到2020年，我国建成适应发展需求、产教深度融合、中职高职衔接、职业教育与普通教育相互沟通的现代职业教育体系’是否有信心”时，18.92%的被访者选择了“非常有信心”，41.27%的被访者选择了“有信心”，24.31%的被访者选择了“信心一般”，

① 《全国人民代表大会常务委员会执法检查组关于检查〈中华人民共和国职业教育法〉实施情况的报告》，中国人大网，http://www.npc.gov.cn/npc/xinwen/2015-06/29/content_1939891.htm，2015年6月29日。

5.06%的被访者选择了“没有信心”，10.44%的被访者选择了“不好说”（见图7）。

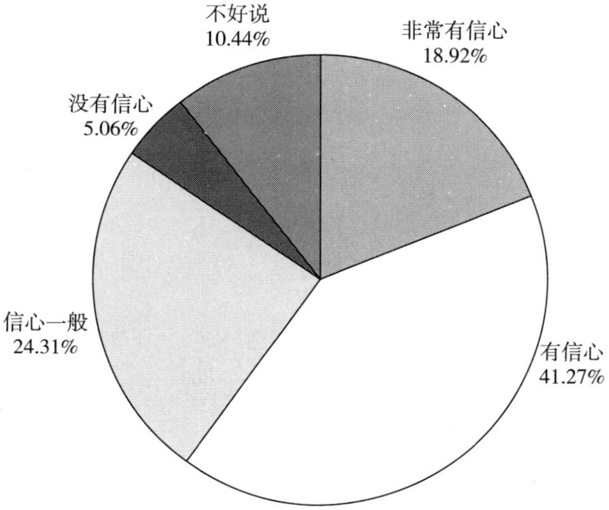

图7　被访者对建成现代职业教育是否具有信心分布

这组数据可以说明，八成的被访者对现代职业教育寄予了很高的期望，他们认为职业教育培训培养出了众多的技术技能人才和高素质劳动者，同时也肯定了我国职业教育在促进就业创业、保障改善民生、推动经济社会持续健康发展方面做出的重要贡献。

2. 近七成被访者认为，家长希望子女在读完职业院校后还有继续升学的机会

学生家长是职业教育的直接参与者，他们与政府主要职能部门、企业、职业院校、职业培训机构等一起组成职业教育的多方利益相关主体。当问及“您认为，要使初、高中生及其家长主动选择和愿意接受职业教育，需要尽快建立哪些方面制度或政策”时，在设置的八个选项中，按选择次数由多到少依次排列为：第一位，创造条件，使有意愿再学习深造的中职学生有机会进入技术高职或普通本科，高职学生有机会进入大学本科（69.66%）；第二位，完善职校毕业生就业、创业政策和路径（62.32%）；第三位，提高一线劳动者（工人）地位和待遇（54.65%）；第四位，免除中职教育学

费，降低高职教育学费（47.47%）；第五位，高职教育地校一体，共建共享（44.70%）；第六位，提高职业教育层次，职校毕业生深造后能取得大学本科、硕士或博士学位（34.91%）；第七位，加强职业学校的专业、课程和师资队伍建设，满足就业需求（31.16%）；第八位，建立国家职业资格框架和职业准入制度，以及学历制度和职业资格制度相互沟通的机制（24.96%），见图8。

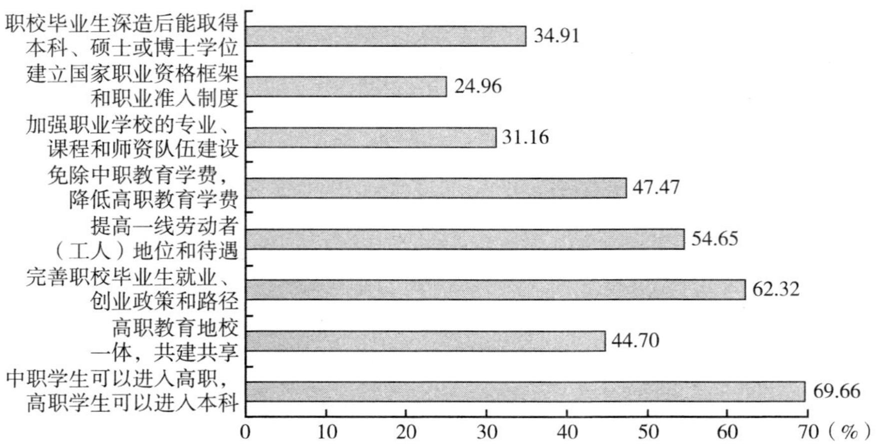

图8　被访者对提高家长主动选择和愿意接受职业措施的看法分布

这组数据说明，被访者普遍认为家长对职业教育的期盼在于能够让接受职业教育的孩子与接受普教的孩子一样，获得教育的“国民”待遇，也有机会通过自身的努力和奋斗取得被社会普遍认可的同等学历学位。

3. 五成多被访者主张加快普教与职教并轨的步伐

相对普通教育和成人教育，职业教育与经济社会发展以及个人社会分层和社会流动直接相关，到2020年全面建成小康社会不仅需要数以千计的科学家、思想家和各级各类的管理人才，更需要数以万计的初级、中级和高级技术、技能人才。当问及“您认为，应从以下哪些方面着手进行职业教育改革，才能加快职业教育发展”时，被访者给出的答案，按选择次数由多到少呈三层梯级分布。

第一层次有两项，分别占总选择次数的五成左右，依次是：改变高分上高中、低分进中职，普高先录取、中职后录取，普高统一招生录取、中职学校自行招生的现状，统一招生录取（53.36%）；职业院校可以依据经济社会需求，灵活性地设置专业（49.59%）。

第二层次有四项，分别占总选择次数的四成以上，依次是：完善职校毕业生就业、创业配套机制，使职业院校毕业生更容易找到工作（45.99%）；教育结构由“重学术、轻技能”向“学术与技能并重、均衡发展”转变（44.68%）；选择一批名牌大学转型为应用技术型高校，使高等职业教育规模占高等教育的一半以上（40.26%）；国家加大投入和给予政策支持，改善职业院校办学条件，提高办学水平（40.26%）。

第三层有两项，分别占总选择次数的三成左右，依次是：使中等职业学校和普通高中招生规模保持大体相当（31.10%）；尽快设立本科型高职及研究生高职，落实好职业教育对口高考等制度（30.93%），见图9。

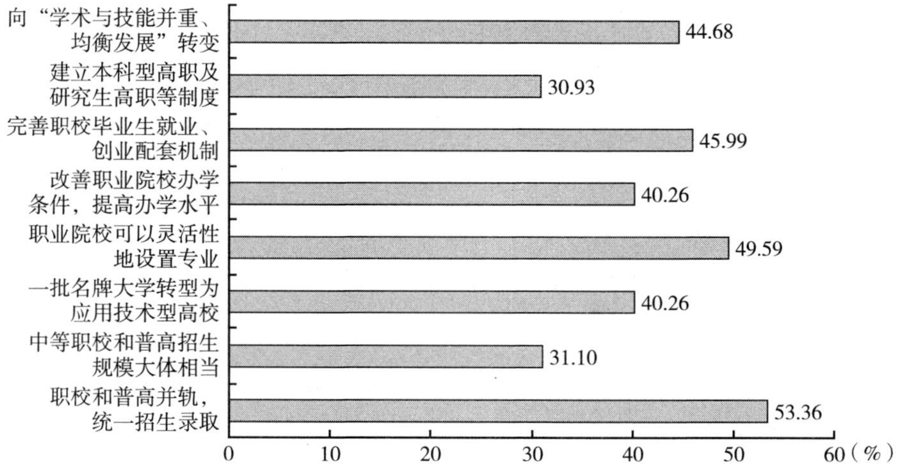

图9　被访者对进行职业教育改革，加快职业教育发展的看法分布

这组数据可以说明，被访者希望尽快改变目前职业教育是次等教育以及由此产生的诸多现实问题和矛盾的现状，如改变地方职业教育专业错位，统筹管理乏力，一些职业院校的专业结构与企业、行业对人才的需求不匹配，课程设置滞后无法培养出当地企业需要的合格人才等不能适应当地经济和产业发展需要的问题。因此，需要从根本上改变普通教育主导的教育格局，使普教与职教走上同一发展轨道，满足广大人民群众对继续升学和就业等多元化的需求，真正使职教学生与普通教育的学生享有平等地位。

4. 近六成被访者认为，建立普教与职教的相互沟通机制势在必行

我国《职业教育法》修订草案已于2016年2月起草完成，草案就职业教育的办学、投资、校企合作运行等体制机制，以及职业教育保障措施和教师队伍建设等方面的问题进行了修订。调查问卷就此次草案修订的主要内容也进行了访问调查，当问及“您认为，进一步推动和加快本地职业教育的发展，需要做好哪几个方面的工作”时，被访者给出的答案，按选择次数由多到少呈三层梯级分布。

第一层次有三项，分别占总选择次数的五成以上，依次是：全面打通升学渠道，职业教育不但能培养直接面向就业的中级技术技能型劳动者，而且能为高等院校输送专业人才和培养名师（55.72%）；调整专业结构，提供优质教学，推进产学结合，实现专业、技能、教学的特色发展（55.72%）；加强宣传职业教育对经济社会发展、培养多元化人才的重要作用（52.45%）。

第二层次有两项，分别占总选择次数的四成以上，依次是：调整分配方式，改变职业院校毕业生的就业途径，提升技术技能劳动者的工资收入（49.18%）；注重提高培养质量，扩大职业教育的品牌和代言的影响力（48.86%）。

第三层次有两项，分别占总选择次数的三成以上，依次是：贯彻好《职业教育法》和《民办教育促进法》，立法保障职业教育经费的投入，改善职业院校的办学条件（39.38%）；落实省级统筹权和职业院校办学自主权，实现职业院校在专业、管理、特色上的全面成长（36.60%），见图10。

这三组数据说明，被访者认为职业教育的目标、预期社会收益与实际效果存在一定的差距，不尽如人意。如由于资金等问题的制约，职业院校实训

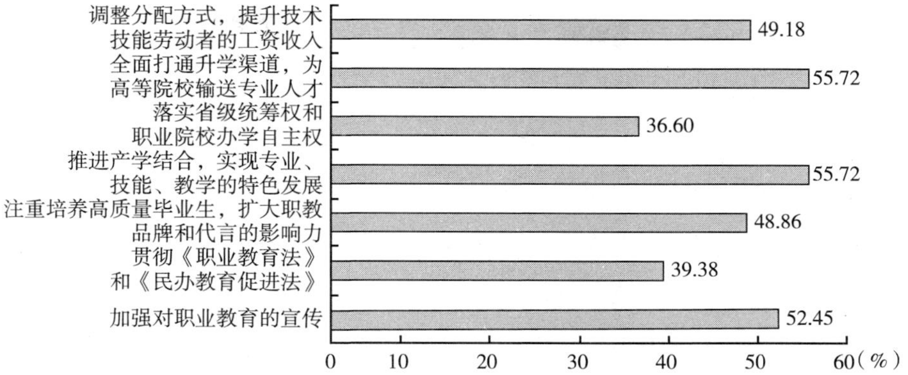

图 10　被访者对推动和加快本地职业教育发展的看法分布

基地建设薄弱；职业院校教学模式沿袭传统的普通教育“三段式”模式的情况比较严重，忽视了职业教育的实践性；职业院校在专业设置、教师聘用、招生指标等方面完全没有自主权，无法及时调整专业，以满足经济发展和产业结构调整对人才的需求。

三　结论和分析

第一，大多数被访者对我国职业教育取得的成绩给予了充分的肯定和较高的评价。七成被访者认可现代职业教育的重要地位和作用，六成被访者认为职业教育让更多的人掌握了技能和本领，另有六成被访者认同农民接受职业教育后可以在城镇找到待遇较好的工作这一观点。

第二，多数被访者对职业教育的态度是“别人家的枝头花儿俏”。六成被访者认为职业教育尚未得到社会的普遍重视和支持，五成被访者认为家长主动选择子女上职业学校的积极性不高，仅一成被访者了解《国务院关于加快发展现代职业教育的决定》。说明在行动层面，民众对职业教育的认可并不代表着自身会付诸实际行动，也只是吃瓜群众看一看、瞧一瞧。

第三，多数被访者对我国现代职业教育的发展前景充满信心。近七成被访者认为，家长希望子女在读完职业院校后还有继续升学的机会。五成多被访者主张加快普教与职教并轨的步伐。近六成被访者认为，建立普教与职教的相互沟通机制势在必行。被访者对于职业教育的改革与发展表示出“爱在心头口难开”的情感，充满期盼但对未来的走向又有一丝疑虑。

第四，被访者认为职业教育存在以下几个方面的问题，包括社会对职业教育的认识不到位，对职业教育和职业院校毕业生仍然存在偏见；体制分割，缺乏统筹，经费短缺，条件不足；职业院校教师队伍整体素质不高；行业企业参与的内生动力不足；体系断裂，沟通不畅，中职与高职衔接不畅，职教与普教沟通不顺；部门沟通协调的有效机制有待完善；对《职业教育法》的宣传力度不够、关注程度不高等问题。

四　总结与建议

党的十八大提出，坚持教育优先发展，加快发展现代职业教育，加强职业技能培训。2014 年，习近平总书记在全国职业教育工作会议上做出重要指示，指出：职业教育是国民教育体系和人力资源开发的重要组成部分，是广大青年打开通往成功成才大门的重要途径，肩负着培养多样化人才、传承技术技能、促进就业创业的重要职责，必须高度重视、加快发展。甘肃要认真贯彻中央精神，主动适应经济发展新常态，全面有效实施《职业教育法》，切实加强和改进职业教育工作，加快发展现代职业教育事业。为此，结合问卷调查结果，提出以下建议。

(一) 转变思想观念，营造出重视职业教育的社会环境

在全社会营造出切实重视职业教育的环境，破除对职业技术教育的偏见、轻视职业技能的思想和狭隘的成才意识，树立普教职教同等重要、尊重劳动尊重技能和行行出状元的观念。通过多元化渠道和方式，宣传成才就业实例、开展职业技能大赛等，不断提高职业教育的影响力和吸引力。增加劳动者特别是一线技术劳动者的报酬，使能工巧匠获得应有尊重和待遇。构建

平等就业就学、职业成长的通道，为学生搭起多样化选择、多路径成才的“立交桥”。

(二) 逐步提高职业教育品质，满足经济社会发展需求

坚持职业教育授人一技之长，让学生掌握一技之能，做到“学有所教，教有所能，能有所用”。注重学生文化素养、职业道德和职业精神培养，促进学生全面发展。建立符合市场和社会需要的现代职业教育院校和专业课程体系。推进人才培养模式创新，完善职业教育进入和退出机制。以就业为导向提高办学质量。尽快制定出台校企合作促进办法、集团化办学指导意见、混合所有制试点等政策措施。积极发展现代农业职业教育，大力培养新型职业农民。

(三) 健全地方投入机制，加大对职业教育的经费保障力度

各级政府要按照《职业教育法》的规定，推动建立健全政府投入为主、受教育者合理分担、其他多种渠道筹措经费的投入机制。明确各级政府对职业教育经费投入责任，加大职业教育经费在本地区教育经费投入中的比重。依法制定职业学校生均经费标准，实现财政经费投入的常态化和稳定增长。制定相关政策吸引社会、个人捐资或投入职业教育。完善支持扶持职业教育发展的政策措施。落实好中等职业教育免学费和国家助学金政策。

(四) 加强师资队伍建设，满足现代职业教育发展需求

破除用人制度障碍，建立职业教育教师与企业技术技能人才双向交流机制。落实《职业教育法》关于职业学校可以聘请专业技术人员、特殊技能人才担任兼职教师的规定，放宽高工、高技退休人才兼职执教年龄限制。采取有效措施，支持专业教师定期到企业或生产服务一线顶岗实践。

(五) 因地因城施策，加快现代职业教育体系建设

因地制宜，坚持从实际出发，集中力量在一些中心城市和产业集聚地区

办好职业教育，增强其辐射和带动效应，也可以在条件具备的地方开展县级职业教育和培训。加大地方高等院校结构调整力度，根据地方经济社会发展需要，及时调整培养方向，调整专业设置，向应用技术型大学转变。对完成国家规定学业的技工学校、技师学院的毕业生，应当按照国家规定颁发相应的学历证书。完善各类职业技术培训，重点对进城务工人员、失业人员、新型职业农民、退役士兵以及未就业毕业生等进行培训。通过“互联网 +”、开放大学等平台开展职业教育，构建终身教育体系。

B.13

贫困地区农村攀比风及彩礼问题调查

邓慧君*

摘　要：　攀比风和高价彩礼是近几年农村出现的不良风气，甘肃省作为经济落后省份，这一现象十分突出，甚至出现越穷的地方越攀比、彩礼越高的现象，一些地方彩礼竟高达20万元，这对刚刚温饱起来的农民而言无疑是一笔沉重的负担，一些家庭因此返贫。本课题就农村攀比风和高价彩礼进行了调研，了解了农民在这一问题上的感受和反应。根据调研，在尊重民意的基础上，提出了可行性的对策建议。

关键词：　农村攀比风　高价彩礼　社会风气

一　农村攀比风和高价彩礼的现状

近几年，农村攀比风和高价彩礼愈演愈烈，严重影响到农村社会风气和文明进步以及农民生活水平的提高，成为当下农村比较严重的问题，已引起社会各界关注。

攀比风是民族文化心理的一个痼疾，在城乡邻里之间、同事之间、朋友之间、同学之间都或多或少地存在。农村攀比风存在于农民社会生活的各个方面，在婚丧嫁娶、盖房、买车等事项中最为突出，且有进一步蔓延的趋

* 邓慧君，甘肃省社会科学院马克思主义研究所研究员，主要研究方向为西北史、党史党建、改革与发展。

势，拿老百姓的话说，“现今盖个狗窝都要请客收礼”。而以彩礼为名目的攀比风数额最为惊人。

彩礼是我国传统婚姻习俗之一，产生于远古时期，表示婚姻约定的订金，用今天的语言表述就是男方向女方下的缔结婚姻的保证金，也称为聘礼、彩礼。在封建社会，婚姻聘礼因各种条件不同而不同，富人聘礼厚重，普通人家聘礼较轻。在民间社会，这一习俗也与买卖婚姻绑架在一起，成为封建社会的一大恶俗。新中国成立后，移风易俗，废除买卖婚姻，提倡婚姻自由，婚事新办，彩礼渐趋简单。

眼下农村彩礼价位日益高涨，愈演愈烈，这是废除已久的买卖婚姻的沉渣泛起，这一恶俗严重影响到农村发展文明进步的步伐，使现代婚姻变为畸形婚姻，隐患无穷。

以陇东为例，“在 2008 年以前，陇东大部分农村地区的彩礼仅仅几千元，2008 年时才一万出头，但是在 2009 年初，彩礼开始大幅上涨，至年底已直逼三万元。之后几年彩礼更是急剧上涨，2011 年左右已经涨到了五六万元。到了 2013 年，彩礼又涨到了七八万元。这一上涨趋势并未停止，至 2015 年底，陇东地区的彩礼已经突破了十万元大关。一些县的彩礼更是高达十五万元……”①

甘肃其他地方彩礼的收受情况也都一样，基本从 2008 年以后开始上涨，现今仍然继续上涨。笔者调研得知，兰州附近郊县榆中县北山几个贫困乡，彩礼变迁也与此基本一致。2008 年以后，甘肃省农村彩礼步步攀升是各地的实际，到最近三年女孩子和高价彩礼已经到了奇货可居的地步了。

结合表 1 可以看出，合水县“城乡平均彩礼从 2012 年的 7 万元左右攀升到 2016 年底的 15 万元左右。农村最高彩礼已达到 20 万元左右，城镇最高彩礼也达到 12 万元左右。7 乡 5 镇农村婚嫁彩礼高低有所不同，除太白镇彩礼较低外，其他山区乡镇彩礼高于前塬乡镇，农村彩礼高于城镇，出现了农村家庭越穷、生活条件越差，婚嫁彩礼反而越高的畸形现象。如毗邻宁

① 梁伟：《天价彩礼下农村婚姻如何再生产》，澎湃新闻，2017 年 2 月 6 日。

表1 近五年合水县城及部分乡镇婚约彩礼情况统计

单位：万元

城镇和类型 \ 年份		2012	2013	2014	2015	2016
县城	平均彩礼	6.5	7.75	8	9.25	10.25
	最高彩礼	9	10	11	12	13
	最低彩礼	4	5.5	6	6.5	7.5
太白	平均彩礼	3	3.5	4	5	5.8
	最高彩礼	4	5	5	6	7
	最低彩礼	2	2	3	4	4.6
老城	平均彩礼	5	5.5	5.5	9.5	15.5
	最高彩礼	6	7	7	12	21
	最低彩礼	4	4	4	7	10
店子	平均彩礼	10	12	12	16	16
	最高彩礼	14	14	14	16	18
	最低彩礼	8	10	12	12	14
段家集	平均彩礼	9.5	11.5	14.5	16	17.5
	最高彩礼	10	13	16	18	20
	最低彩礼	9	10	13	14	15
何家畔	平均彩礼	7	9	11	13	15
	最高彩礼	8	11	13	16	18
	最低彩礼	6	8	10	10	12

县贫困山区乡镇盘克乡的段家集、肖咀两个乡镇，彩礼最高的已达20万元左右，最低也在15万元左右。在条件较好的何家畔、吉岘和西华池镇等前塬乡镇和县城，日前平均彩礼在10万~15万元，最低在7万元左右。高额彩礼对于当前人均年收入7000元的农村家庭来说，相当于一个劳动力20~30年的积蓄。”①

《白银日报》记者张萍就高价彩礼走访了省贫困县会宁县。在会宁县，七八万元的彩礼已经司空见惯。现在上涨的不仅是干礼（也即现金），女方结婚所需的嫁妆也都随行就市，不少人提出还要男方在县城购房买车。高价

① 胡永良、李东庭：《合水县人民法院关于遏制高额彩礼情况的调查分析》，合水政法网，2017年8月11日。

彩礼导致农村姑娘出现待价而沽的情形，如果某家姑娘彩礼要低了，邻里之间有可能误认为她是“问题少女”。作为男青年的父母，面对高价彩礼，看着孩子年龄越来越大，还没有个媳妇，都觉得在村子里抬不起头，甚至觉得特别有愧于孩子。不少父母为了能娶到儿媳妇，砸锅卖铁都愿意。

课题组在榆中、临洮、清水等县的调研中了解到，这些地方普遍存在彩礼最多已经达到20万元的现象。除去干礼，还要给女方购置实物以及操办宴席。目前彩礼的行情是，一般干礼十三四万元，最少的也要六七万元。许多家庭娶个儿媳妇，不只花光积蓄，还要借债。一些困难人家不惜借高利贷先顾眼前，拿老百姓的话说“先把人娶进门再说”。一些放高利贷的投机商乘虚而入，将农村作为放贷市场。不少家庭无力偿还高利贷时，则拿房产田地做抵押，造成田地房产私下变更现象增多。不少家庭，一场婚事下来，负债累累，几乎到家破的地步。

目前，甘肃省农民年人均可支配收入为8000元，而贫困地区年人均可支配收入三四千元，这样的收入承受高价彩礼几乎是投入大半辈子的收入。谁家在近五年里有结婚的儿子，谁家就背一身的债。

课题组将农村攀比风和高价彩礼作为2017年舆情调研问题之一，就农村攀比风和高价彩礼从农民的角度进行了解，考察农民对此事的态度和认识，以对症下药，提出解决这一问题的建议和办法。调研以实地走访、电话访谈、网络采集、问卷问答等形式展开，实地调研和问卷调查先后赴永登、榆中、临洮等地，电话访谈主要访谈了本院扶贫点清水县王河乡村干部。问卷调研设计了14个问题，在调研中，两个问题作废，剩12个问题。共发放问卷130份，收回有效问卷82份。调研对象为农村18岁到60岁年龄段的成年男女。下面是本次调研的问卷统计与分析。

二　问卷调查与分析

（一）经济发展和传统观念是农村攀比风形成的主要原因

当问及“您认为农村攀比风形成的主要原因”时，43.90%的被调查者认为农村攀比风形成的主要原因是经济发展，40.24%的被调查者认为是传统观念，25.61%的被调查者认为是基层政府管理不力，10.98%的被调查者认为是人心不足（见图1）。

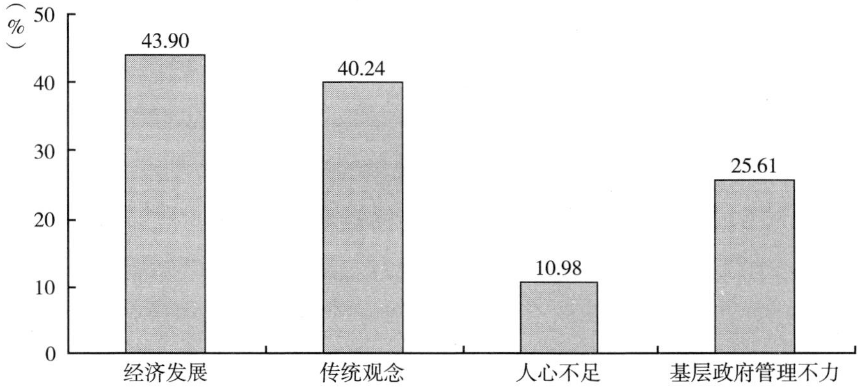

图1　攀比风形成的原因

在个别访谈中了解到，经济运行中的竞争意识在农村变相成为攀比风，出现在农民社会生活中。攀比风让农民丧失了原来的纯朴，有的人家比住房，一味追求高大上，盖的新房从外面看起来，跟高档别墅一样，里面却没有像样的家具，铺盖也破破烂烂的。有的在外打工的青年，为了面子，不惜借车回家，让左邻右舍看看。另外，传统文化中的光宗耀祖、摆排场、爱面子等观念也迫使农民互相攀比。

（二）高价彩礼在农村攀比风中居首位

当问及“农村攀比风的表现”时，43.90%的被调查者选择高价彩礼，32.93%的被调查者选择盖房买车，31.71%的被调查者选择举行各种名目的收受礼金活动，8.54%的被调查者选择盲目追求时尚和高消费，2.44%的被调查者选择在赌博行为中也有攀比（见图2）。统计显示，高价彩礼居攀比风首位，足见高价彩礼对农民的影响。盖房买车和举行各种名目的收受礼金活动两项选择人数基本相同，高达约30%，可见其在农村的普遍程度。

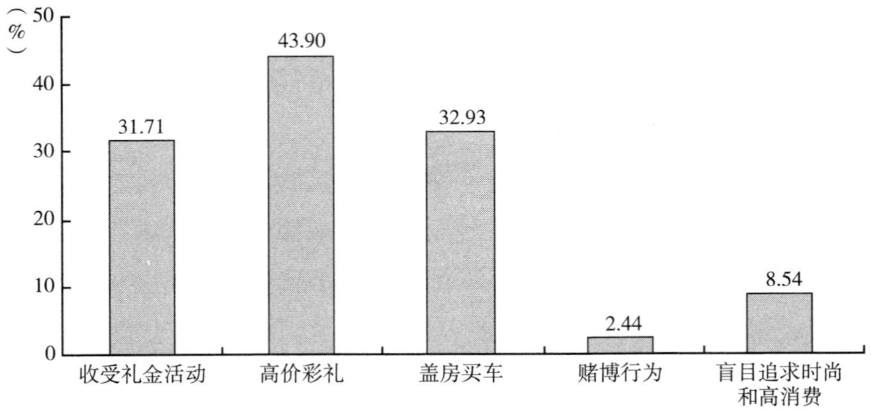

图 2　农村攀比风的表现

（三）攀比风导致农民心理压力大

当问及“农村攀比风的社会影响”时，56.10%的被调查者认为攀比风导致农民心理压力大，37.80%的被调查者认为攀比风导致社会风气不良，14.63%的被调查者认为攀比风容易造成部分人试图通过不法手段获取利益，对社会风气产生不良影响，有4.88%的被调查者选择有一些其他行为（见图3）。我国农村改革问题很多，初步解决了温饱的农民面临养老、社会转型等问题。在城市化浪潮的冲击下，本来他们就要承受更多的生存压力，可是一些不良社会风气给他们增加了生存的压力和使他们承受不必要的负担，这对农村协调发展提出了新的问题。

（四）由基层政府出面制定相应的规定，遏制攀比风

当问及“解决农村攀比风的办法”时，有57.32%的被调查者认为由县乡级政府制定相应的规定，予以遏制，28.05%的被调查者选择由村委会出面疏导，15.83%的被调查者认为媒体应该适当引导，6.10%选择其他（见图4）。

舆情调查显示，由县乡级政府制定相应的规定，遏制攀比风十分有必

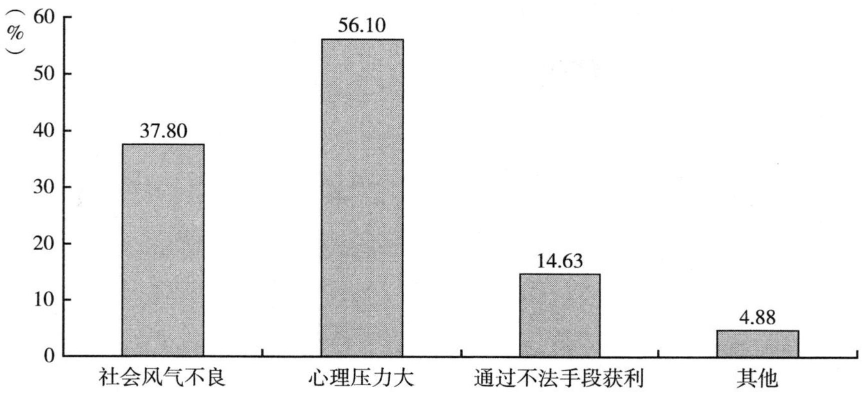

图3　农村攀比风的社会影响

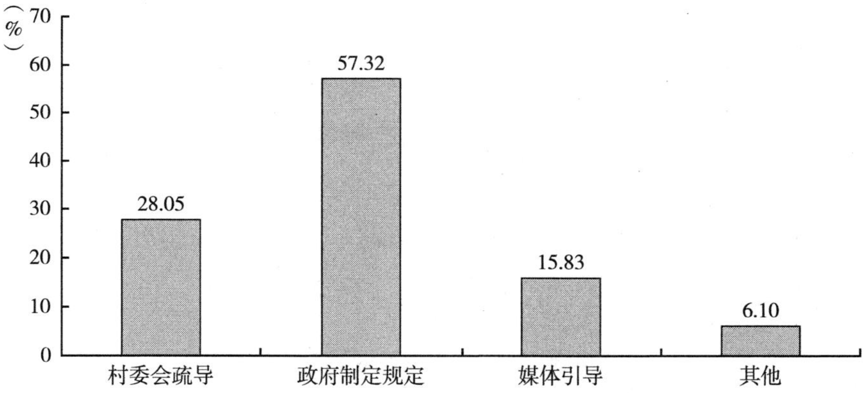

图4　解决攀比风的办法

要。说明大多数人还是支持县乡级政府对农村社会生活予以必要的引导和规范的。处于社会转型期的农村社会生活出现迷茫和无所适从是正常的现象，对此，县乡政府不仅要抓农村的经济发展和社会保障，还要重视农民的社会生活，引导农民树立良好的社会风气，追求积极健康的社会生活。

（五）作为传统习俗，人们认可适当的彩礼

当问及“您对高价彩礼的看法”时，被调查者的四个选项差别不大，28.05%的被调查者选择应该取消，26.83%的被调查者选择适当可以，

22.61%的被调查者分别选择尊重自愿和双双协商（见图5）。尊重自愿和双双协商两项的调查人数一致。

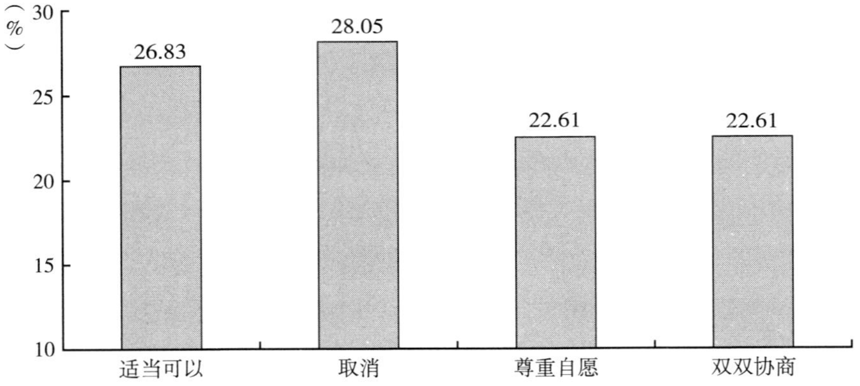

图5 您对高价彩礼的看法

在调查中得知，高价彩礼作为不良社会风气，绝大多数人不赞同。个别访谈中，有相当数量的年轻女性不赞成高价彩礼，只是迫于他人的评判和父母亲朋的压力而索取高价彩礼。从问卷看出，人们反对的是高价彩礼，而适当的彩礼还是能够接受的。

（六）高价彩礼存在的原因是传统习俗和经济原因

当问及"您认为高价彩礼存在的原因"时，43.90%的被调查者认为是传统习俗，28.05%的被调查者认为是给予女方经济补偿，以后不再赡养女方父母，20.73%的被调查者认为是人们的攀比心理作怪，12.19%的被调查者认为是男女比例失调，12.19%的被调查者认为目前农村婚姻不稳定所致（见图6）。高价彩礼源于传统习俗，但数额太大则是传统习俗的变异。在彩礼规范问题上，要区分彩礼和高价彩礼的区别。另外，有28.05%的被调查者选择高价彩礼也是男方给与女方适当补偿，以后不再赡养女方父母。这说明传统养老观念在计划生育政策下的一种新适应，给予女方适当补偿，以后不承担父母的养老。

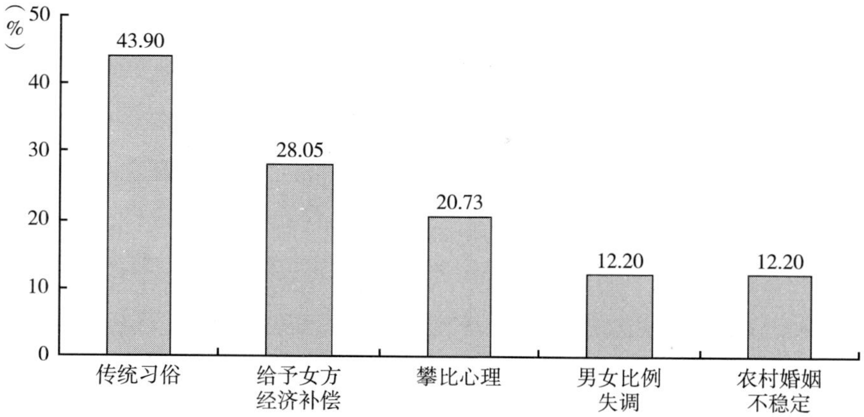

图 6　您认为高价彩礼存在的原因

（七）适当的彩礼还是有必要的

当问及“适当的彩礼是否有必要”时，有 43.90% 的被调查者认为有必要，有 23.17% 的被调查者认为没有必要，有 20.73% 的被调查者选择不清楚，有 12.20% 的被调查者认为双双协商适中（见图 7）。可以看出，彩礼作为传统习俗，多数人还是认可的。认为没有必要和不清楚的被调查者数额相当，说明传统习俗的影响力不容易取缔，有相当的人存在迷惑和纠结。双双协商适中的占 12.20%，说明在取缔和保留之间一些人认为双双协商比较合适。

（八）切身遇上彩礼之事时，多数人选择妥协

当问及“当您遇到彩礼的事情时，您的态度”时，有 34.15% 的被调查者选择协商解决，21.95% 的被调查者选择抵触，20.73% 的被调查者选择想方设法满足对方，18.29% 的被调查者选择没有办法，5.24% 的选择不知道（见图 8）。从这一调查结果可以看出一半多的被调查者还是认可彩礼的，要么协商，要么尽量满足对方。遭遇彩礼之事，态度抵触、没有办法和不知道的接近一半，说明高价彩礼导致人们的反感和无奈。

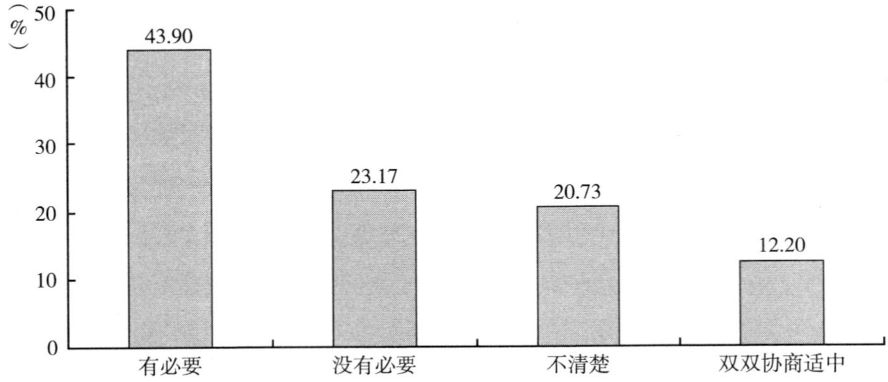

图7　适当的彩礼是否有必要

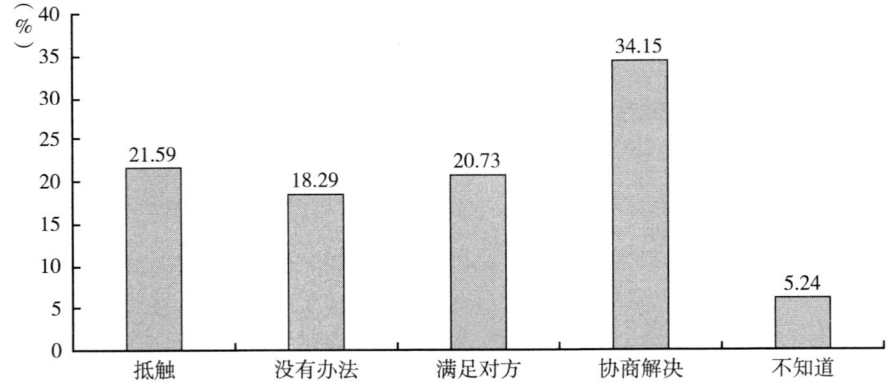

图8　当您遇到彩礼之事时，您的态度

（九）树立良好的社会风气，解决高价彩礼问题

当问及“解决农村高价彩礼的办法”时，42.68%的被调查者选择树立良好的社会风尚，28.05%的被调查者选择县乡政府发文规范，12.20%的被调查者选择村民委员会发挥作用，9.76%的被调查者选择媒体舆论引导，7.32%的被调查者选择不知道（见图9）。可以看出，人们希望通过树立良好的社会风气正确对待传统习俗，因为彩礼作为习俗不能通过强硬的办法限制或者取缔，而最好通过树立社会风尚慢慢引导解决。当然有28.05%的被调查者选择通过政府发文规范，这样更能有效地引导规范社会风气。

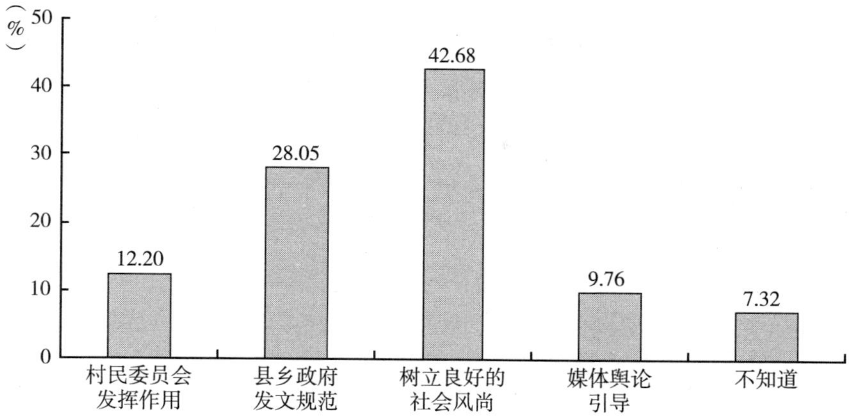

图9　解决农村高价彩礼的办法

（十）养老、医疗保障、高价彩礼是农村突出的问题

当问及“农村最突出的问题”时，39.02%的被调查者选择养老，36.59%的被调查者选择医疗保障，26.83%的被调查者选择攀比风和高价彩礼，14.63%的被调查者选择基础设施建设，10.98%的被调查者选择环境问题，7.32%的被调查者选择土地流转（见图10）。

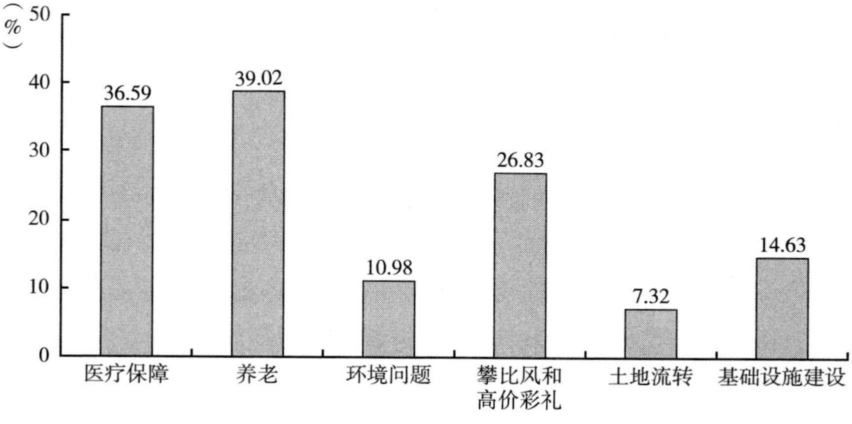

图10　农村最突出的问题

（十一）剩男问题严重

当问及“您所在村庄剩男剩女情况”时，69.51%的被调查者所在村落有剩男，7.32%的被调查者所在村落有剩女，没有剩男剩女的被调查者占23.17%（见图11）。由此看出，剩男现象是农村严重的社会问题，其与高价彩礼存在一定程度的因果关系。

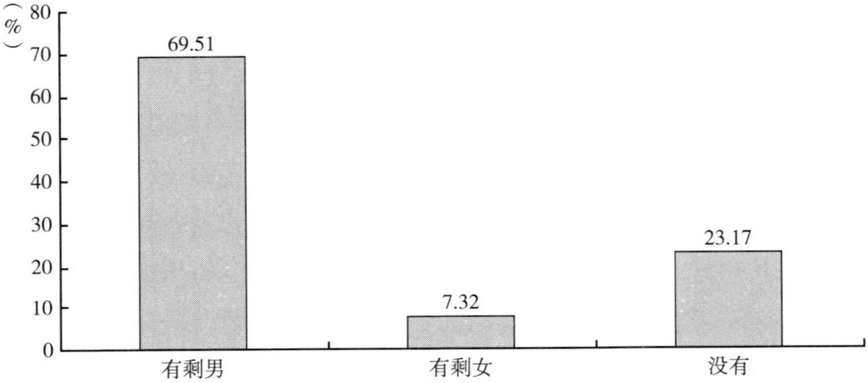

图11　您所在村庄剩男剩女情况

（十二）人们切身感受到攀比风和高价彩礼是农村社会风气方面的严重问题

当问及“对当前农村攀比风和高价彩礼的切身感受”时，有56.10%的被调查者认为很严重，20.73%的被调查者认为对自己有影响，19.51%被调查者认为一般，3.66%的被调查者不关心（见图12）。统计明确显示，农村攀比风和高价彩礼是严重的社会现象。

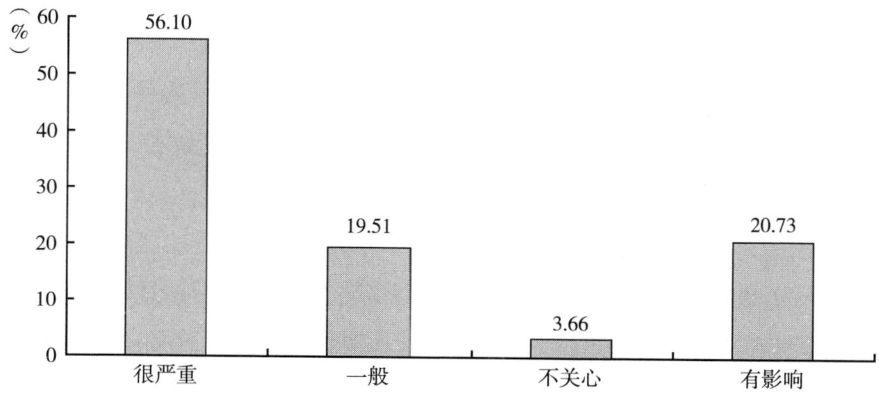

图 12　对当前农村攀比风和高价彩礼的看法

三　攀比风和高价彩礼盛行的原因

（一）经济发展和一些不良传统思想意识作怪是攀比风和高价彩礼形成的经济和观念方面的原因

农村经济发展和农民生活水平的提高已经进入了一个新的阶段，农民对生活的要求高了，都希望过上富裕安康的日子，而社会总体提倡的不恰当竞争意识以及拜金意识又使得刚刚解决温饱的农民攀比之风盛行。你家盖平房，我家盖楼房，你家两层，我家三层；你请客摆 20 桌酒席，我摆 30 桌酒席；你女儿出嫁收彩礼 5 万元，我女儿出嫁收彩礼 10 万元；这样才在村子里有脸面。另外，在传统文化复兴的浪潮中，一些落后愚昧的传统意识和生活方式也沉渣泛起。彩礼这一古老的习俗变换花样，借攀比风而兴，以至于将这一习俗庸俗化，成为变相的买卖婚姻。新中国成立后，提倡婚事新办，废除买卖婚姻，而今天随着传统文化的复兴，买卖婚姻又死灰复燃，这不能不令我们思考复兴传统文化不是一蹴而就的事情，其任重道远。

（二）社会风气腐败，奢靡之风盛行，是攀比风形成的社会环境

官场腐败是不争的事实，而娱乐业等许多行业都存在不同程度的腐化之

风，人们追求享乐、不劳而获、羡慕有钱人的生活，这些风气影响到农村，一些人也想方设法不择手段获取利益，彩礼便成为一条获取财富的捷径。攀比风不是农村才有，而是整个社会都存在，只是农村的攀比风有农村的特点而已，存在于婚丧嫁娶以及各种人际交往活动中，农民更容易成为不良社会风气的受害者。

（三）独生子女家庭和二孩家庭增多，是高价彩礼和攀比风形成的人口因素

现在达到结婚年龄的都是我国实行计划生育以后出生的“80 后”和“90 后”，这一代都是计划生育的一代，绝大部分农村家庭有两个孩子，也有少部分独生子，三四个孩子的家庭很少。孩子少，经济负担轻，父母愿意给孩子花钱。传统思想意识中儿子顶门立户，家里一个儿子或者两个儿子，父母愿意拿出所有积蓄甚至借债为儿子娶媳妇，这为高价彩礼提供了便利。一些独女户和无子的多女户考虑到养老等问题也大肆开价，抬高彩礼。这些社会心理都是造成高价彩礼蔓延的原因。

（四）城乡发展的巨大落差以及人口流动是攀比风和高价彩礼形成的社会转型因素

城乡流动增加，农村青年男女到城市打工，观念开始向城市看齐，也开展落户城市。农村女孩更容易到城市结婚成家，而农村男青年面临结婚购房等问题，即使在城市收入不错，但难于在城市购房，导致择偶出现问题。另外，传统的家庭观念、守护家园意识，也使得男青年更倾向于回归农村，这使其择偶存在难度。而一些留守农村的男青年在家门口干一些维持生活的工作，其找对象几乎成为农村的困难户，他们不离故土，收入有限，面对目前高额的彩礼几乎望而却步，娶不起媳妇成为普遍现象。一些留守农村的男青年成为农村剩男的主要构成。同时，城乡发展的落差使一些农民产生一夜暴富心理，养女户便以天价彩礼借机敛财。

四　攀比风和高价彩礼造成的社会问题

（一）攀比风和高价彩礼直接影响农村社会的健康发展并导致精神文明建设的滞后

农村发展是我国改革发展的难点之一，处在探索阶段的农村改革更是问题成堆，土地问题、户籍问题、空心化问题、养老问题等的解决都在探索阶段，其需要良好的社会风气和精神文明作为保障，以推动各种改革的顺利进行。而攀比风和高价彩礼给农民造成新的负担，致使生活返贫，农民心理压力大，农村人际关系金钱化。目前，农村大多数家庭是两个孩子，儿子成家后，背负债务的父母一旦养老和医疗等出现问题，其生活都难以保障。这阻碍了农村的改革和发展，也大大降低了农村精神文明建设的标准。

（二）攀比风和高价彩礼影响了农村的稳定

攀比风和高价彩礼导致农民返贫、农村高利贷盛行以及婚姻不稳定等现象的出现，影响了农村社会的和谐稳定。尤其导致农民婚姻不稳定，表 2 至表 4 是合水县法院统计的近五年当地婚姻案件情况。

表 2　近五年合水县登记结婚、离婚数量及占比统计

单位：对，%

年份	登记结婚数量	登记离婚	诉讼离婚	离婚率
2012	1598	88	186	17.15
2013	1694	102	172	16.17
2014	1634	83	310	24.05
2015	1584	145	270	26.20
2016	1463	205	212	28.50

表 3　近五年合水县法院婚姻家庭类案件情况统计

单位：起，%

年份	婚姻家庭类案件	全部民事案件	百分比
2012	449	752	59.70
2013	543	853	63.66
2014	586	1035	56.62
2015	629	1323	47.53
2016	615	1475	41.69

表 4　近五年家事纠纷案件案由分类情况统计

单位：起，%

年份	离婚纠纷		婚约财产纠纷	继承纠纷	其他
	数量	百分比			
2012	410	91.31	20	5	14
2013	497	91.53	9	9	27
2014	540	92.15	16	4	26
2015	534	84.90	25	35	35
2016	555	90.24	14	10	36

在我国法制建设逐步推动的现阶段，高价彩礼牵涉到夫妻双方财产问题，夫妻婚姻关系一旦出现裂痕，彩礼便成为互相纠纷的焦点，争论不休，诉诸法院。

（三）高价彩礼使农村年轻人追求享乐生活，拜金思想严重

传统观念认为，孩子结婚既是个人的事情，也是父母的事情，在操办上更多是父母的事情。高价彩礼几乎都是父母张罗筹集，以后还款也是父母偿还。这势必养成年轻人追求享乐生活的习气，不利于青年的人生历练。同时，高价彩礼在某些方面又导致女性家庭地位下降，过分依附男方，女性的正常发展受到限制。

（四）高价彩礼不利于目前农村养老模式

我国以家庭养老为主，尤其是农村，几乎完全实行家庭养老。随着计划

生育政策的实行，农村独生子女家庭和二孩家庭居多，现在年近 60 岁的人都是实行计划生育以后的生育群体，这一群体的养老问题是农村面临的大问题。而农村高价彩礼意味着儿媳妇将承担男方家庭父母的养老，对自己的父母则无法承担养老之责，这势必使养女户的养老受到影响，这将是未来农村社会面临的问题。

五　解决攀比风和高价彩礼问题的对策建议

（一）开展树立良好社会风气的宣传教育活动

大力开展文明新风建设，政府宣传部门和媒体要在全社会开展树立良好社会风气的宣传教育活动，在农村开展婚事简办的宣传活动。通过标语、文艺节目、先进人物介绍等形式予以宣传。厘正风气，倡导青年树立新的婚恋观。

（二）发挥基层政府作用，制定相关规定

有人认为，婚姻是个人行为，政府介入不妥，但需要说明的是，当个人行为造成不良社会影响的时候，就应该引起政府管理部门的重视。

县乡级政府应从制度上对不良民俗民风予以引导和规定。全国不少地方已经开始了这方面的工作，就彩礼予以规定以及婚事的操办规模等予以限制。凡是违反规定的，鼓励群众举报，一经核实，予以罚款。大力宣传婚事简办和自由恋爱，杜绝买卖婚姻等。遏制红白喜事大操大办、铺张浪费、盲目攀比的奢靡之风，移风易俗，倡树新风，淳民风、正村风、美家风，引导广大群众逐步形成共识并转化为自觉行动。

早在 2015 年 5 月初，庆阳明文规定抵制天价彩礼，拒绝红白喜事大操大办。甘肃省政协委员马卫华在 2015 年甘肃“两会”上呼吁党员干部“做出榜样”。她建议，村党员干部要起到先锋模范作用，不收彩礼或者象征性收取少量财物。同时，纪委监察部门根据各地实际情况，在党员干部收取婚

嫁彩礼方面制定相应的规定加以规范。①

河南省汤阴县在2017年1月26日，县委办公室、县政府办公室联合印发《在全县范围内推进移风易俗倡树文明新风的意见》。意见详细制定了婚丧等事的规模，指出：实施“婚丧新办”倡导计划，倡导“婚事新办、丧事简办、其他喜庆事宜不办”的新风，婚事彩礼总额最高不超过5万元，迎亲车辆不超过8辆，喜宴最高不超过15桌120人，用酒每瓶不超过30元。一些村通过村民自主商议，每个村都制定了村规民约，并成立红白理事会，把有威望、公道正派、热心服务群众的老党员等选入红白理事会，发挥他们熟悉民情的优势，引导群众自觉抵制陈规陋习。全县298个村全部建立了红白理事会。② 汤阴县的做法值得学习推广。

（三）开展法制宣传，依法杜绝高价彩礼

天价彩礼，其实就是买卖婚姻。《中华人民共和国婚姻法》第一章总则中的第三条：“禁止包办、买卖婚姻和其他干涉婚姻自由的行为。禁止借婚姻索取财物。”

（四）结合农村扶贫工作，开展精神文明宣传教育活动

农村扶贫不仅扶持贫困地区和贫困户在物质上脱贫，而且要解决农村存在的问题和正在出现的问题，如养老、社会保障、高价彩礼、精神文明建设等，树立典型人物，示范带动，倡导婚姻文明进步的新风尚、恋爱自由、婚姻自由，引导农民追求积极健康的生活方式，增强农民抵制不良风气的能力。

---

① 《政府发文抵制天价彩礼：有些家庭甚至因婚致贫》，中国经济网，2016年1月21日。

② 《老汉为儿子娶亲背债20多万新婚夜儿子锤杀新娘》，《郑州晚报》2017年2月13日。

B.14 兰州市道路交通拥堵及管理问题调查

张 拓*

摘 要： 随着兰州市城市人口以及城市交通流的增加，城市交通拥堵成为民众关心的焦点问题。路网不畅、设施不足、交通拥堵等问题越来越突出，行车难、停车难、交通秩序混乱等问题日益凸显，对兰州市交通管理造成的冲击和压力越来越大。城市道路交通拥挤堵塞问题已成为制约经济发展、降低人民生活质量、削弱经济活力的瓶颈之一。本文在参考已有研究成果的基础上，实地调查并力求客观全面地了解和掌握市民对兰州市道路交通建设的认知、评价和需求，结合目前兰州市道路拥堵状况，有针对性地提出缓解兰州市交通拥堵的建议，为营造良好的道路交通环境提供理论支持。

关键词： 兰州 城市交通 拥堵管理

在全球化进程和城市化进程不断加快的现代世界，流动性逐渐成为社会经济发展过程中普遍存在的空间现象。城市交通成为城市经济发展的重要通道和命脉，这也使得城市交通问题越来越成为一个世界性难题。兰州市是典型的西北河谷型城市，城市发展受到地理环境的限制尤为明显，随着城市社会经济的快速发展，兰州市区的道路交通现状已成为影响和制约社会经济发

---

* 张拓，甘肃省社会科学院马克思主义研究所助理研究员，主要研究方向为地方法治及城市管理。

展的重要因素。城市拥堵问题带来了大量的负面影响，如降低了经济发展效率、改变了城市居民的生活秩序、破坏了城市生态环境等，因此分析兰州城市交通发展现状，探析其交通拥堵的成因，并针对性地提出改善意见和对策，具有重要的实际意义和研究价值。

本课题采用问卷调查、实地走访及与个别调查对象访谈相结合的研究方法。研究过程中，借鉴文献分析法对相关问题进行理论梳理，问卷调研的数据统计主要通过 SPSS 软件实现。

一　调查对象基本情况

本次调查以 10 个社会阶层和涵盖兰州市城区的城关区、七里河区、安宁区、西固区四个行政区域为重点，采取问卷调查、实地走访和个别访谈的形式展开。舆情问卷共发放 300 份，收回问卷 290 份，有效问卷 280 份，问卷回收率为 96.66%，回收有效率为 93.33%。

本次调查主要针对兰州市的城关区、七里河区、安宁区、西固区的居民进行调查，兰州市总人口数约为 370.55 万人，按照各区常住人口比例确定各区样本容量，城关区 130.52 万人，占比 51%，发放问卷数 153 份；七里河区 57.01 万人，占比 23%，发放问卷数 69 份；安宁区 29.25 万人，占比 11%，发放问卷数 33 份；西固区 36.79 万人，占比 15%，发放问卷数 45 份。调查样本的阶层分别是国家与社会管理者阶层 27 人，占样本总数的 9.6%；经理人员阶层 15 人，占样本总数的 5.4%；私营企业主阶层 14 人，占样本总数的 5.0%；专业技术人员阶层 42 人，占样本总数的 15.0%；办事人员阶层 35 人，占样本总数的 12.5%；个体工商户阶层 52 人，占样本总数的 18.6%；商业服务业员工阶层 18 人，占样本总数的 6.4%；产业工人阶层 30 人，占样本总数的 10.7%；农业劳动者阶层 23 人，占样本总数的 8.2%；失业人员阶层 21 人，占样本总数的 7.5%；阶层信息不详 3 人，占样本总数的 1.1%。问卷调查样本的性别、年龄、文化程度、月收入等如表 1 所示。

表 1　有效调查问卷统计分布情况

性别	男:135 人(48.21%)②女:145 人(51.79%)
年龄	①20 岁以下:13 人(4.64%)②20 ~ 30 岁:96 人(34.29%)③30 ~ 50 岁:110 人(39.29%)④50 岁以上:61 人(21.79%)
文化程度	①初中及以下:31 人(11.07%)②高中/中专/职高:77 人(27.50%)③大专:58 人(20.71%)④本科:93 人(33.21%)⑤硕士及以上:21 人(7.50%)
月收入	①1500 元及以下:14 人(5.00%)②1501 ~3000 元:93 人(33.20%)③3001 ~4500 元:73 人(26.10%)④4501 ~6500 元:44 人(15.70%)⑤6501 ~10000 元:35 人(12.50%)⑥1 万元以上:21 人(7.50%)
阶层	①国家与社会管理者阶层:27 人(9.6%)②经理人员阶层:15 人(5.4%)③私营业主阶层:14 人(5.0%)④专业技术人员阶层:42 人(15.0%)⑤办事人员阶层:35 人(12.5%)⑥个体工商户阶层:52 人(18.6%)⑦商业服务业员工阶层:18 人(6.4%)⑧产业工人阶层:30 人(10.7%)⑨农业劳动者阶层:23 人(8.2%)⑩失业人员阶层:21 人(7.5%)

二　问卷调查分析

兰州市市区南北两山对峙，黄河穿城而过，形成了独特的带状城市地理结构。兰州城区“东西长、南北窄”，“东西拥堵、南北不畅”，东西狭长约 46 公里，南北宽 2 ~8 公里，形成了一种不紧凑的带状城市形态。受独特地理位置影响，兰州形成了路网少、布局不合理的交通格局。随着城市的进一步发展，增大的交通量与道路基础设施的矛盾逐步显现出来，尽管政府及民众从交通系统内外多方寻求解决途径，但交通问题依然严峻。

（一）道路交通拥堵严重，拥堵时段较为集中，出行时间成本较高

调查显示，九成多的受访者认为兰州市道路交通存在拥堵问题。认为城区主要道路交通状况顺畅的仅为 7 人，仅占调查人数的 2.50%，只有 12 人认为道路交通情况为良好，占受访人数的 4.28%。93.22% 的受访者认为兰州市道路交通存在不同程度的拥堵，其中 47.50% 的受访者认为比较拥堵，45.72% 的受访者认为非常拥堵（见图 1）。

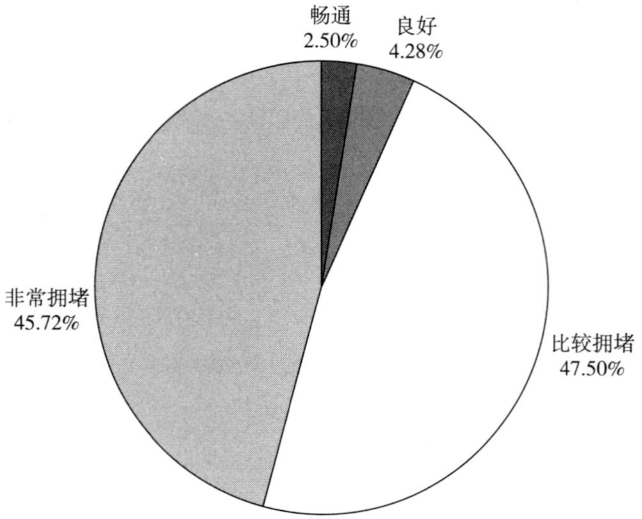

图1 兰州市城区主要路段的交通状况调查

通过受访者对交通拥堵严重时间分段的选择可以看出，上下班高峰期是交通堵塞最严重的时间段，其中选择7：00～9：00早高峰时段的人数占受访者人数的88.57%，选择17：00～19：00晚高峰时段的人数占71.07%，远远高于对其他时间段的选择（见表2）。通过受访者的选择可以看出早高峰比晚高峰的拥堵情况更为严重，且早晚高峰期的拥堵时间都有延长的趋势。

表2 兰州市交通拥堵较为严重的时间段调查

单位：人，%

时间	人数	占比
7:00～9:00	248	88.57
9:00～11:00	120	42.86
11:00～13:00	99	35.36
13:00～15:00	66	23.57
15:00～17:00	133	47.50
17:00～19:00	199	71.07
19:00～21:00	147	52.50
其他	9	3.21

城市交通拥堵严重会大大增加市民出行时间的成本。27.50%的市民因交通拥堵问题每日耽误的时间为30分钟以内；48.57%的受访者所耽误的时间在30至60分钟；15.36%的受访者选择每日耽误时间为1至2小时；有8.57%的市民每日耽误时间高达2小时以上（见图2）。

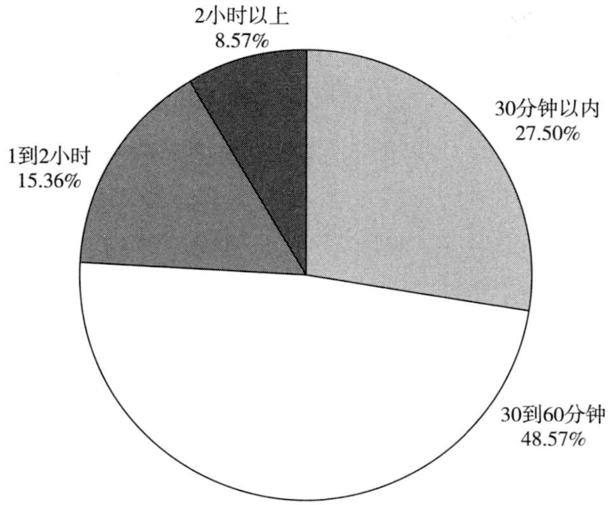

图2　交通拥堵问题每日耽误的时间调查

（二）出行方式以公共交通为主，公共交通建设有待加强

当前，随着国家经济体制改革的逐步深入、城市化进程的逐步加快以及社会环境的日趋复杂、资源和城市交通拥堵问题的日益加剧，公交优先发展已为各级政府和社会各界人士所认同。2017年以来，兰州市在治理拥堵、保畅通方面采取多种措施，以多种手段打造公交优先的"协调工程"，同时通过加快建设轨道交通项目、尽快恢复轨道交通施工路面通行，以缓解市民出行难问题。此外，相关部门还积极行动，逐步完善公共租赁自行车、水上巴士等项目设施系统，助力"绿色出行方式"，确保城市公共交通运行规范有序便捷。

据统计，兰州市主城区现有公交线路123条，公交车辆2598台，日均客运量达200万人次以上，公交出行分担率约为30%。但是公交基础设施薄弱的问题尤为突出，公交枢纽严重不足，现有公交枢纽站2个、首末站20个，公交进场率仅为40%；公交专用道缺失，港湾式停靠站仅占公交站点的2.89%，“公交治堵”与“治公交堵”矛盾突出。出租车行业也是公共交通的一员，兰州市出租车数量的保有量较其他大中型城市适中，但相较于城市道路容量，出租车占用了大量道路资源，经常出现随意停靠拉客、违法停车等现象，兰州市的出租车管理还不够严格，且事故频发率过高，政府对出租车行和出租车司机的管理还不够规范、合理化。

截至目前，兰州市机动车保有量已超过95万辆，即将突破百万辆，平均每天新车注册400辆以上。道路通行供给矛盾日益凸显，市民群众对良好交通秩序和环境的期望更加迫切。兰州市的汽车消费模式需要进一步改变，限制购买，合理使用，将成为今后的发展方向。为进一步增强城市交通的多样性和环保性，倡导绿色、健康、文明出行，减轻交通拥堵压力，兰州市主城区共建成公共自行车服务网点377个，投放公共自行车9880辆，日承租量约为4.2万次，但由于布局点主要集中在主城区，加之自行车道建设不足，各种交通的衔接仍然不畅，导致公共交通的出行效率仍然较低，通过发展公共交通减少私家车出行，落实“公交治堵”的优势未能充分发挥出来。目前，ofo、酷骑等共享自行车品牌在兰州市区投放量超过2万辆，给市民的出行带来了极大便利。但大多数企业事前并未就投放计划、运营管理、车辆停放等问题进行报备，导致单车乱停乱放占用人行道和盲道，尤其在投放量大的区域，部分共享单车还被城管部门查扣，加之存在随意丢弃和人为破坏等问题，严重影响了城市环境和交通秩序。

调查结果显示，51.43%的受访者选择的交通出行方式是乘坐公共交通工具，17.50%的受访者平时的出行方式是自驾车，12.50%的居民选择自行车出行，15.36%的受访者平时出行选择步行，选择其他出行方式的占受访者的3.21%（见图3）。在兰州市公共交通是否满足市民出行要求的问卷调查中，40.36%的人认为兰州市公共交通“基本满足”出行需求，52.14%的人认为“不能满足”，7.50%的人认为“完全满足”（见图4）。

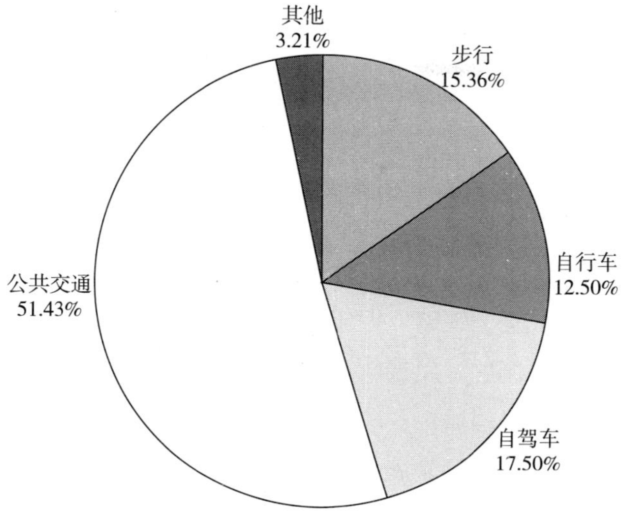

图 3　居民平时主要出行方式调查

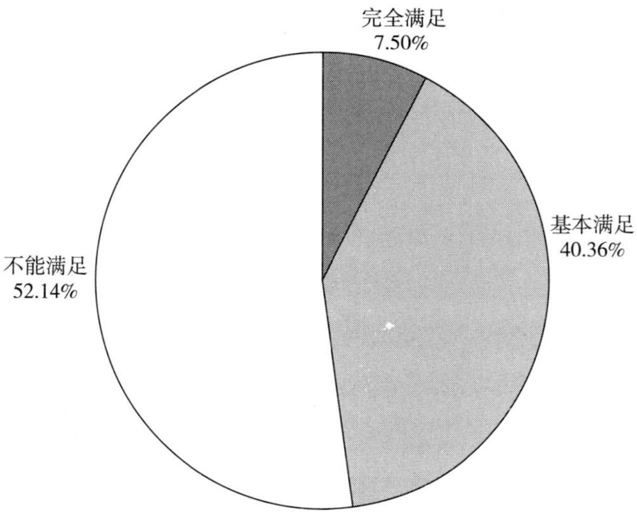

图 4　公共交通是否满足居民出行要求调查

兰州市的公共交通尚不能完全满足市民对于出行的需要。主要原因有以下几点：一是公交线路布局不合理。公交线路的开辟缺乏大局观规划，致使有的地方线路重复、道路拥堵，有的地方依然是公交盲区，给市民的出行带来了极大的不便。线路多集中于市区中心及主干道上，重复系数大。二是公共交通管理不完善。公共交通建设滞后，公交站台的设施简陋，缺少公交专用道，停站位置占用机动车道，影响车辆通行。公共交通服务质量不高，施行公交优先的保障措施匮乏。三是公共交通出行方式单一。兰州市的轨道交通仍在建设中，快速公交（BRT）覆盖面窄，仅在安宁区运营，城关区及七里河区均无快速公交运营线路。近年来，兰州市的公共交通发展迅速，但仍存在许多亟待解决的问题。发展轨道交通，扩充快速公交线路，既可以完善兰州公共交通体系，增强城市竞争力，也可以改善交通拥堵状况，减轻环境污染，加快兰州社会经济的发展。

（三）居民对道路建设规划了解程度不高，对道路养护修缮情况不满意

兰州市区道路总长度 541.68 公里，道路用地面积 10.10 平方公里，道路网密度 2.77 公里/平方公里，人均道路面积 6.23 平方米，道路用地面积仅占建成区用地面积的 7.77%，远远低于《城市道路交通规划设计规范 GB50220－95》规定 15%～20% 的标准。目前，兰州市东西方向有五条主干道，分别为：东岗东西路—庆阳路—西津东西路—西固路、南滨河路、北滨河路、北环路和南山路，五条线路形成了横贯东西的交通主干骨架。南北向主干道主要有：天水路、平凉路、皋兰路、金昌路、静宁路、酒泉路、中山路、敦煌路等；以西沙、深安、银滩、七里河、小西湖、中山、城关、雁滩八座黄河桥为连接点，形成了跨越黄河的南北通道。另外，兰州市的城市轨道交通也正在建设中。

受访者对道路规划了解程度普遍不高，其中对兰州市道路规划不太了解和不了解的受访者占比分别为 39.64% 与 35.00%；对兰州市道路规划基本了解和了解的受访者分别只占 14.64% 与 10.72%（见图 5）。在对受访者的调查中发现，20～50 岁年龄段的受访者对兰州市道路规划的了解程度相对 50 岁以上的中老年人群较高，中老年人对外界信息的接收方式方法较为单

一，故了解程度相较于中青年也偏低。部分受访者表示兰州市道路建设规划改变频繁，很多路段都是修了之后再拆，拆了之后再修，多次修缮，仍没有明显效果。政府应加大对兰州市道路交通规划建设的宣传力度，让市民了解、理解并支持。

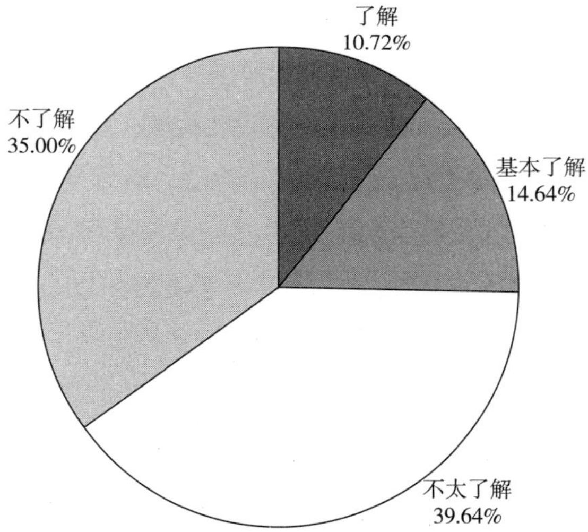

图5　居民对兰州市道路规划了解程度调查

兰州市道路养护修缮较为频繁，但市民对兰州道路养护程度仍不满意，30.72%的受访者对兰州市道路养护修缮情况不满意，选择一般的受访者占40.71%，选择满意和比较满意的受访者分别占12.86%和15.71%（见图6）。道路养护的完备性不在于修路的次数，而要在道路的使用期限和质量上做到严控制、严把关。道路养护部门应加强路面巡检，及时掌握路面状况，随时排除有损路面的各种因素，保持路面的清洁、平整，路况良好，排水通畅，增加对地下通道、人行道的卫生清扫力度，及时发现、修理损坏的信号灯，确保行人安全。同时，应对已有的绿化带进行及时的浇水、养护，加强绿化带的建设。

近年来，兰州燃煤锅炉改造、污水处理、给排水管道铺设、道路改造、地铁修建等项目较多，且延续时间较久，长期占用道路空间，对城市交通造

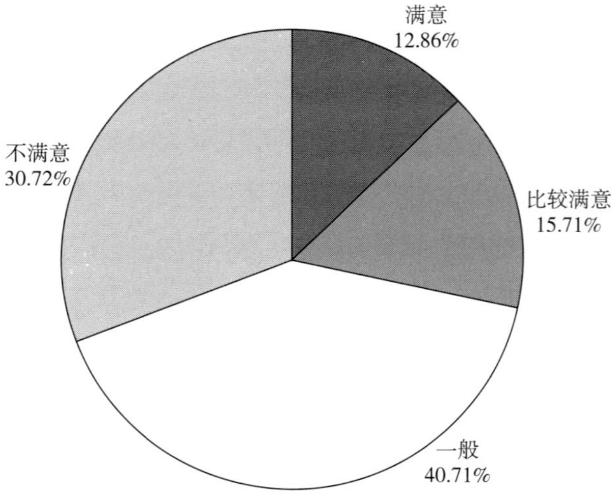

图6　居民对道路养护修缮满意度调查

成了巨大的影响。尽管很多市政工程实施为了避免对交通的过度干扰，公告且做出了周密的交通组织疏导预案，采取了诸多保障措施，但这对于城市道路本来就较为紧缺的兰州而言，影响依旧明显。

（四）路网规划不合理、机动车数量激增、地铁施工影响是造成城市道路拥堵的主要原因

根据受访者对造成目前兰州市道路交通拥堵的主要原因选择，结果显示，选择路网规划不合理为主要原因的占82.50%；认为机动车数量激增和公共停车位少为主要原因的分别占57.86%和34.64%；31.07%的受访者认为地形、地质因素是导致兰州市道路拥堵的主要原因；认为驾驶人、行人违规行为和修建地铁导致交通拥堵的分别占39.64%和54.64%；选择其他的占11.43%（见图7）。

1. 路网规划不合理

兰州市狭长的地形决定了城市路网单一的特点，路网结构缺陷明显：一是道路断面形式单一；二是道路交叉口以平面交叉为主；三是跨河桥梁数量少，跨河交通压力大。东西主干道长度不足且兼顾过境、生活等多样性交通

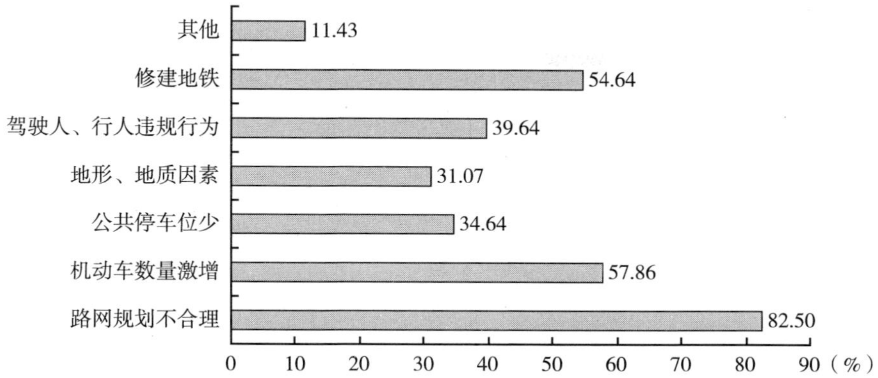

图 7 兰州市道路交通拥堵主要原因调查

功能，路网系统性功能缺陷明显，没有形成联系各个组团区域的快速道路网络，通道上形成的瓶颈路段多。同时，城区各组团区域内路网系统功能不明确，等级结构不合理，缺乏起集散作用的次干路和支路，断头路、瓶颈路普遍存在，道路网密度指标明显偏低，缺少城市快速干道，且路网系统中主、次、支道路网的比例失衡，导致交通更为拥挤。

2. 机动车数量激增，车辆乱停乱放，地铁施工影响道路畅通

兰州市机动车保有量增长速度过快导致道路交通拥堵，有害气体排放量增多，行人安全保障降低，交通压力骤增。静态交通设施建设滞后，车辆乱停乱放现象严重，公共停车场缺少统一规划，停车场地严重不足，导致紧张的道路空间被占用。早晚高峰期乱停乱放现象尤为严重，公交车专用道时常被占用，易造成交通事故。地铁建设工程浩大，施工周期长，多处施工围挡同时占道的现象不能避免，施工沿线多为城市主干道，车流量大，极易造成交通堵塞，无法发挥主干道疏导交通的作用。交通执法人员应加大对地铁施工路段的执法力度，对施工路段及时疏通引导，明确标识标记，合理分流车辆，对因施工而改变的路情、路线及时公示，尽量减少地铁施工对市民出行带来的不便。

3. 特殊地形、地质因素导致道路塌方、道路积水现象时有发生

近年来，兰州路面坍塌事故频发，道路积水现象严重，不仅影响交通，

而且给市民带来人身安全隐患。兰州地区的土地属于湿陷性黄土，遇到雨水土质收缩，导致地基形成空洞，且地下管道、地下管线年久失修，地下污水管道回填不密实存在渗漏问题，地面受到重车碾压等因素就会坍塌。兰州市排水网建设滞后，污水管网处于满流超压状态，现有管网大多建于20世纪六七十年代，损坏严重，事故频发，无法适应城市发展的需求。

4. 交通参与人存在违法、违规行为

不文明的交通行为也是导致兰州城市拥堵的因素之一。首先，道路非法占用。许多路段外侧车道被违停车辆占用，甚至道路两边同时被挤占，道路空间被占用，大大降低了道路通行能力。其次，车辆乱调头、乱变道、乱超车、乱停车，车辆互相挤道，还有公交车“见缝就上”、机动车与行人互不相让等乱象，以及在遇到交通拥堵时车辆强行穿插，甚至逆向行驶。最后，行人在路上随意穿梭，不走人行横道线和过街设施，随意翻越隔离护栏，不按信号灯通行等现象较为普遍。

三　改善兰州市道路交通拥堵的对策及建议

（一）科学规划城市布局，加快交通基础设施建设

兰州市在治理交通拥堵过程中，需要从城市整体布局、交通规划、改善出行条件、交通影响等各方面入手，建立一套完整的城市规划。

一是加强城市整体规划。科学的整体规划要协调好兰州市的产业布局、商业办公、居住配置和道路交通之间的关系，让城区每个道路都保持通畅，不会出现长时间的交通拥堵。兰州市的整体规划特别要处理好高速公路与城市道路之间的交叉点问题。高速公路是城市间穿梭的纽带，离速路出口会有大量的进城车辆涌出。规划好这些交叉点，高速路口和城市的主干道就不会引起交通拥堵，能够对车流和人流进行合理的分流。而且，通过优化城市的各项功能，可减少城市中心区的交通压力，对城市的交通压力进行分散和分流，这样才能够有效加强兰州的交通治理。

二是改进城市道路交通规划。补充和完善城市道路交通规划设计，做好城市交通安全管理规划的配套设施，通过优化城市道路交通规划，挖掘通行潜力。①建设城市快速道路网络，优化主干道与南北环路的有效连接。完善中心城区主干道与北环路、南山路出入口的交叉，更好地发挥道路网络的快速性作用，将市内的断头路打通，把道路网络结构的不合理引致的道路通行能力减弱消除。②完善行人过街设施。在兰州市内主干道上合理、规范设置人行横道、人行过街天桥和地下通道，在保证行人过街安全的同时，尽可能减少对机动车通行的影响。③加强停车规划与管理。将部分城市道路纳入停车设施建设，将闲置的道路资源用于停放车辆。大力发展专项的停车设施，如高层电梯停车场和平底多层停车架。采取推广政府、企业等内部停车场对外开放的举措，在兰州市内推行错时停车、归类停车、分段停车等措施。④发展桥梁作业，改善路面交通。立交桥是城市重要交通交会点建立的上下分层、多方向行驶、互不干扰的现代化陆地桥，兰州市的地形特点及路网结构非常适合立交桥的建设，通过建设立交桥可以有效缓解交通拥堵，提高行车效率，有效提高土地使用率。

三是加快交通基础设施建设。加快高架桥、人行天桥、轨道交通、快速公交、静态交通建设发展，完善交通信号灯、交通标志牌、交通标志标线、物理隔离设施。对陈旧及残缺不全、模糊不清的道路标线要及时更新亮化，切实起到渠化分流的效果。同时，对交通信号配时不合理的路口信号灯，根据各进口道交通流量进行合理科学的调配，最大限度地指挥车辆各行其道，有序通行。在主城区交叉路口增设标志标线对交通流进行科学渠化。

（二）全面推进绿色先行、公交优先，合理调控机动车数量

“公共交通优先”是一项很有效的城市交通基本政策，现已经成为交通工程中交通管理的一项重要内容。城市公共交通是解决人民群众基本出行需求的交通保障系统，覆盖范围广、受益群体多，相比其他出行需求和方式，城市公共交通出行分担率高、公益性质强，对方便群众化出行、缓解城市交通压力、治理城市道路拥堵、减少城市污染物排放都具有重要的基础支撑作

用。“十三五”是交通运输基础设施发展、服务水平提高和转型发展的黄金时期，也是推进绿色交通发展的黄金时期。兰州市作为国家第二批公交都市创建示范城市，应牢牢把握好黄金时期，积极贯彻新发展理念，将城市公共交通作为推进绿色交通发展的重要途径，为市民创造良好的出行环境。

1. 制定城市公交整体规划，优化公共交通路网

在当前兰州市基础路网基本形成的情况下，加快城市主次干道的改造，提升支路以下等级道路的功能，完善和优化道路网络的重要节点，加强公交路网建设，改善公交运行道路条件，为公交线网整体优化和拓展创造条件。

一是制定完善城市公共交通发展总体规划，形成以轨道交通为骨干，常规公交车为主体，出租汽车为补充，公共自行车为辅助，干支协调、结构合理、高效快捷的公交运营结构。二是按照国务院加快城市公共交通“规划优先”“土地配置优先”“路权使用优先”“政策扶持优先”“政府投入为主”的新要求，制定《公交优先发展实施方案》，从政策层面支持全市公交的优先发展。三是完善全市公交线网优化布局，填补空白，减少重复，减少换乘，切实提高公交运营服务水平。四是结合轨道交通建设的全面开工，完善全市交通疏解方案，加强施工沿线公交运营的组织和交通疏导工作。

2. 加大财政投入力度，建设和发展轨道交通

加大财政投入力度。通过政策、规划、法规、技术标准、管理规定等综合措施，加大公共财政对公共交通补贴和补偿的力度，加大城市公交建设的投入比例，鼓励社会资金投资建设公共交通设施，保障公共交通的可持续发展。如目前兰州市公共交通行业的补贴尚不足以解决其所面临的资金瓶颈，故应该通过各种融资渠道，吸引和鼓励社会资金参与公共交通基础设施建设和运营。

轨道交通是解决城市交通拥堵直接而又有效的方法之一，轨道交通具有较大的运输能力、较高的准时性，可充分利用地下和地上空间，且运营费用较低，对环境污染相对于其他交通方式也是最低的。兰州市应积极借助修建地铁的机遇，大力推广城市轨道交通建设，尤其是市域线网，加强中心城区与周边区域的联系。在规划轨道交通网络体系的同时，必须做好轨道交通车

站与公交交通站点的衔接，努力实现零距离换乘，形成地面、地下合为一体的城市公共交通体系。

3. 推广绿色出行，合理控制机动车数量

兰州市的交通资源配置还不够合理，机动车数量增长过快，公交的出行率太低。应尽快合理配置交通资源，发展成以公交为主、出租车为补、自行车为辅、机动车为次的居民出行方式。而要达到该效果，就需要以城市交通可持续理论为基础，在优化兰州市交通路网、设施等过程中，需要做到经济、环境与社会之间紧密联系，让经济交通、绿色交通、人文交通深入人心。

一是优化公交车辆结构，更新维护公交车辆，应用公交车辆新技术，广泛推广混合动力、纯电动、生物柴油等新能源公交车。二是深化出租汽车行业改革管理，建立从业人员养老、医疗、失业等社会保障体系，构建出租汽车行业和谐劳动关系。逐步发展电召业务，提高营运效率和服务能力，实现全行业服务、管理、监督、评价、考核的有机融合，促进出租汽车行业形象的整体提升。三是加强对共享自行车、公共租赁自行车的管理，优化自行车出行环境，规划自行车专用道，做到安全畅通骑行。尽可能为市民提供便利的自行车服务，让更多的市民愿意骑自行车出行，有效发挥公共自行车对城市交通运输系统的延伸和补充作用。四是根据兰州市城市规模、道路现有容量、道路增长情况，合理规划发展机动车数量。完善高峰时段区域限行管理措施，实施机动车工作日区域限行措施。兰州市目前实行尾号限行措施缓解交通拥堵问题，取得了一定效果，但这一措施的效果很快就会被迅速增长的机动车数量抵消。兰州市政府部门应统筹考虑市民的现实需要和城市交通的运载能力，采取限制购买措施，使市民合理使用私家车。

（三）加强交通管理及执法水平建设，增强市民文明交通意识

1. 建立完善城市交通管理综合协调机制

建立完善城市交通管理综合协调机制是当前治理兰州市交通拥堵的重要手段。兰州市应建立由政府牵头、部门合作的综合协调机制，统筹研究城市

交通拥堵问题，制定治理拥堵的规划和政策，安排好阶段性工作目标。健全公共交通管理监评考察机制，加强疏解市区交通堵塞的单位责任和属地责任。执行政府机构或单位的协调合作制度，明确城市规划、建设、交通、运输、公安等部门在城市交通管理工作中的职责任务，密切各机构间的协调配合，建立起政府各机构落实交通管理责任定期通报制度和联席会议制度。

2. 推广智能化、人性化交通管理模式，加大交通违法执法力度

智能化、人性化是未来城市交通规划发展的主要模式，交通是一个复杂的系统，随着科技的不断发展，交通问题逐渐由原先的技术性、经验性问题演变为网络化、管理组织的问题。如何准确、有效统计交通流量、流向是解决交通拥堵的关键问题，如何为市民和各模式系统提供实时的交通出行信息服务，确定最优出行或换乘模式、时间及线路，这些都需要特定的交通系统技术的支撑。兰州市交通指挥中心于2005年建成投入使用，已在主要路段、路口和城市出入口建成百余处视频监控点，但智能化交通管理效能尚未充分发挥，交通组织管理、信号控制、视频监控、交通事故救援及交通诱导系统尚未有机结合。因此应加大对兰州市智能交通系统的资金及政策支持力度，不断完善集指挥、调度、控制、监控和诱导功能于一体的智能交通系统建设，逐步扩大管控区域，提高交通管理科技水平，努力实现交通信号系统控制全覆盖，加强实时路况信息发布，缓解兰州市交通压力。

加强交通管理执法、不断完善法律法规、提升交通违法成本对于改善路面管理和城市交通环境非常重要。应加大对车辆业务管理、交通安全宣传、交通事故处理、交通勤务管理、交通秩序管理的执法力度，建立交通执法严加处罚的管理机制。

3. 增强市民文明交通意识，积极引导公众参与交通治理

构建良好的市民文明交通意识是强化交通管理，解决交通拥堵问题的重要途径。良好的交通意识能促使公众自觉接受公共交通法规，并认真配合政府的交通管理。这对于避免交通堵塞具有积极的意义。

一是加大交通安全宣传的力度，增强市民遵守交通法规的自觉性。加大报纸、视听等新闻媒体宣传交通法规的力度，通过多种形式，宣传到社区、

延伸到学校、延伸到交通现场、延伸到机关企事业单位，把交通法规宣传当成一项社会的综合工程，增强全体市民的交通安全意识，切实增强遵守交通法规的自觉性。二是以罚促教，做到执法必严、违法必究。对于明知故犯的交通违法行为人，在宣传教育难对其起作用的情况下，要在执法时采取“零容忍”的态度，做到“执法必严、违法必究”，以罚促教，让其从受处罚中吸取教训，促使其严格遵守相关的交通法律法规。三是积极引导公众参与交通治理过程。公众参与机制的参与者除了居民个人，还包括相关的政府部门和非政府组织。公众负责监测和监督政府部门的交通治理行为，政府部门负责协调、指导和引导公众参与，提高公众参与城市交通治理的有效性，健全和完善公众参与相关保障机制，调动公众参与热情，提升公众参与能力，推进公众参与方式的多样化、克服形式化。

S 基本子库
SUB DATABASE

中国社会发展数据库（下设 12 个子库）

全面整合国内外中国社会发展研究成果，汇聚独家统计数据、深度分析报告，涉及社会、人口、政治、教育、法律等 12 个领域，为了解中国社会发展动态、跟踪社会核心热点、分析社会发展趋势提供一站式资源搜索和数据分析与挖掘服务。

中国经济发展数据库（下设 12 个子库）

基于“皮书系列”中涉及中国经济发展的研究资料构建，内容涵盖宏观经济、农业经济、工业经济、产业经济等 12 个重点经济领域，为实时掌控经济运行态势、把握经济发展规律、洞察经济形势、进行经济决策提供参考和依据。

中国行业发展数据库（下设 17 个子库）

以中国国民经济行业分类为依据，覆盖金融业、旅游、医疗卫生、交通运输、能源矿产等 100 多个行业，跟踪分析国民经济相关行业市场运行状况和政策导向，汇集行业发展前沿资讯，为投资、从业及各种经济决策提供理论基础和实践指导。

中国区域发展数据库（下设 6 个子库）

对中国特定区域内的经济、社会、文化等领域现状与发展情况进行深度分析和预测，研究层级至县及县以下行政区，涉及地区、区域经济体、城市、农村等不同维度。为地方经济社会宏观态势研究、发展经验研究、案例分析提供数据服务。

中国文化传媒数据库（下设 18 个子库）

汇聚文化传媒领域专家观点、热点资讯，梳理国内外中国文化发展相关学术研究成果、一手统计数据，涵盖文化产业、新闻传播、电影娱乐、文学艺术、群众文化等 18 个重点研究领域。为文化传媒研究提供相关数据、研究报告和综合分析服务。

世界经济与国际关系数据库（下设 6 个子库）

立足“皮书系列”世界经济、国际关系相关学术资源，整合世界经济、国际政治、世界文化与科技、全球性问题、国际组织与国际法、区域研究 6 大领域研究成果，为世界经济与国际关系研究提供全方位数据分析，为决策和形势研判提供参考。

法律声明